浙江省教育厅2021年省级课程思政教学研究项目"高E
教育课程思政模式研究"（项目编号：2021SSZJG03

U0461703

经管文库·管理类
前沿·学术·经典

中国高职院校创新创业
教育发展评价研究

RESEARCH ON THE DEVELOPMENT
EVALUATION OF INNOVATION AND
ENTREPRENEURSHIP EDUCATION IN CHINESE
HIGHER VOCATIONAL COLLEGES

关春燕 著

经济管理出版社
ECONOMY & MANAGEMENT PUBLISHING HOUSE

图书在版编目（CIP）数据

中国高职院校创新创业教育发展评价研究 / 关春燕著 . —北京：经济管理出版社，
2023.5

ISBN 978-7-5096-9034-5

I . ①中… II . ①关… III . ①高等职业教育 – 创造教育 – 研究 IV . ① G717.38

中国国家版本馆 CIP 数据核字（2023）第 091701 号

组稿编辑：杨国强
责任编辑：王　洋
责任印制：黄章平
责任校对：王淑卿

出版发行：经济管理出版社
　　　　　（北京市海淀区北蜂窝 8 号中雅大厦 A 座 11 层　100038）
网　　址：www.E-mp.com.cn
电　　话：（010）51915602
印　　刷：唐山玺诚印务有限公司
经　　销：新华书店
开　　本：710 mm × 1000 mm/16
印　　张：15.5
字　　数：238 千字
版　　次：2023 年 5 月第 1 版　2023 年 5 月第 1 次印刷
书　　号：ISBN 978-7-5096-9034-5
定　　价：98.00 元

序　言

　　创新创业教育是适应经济社会和国家发展战略需要而产生的一种教学理念与模式。2014年9月，李克强总理在夏季达沃斯论坛上提出，要在960万平方公里土地上掀起"大众创业""草根创业"的新浪潮，形成"万众创新""人人创新"的新态势。2015年3月，国务院《政府工作报告》指出，推动"大众创业、万众创新"，既可以扩大就业、增加居民收入，又有利于促进社会纵向流动和公平正义。此后，国家大力推进高校创新创业教育，改革文件和政策较以往更频繁推出，2015年5月国务院办公厅发布《关于深化高等学校创新创业教育改革的实施意见》，2018年9月国务院发布《关于推动创新创业高质量发展打造"双创"升级版的意见》，2019年6月教育部办公厅发布《关于做好深化创新创业教育改革示范高校2019年度建设工作的通知》，2021年10月国务院办公厅发布《关于进一步支持大学生创新创业的指导意见》等。我国高校创新创业教育在国家的政策支持和指导下以及社会各界的共同努力下取得了积极进展，对提高高等教育质量、促进学生全面发展、推动毕业生创业就业、服务国家现代化建设发挥了重要作用。

　　我国高校创新创业教育的实施始于20世纪末。相较于发达国家，我国高校创新创业教育虽然起步较晚，但发展迅速，且越来越规范化和系统化，逐渐由数量扩张转向质量提升。高校创新创业教育评价是高校创新创业教育管理的有效手段，是一项系统性工程。长期以来，我国教育领域中存在的唯分数论、唯升学论等观念障碍和行为弊病，导致创新创业教育的先进理念和模式无法很好地彰显。2020年10月，中共中央、国务院印发《深化新时代教育评价改革总体方案》，该方案对新时代高校创新创业教育改革具有十分重要的引导作用。构建客观科学的高校创新创业教育评价体系，将有助于深化高校创新创业教育改革，有助于高校创新创业教育质量和水平持续地改进和提高，对于提高人才培养质量具有重要的现实意义和长远的战略意义。

根据2022年4月我国新修订的《中华人民共和国职业教育法》，职业教育是与普通教育具有同等重要地位的教育类型，是培养多样化人才、传承技术技能、促进就业创业的重要途径。高职院校作为我国高等院校的重要力量，在创新创业人才培养中发挥了重要作用。本书作者来自全国创新创业典型经验高校、国家级创新创业教育实践基地的义乌工商职业技术学院，作者长期从事创新创业教育工作，对于高职院校创新创业教育具有丰富的理论研究和实践经验。本书以高职院校创新创业教育发展为评价对象，结合理论阐述、模型构建、数据分析和案例研究，对我国高职院校创新创业教育发展评价相关问题进行了研究分析，包括高职院校学生创业意愿影响因素研究、高职院校创新创业教育发展评价模型构建、高职院校创新创业教育发展评价结果分析、高职院校创新创业教育案例分析等内容。本书将定性与定量相结合，宏观与微观相结合，构建一套高职院校创新创业教育发展评价指标体系，对当前全国高职院校创新创业教育发展进行客观评价，研究内容丰富，体系结构合理，全面客观地反映了我国高职院校创新创业教育发展生态。本书通过大量的数据收集，数据量超30万条，研究数据客观翔实，所有涉及的相关数据采用国家级平台公布的创新创业教育相关信息以及具体调查研究所得数据，数据客观真实地反映了我国高职院校创新创业教育发展实际情况，有助于为更多创业教育工作者和创新创业实践者提供借鉴与参考。

戚家超

浙江纺织服装职业技术学院教师

创指数（浙江）教育科技有限公司创始人

目　录

第一章 绪 论

推进"大众创业、万众创新"是国家深入实施创新驱动发展战略的重要支撑。中国高校创新创业教育逐渐从量到质的转型升级，走上内涵式发展之路，这是适应国家"双创"战略的内在要求。高职院校作为高等教育学校的一种重要类型，也是职业教育的重要组成部分，占据高等教育的半壁江山，在创新创业教育中取得了丰硕的成果。本章聚焦全国高职院校创新创业教育发展评价研究领域，具体阐述全书的研究背景与研究意义、研究工具与研究方法、研究内容与研究结构。

第一节 研究背景及意义

一、研究背景

近年来，我国创新创业教育迅速发展，国家出台系列创新创业政策鼓励支持高校创新创业教育改革发展，高校创新创业教育进入快车道。2015年5月，《国务院办公厅关于深化高等学校创新创业教育改革的实施意见》发布，文件指出"把深化高校创新创业教育改革作为'培养什么人，怎样培养人'的重要任务摆在突出位置，加强指导管理与监督评价，统筹推进本地本校创新创业教育工作"。全国高校积极适应经济社会转型升级对人才的需要，创新人才培养机制，多形式开展创新创业教育，积累了一定经验，取得了一些成绩，对提高高等教育质量、促进学生全面发展、推动毕业生创业就业、服务国家现代化建设发挥了重要作用。2018年9月，《国务院关于推动创新创业高质量发展打造"双创"升级版的意见》发布，"大众创业、万众创新"持续向更大范围、更高层次和更深程度推进，创新创业与经济社会发展深度融合，对推动新旧动能转换和经济结构升级、扩大就业和改善民生、实现机会公平和社会纵向流动发挥了重要作用，为促进经济增长提供了有力支撑。2019年6月，《教育部办公厅关于做好深化创新创业教育改革示范高校2019年度建设工作的通知》文件提出，要把创新创业教育贯穿人才培养全过程，深入推进创新创业教育与思想政治教育、专业教育、体育、美育、劳动教育紧密结合，打造"五育平台"，在更高层次、更深程度、更关键环节上深入推进创新创业教育改革，全力打造创新创业教育升级版。2021年10月，《国务院办公厅关于进一步支持大学生创新创业的指导意见》发布，为全国高校创新创业教育改革不断深化进一步指明了方向。国家系列文件的出台和政策的支持，使高校创新创业教育蓬勃发展。

全国高校创新创业教育如火如荼地开展，相应成果显著。据统计，截至2022年底，在创新创业课程建设上，全国高校累计开设创新创业教育课程3万余门；在创新创业师资上，组织了近4000场双创教师培训，培训双创教师34万人次，聘请行业优秀人才担任双创专职教师近3.5万人，兼职导师13.9万人；在创新创业研究上，国内相关学者发表CSSCI核心期刊论文近1000篇，逐步构建起了具有中国特色的创新创业理论体系；在创新创业品牌建设上：建成上百个国家级双创示范基地、200所深化创新创业教育改革示范校，打造了一批以中国国际"互联网+"大学生创新创业大赛为代表的具有世界影响力的创新创业品牌，"青年红色筑梦之旅"专项赛成为当代青年最鲜活的思政大课堂；在创新创业人才上，涌现出了一大批优秀的大学生创新创业项目，催生了一大批新产业、新模式、新业态。

2022年6月，教育部公布了全国高等学校最新名单，全国共计3013所高等学校（不含港澳台地区高校），其中有1238所普通本科院校，32所职业本科院校，1489所高职院校，254所成人高等学校。高职院校占全国高校总数的49.42%，占据普通高等学校的半壁江山。2022年4月，新修订的《中华人民共和国职业教育法》明确规定，职业教育是与普通教育具有同等重要地位的教育类型，是国民教育体系和人力资源开发的重要组成部分，是培养多样化人才、传承技术技能、促进就业创业的重要途径。高职院校是高等教育的重要类型，占全国高校总数的49.42%，在高等教育中发挥了重要作用。

随着国家双创战略的不断推进，高职院校培育了一大批创新创业人才，高职院校创新创业教育取得了丰硕的成果。根据 2022 年 6 月麦可思研究院发布的《2022 年中国大学生就业报告》数据统计，我国 2021 届大学毕业生中，本科院校毕业生 1.2% 选择自主创业，高职院校毕业生 3.1% 选择自主创业，高职院校在培养"大众创业、万众创新"生力军中发挥了重要作用。

然而，目前高职院校创新创业教育在实践开展中存在偏差，不少高职院校仅将创新创业教育理念定位为培养一名能创业的大学生，忽视了创新创业人才综合素质与能力的培养，甚至有些高职院校受各类创业竞赛的影响，将教育理念定位于培养一个能比赛的人，过多地把精力放在组织大赛、参加大赛等方面，而忽视了创新创业教育的育人本质。虽然许多高职院校都已成立创新创业学院或设立相关机构开展创新创业教育，但有些院校创新创业教育课程质量参差不齐、师资力量薄弱、载体平台建设缺乏，创新创业教育未能深入开展，只能浮在表面，更未形成良好的生态体系，还没有形成一套行之有效的育人模式。

2020 年 10 月，中共中央、国务院印发了《深化新时代教育评价改革总体方案》，文件指出"坚持科学有效，改进结果评价，强化过程评价，探索增值评价，健全综合评价，充分利用信息技术，提高教育评价的科学性、专业性、客观性"，系统推进教育评价改革，引导充分发挥教育评价的指挥棒作用，构建科学的教育评价体系。我国高职院校创新创业教育发展取得了一定成效，却还未形成科学规范、行之有效的评价体系。开展高职院校创新创业教育发展评价研究，科学有效地反映我国高职院校创新创业教育实施的现状，有利于促进高职院校创新创业教育改革的深化与完善。

本书着眼于高职院校创新创业教育发展评价研究，构建一套全国高职院校创新创业教育发展指标体系，通过大量的数据搜集，将定性与定量相结合，宏观与微观相结合，对当前全国高职院校创新创业教育发展进行客观评价，既有全国高职院校创新创业教育整体性的发展现状评价研究，也有针对某高职院校创新创业教育的特色化发展评价研究，客观真实地反映了我国高职院校创新创业教育发展生态。

本书梳理了国内外创新创业教育研究理论和研究现状，结合我国高职院校创新创业教育发展实践，对全国高职院校创新创业教育发展进行研究分析，以全面科学的视角、客观可行的评价、量化可视的呈现，展现研究成果。本书数据客观翔实，所有涉及的相关数据主要采用国家级平台创新创业教育相关信息以及具体调查研究所得数据，数据全面、客观，较好地、真实地反映了我国高职院校创新创业教育发展的实际情况。

目前，全国高职院校创新创业教育正处在从数量上的扩张到质量上提升转型升级的关键时期，深化高职院校创新创业教育改革，是加快实施创新驱动发展战略的迫切需要，是推动高职院校毕业生更高质量更充分就业的重要举措。加强高职院校创新创业教育评价体系构建策略研究，进而构建科学高效、客观真实、可行性强的评价体系，成为我国高校创新创业教育发展的迫切需求。本书构建高职院校创新创业教育发展评价体系并应用于实践，有助于为更多创业教育工作者和创新创业实践者提供借鉴与参考，助力全国高职院校创新创业教育工作取得新成效，共同为我国的创新创业教育事业的发展贡献力量。

二、研究意义

（一）理论意义

本书围绕我国高职院校创新创业教育发展评价开展研究，重点从高职院校创新创业教育发展指标体系构建研究、高职院校创新创业发展现状多维度评价等方面开展，深度剖析我国高职院校创新创业教育发展现状，形成的理论意义具有以下三个方面：

（1）进一步丰富了高职院校创新创业教育发展评价体系模型。创新创业教育发展评价指标体系的构建，必须客观、真实、科学地反映与创新创业教育密切相关的教学、实践、研究、成效等各个方面，使评价指标充分反映评价目标。既要实事求是、客观公正，又要有所侧重、区别对待，既要重视局部和全局，又要关注过程和结果，注意评价体系指标总体的完整性以及各指标之间的关联度，丰富了高职院校创新创业教育质量评价在理论模型、研究方法、研究路径等方面的理论。通过研究高职创新创业教育发展评价指标体系构建，在 AHP 层次分析法在高职创新创业教育发展评价中应用的基础上，研究分析一种无须一致性检验的序关系分析法（G1），进而基于研究实际，进行适当扩展和改进，实践应用群组 G1 法，丰富高职院校创新创业教育发展评价指标体系模型和高职院校创新创业教育理论。

（2）进一步深化了高职院校创新创业教育发展改革的研究。本书对全国高职院校创新创业教育发展现状进行了分析，一是基于全国高职院校创新创业教育整体发展情况研究，反映了发展不充分不均衡，总体结构欠佳；二是分区域分析全国高职院校创新创业教育发展情况分析，反映了全国高职院校创新创业教育发展相对优秀院校分布情况；三是国家"双高计划"院校创新创业教育情况分析，反映了"双高计划"院校明显优于非"双高计划"院校；四是根据公办和民办院校创新创业教育发展情况分析民办院校相较于公办院校有较大差距；五是从不同指数维度进行高职院校创新创业教育情况分析，高职院校不同指数维度发展参差不齐。本书通过可量化的指标体系全面、完整、系统地反映了我国高职院校创新创业教育生态，为构建科学合理的高职院校创新创业教育发展指标体系提供参考和借鉴。

（3）进一步扩展了高职院校创新创业教育评价的思路和应用。当前我国高职院校创新创业教育发展评价研究无论是数量上还是质量上都较为薄弱，更多地停留在表层分析与阐述。本书以高职院校创新创业教育发展为评价对象，构建一套评价指标体系，探寻改进高职院校创新创业教育方向，使高职院校创新创业教育发展评价科学性和实效性相统一，并采用案例分析形式分析高职院校创新创业教育发展现状及发展方向，提出高职院校创新创业教育发展的若干对策及建议，为高职院校创新创业教育发展提供参考与借鉴。

（二）现实意义

本书既有理论的高度，更有实践的深度，内容丰富，体系结构合理，研究结论为推进高职院校创新创业教育发展提供了参考和借鉴，具体现实意义有以下三点：

（1）本书全面、完整、系统地反映了我国高职院校创新创业教育生态。研究构建高职院校创新创业教育发展评价，帮助高职院校全面分析判断创新创业教育发展目前的形势、发展规律、创新方向，同时找出评价结果的突破点，逐步完善高职院校创新创业教育体系，提升创新创业教育质量。为分析全国高职院校创新创业教育发展状况提供了重要依据和参考，为政府职能部门政策制定以及高职院校创新创业教育教学的完善提供依据，对于引导高职院校创新创业教育优化健全运行体系、全面推动高职院校创新创业资源共建共享具有重要意义。

（2）本书服务于人才培养，关注学生的全面发展，引导创新创业教育从观念、课程、制度等方面进行改革，提高学生的满意度。本书拓展了高职院校创新创业人才培养育人经验，促进教学理念、教材内容、教学方法、实训资源等不断完善，为高职院校、政府部门、社会各界等培育创新创业人才提供了重要参考，对新形势下全面提高教育质量、扩大就业创业、推进经济转型升级、培育经济发展新动能等均具有重要价值。

（3）本书引入量化思维构建高职院校创新创业教育发展评价体系，实现"以评促建"。通过运用该体系进行研究分析，发现高职院校创新创业教育的薄弱环节，并针对薄弱环节进行深入的探讨和研究，得出应对策略。完善高职院校创新创业教育发展评价指标，改进教育评价理念，优化高职院校创新创业教育质量并提出完善高职院校创新创业教育发展的思考，有利于推进高职院校创新创业教育改革，对全面检验高职院校创新创业教育的教学双向过程及提升人才培养绩效具有重要参考。高职院校开展的创新创业教育评价结果可作为优化人才培养依据进行育人模式优化，培养具备创业意识、创新精神和创新创业能力的符合人力资本市场需求的高素质人才，提升创新创业人才培养质量，实现我国高职院校创新创业教育的持续性改革发展与创新。

三、相关概念界定

（一）高职院校

《中华人民共和国职业教育法》明确指出，职业教育是与普通教育具有同等重要地位的教育类型，是国民教育体系和人力资源开发的重要组成部分，是培养多样化人才、传承技术技能、促进就业创业的重要途径。高职院校，即高等职业院校，是高等教育学校的重要类型，也是职业教育的重要组成部分，担负着培养面向生产、建设、服务、管理一线需要的高技能、应用型专门人才的使命。高职教育是我国高等教育事业中一个特别重要的形式，承担着为经济社会的发展输送高级技能型人才和应用型人才的重要任务，其在我国高等教育中的重要地位是无可置疑的，在我国的高等教育发展中发挥着举足轻重的作用。我国政府大力发展高等职业教育的战略决策，为社会经济发展和实现高等教育大众化做出了重要的贡献，随着我国经济的高速发展，高职教育也实现了自身规模上的快速发展。在我国的高职教育规模跨越式发展的过程中，政府提出了高职教育人才培养模式适时转型的一系列指导思想，确立了高职教育要培养高级应用型人才的教学目标，这一高职院校的人才培养目标，使高职教育既注重基础性理论知识的传授，比以往更侧重实践知识的要求，强化学生的实际工作能力，为社会培养实用型人才，推动了教育公平和区域统筹乃至整个社会的和谐发展。

（二）创新创业

创新在《辞海》中被定义为"创造、推陈出新"。从哲学上说是一种人的创造性实践行为，这种实践行为目的是增加利益总量，需要对事物和发现的利用和再创造，特别是对物质世界矛盾的利用和再创造。人类通过对物质世界的利用和再创造，制造新的矛盾关系，形成新的物质形态。李金华（2003）提出，创新是对既有事物、观念的创造性发展，它不局限于经济方面，凡是新生的、有益的事物代替不合时宜、落后的事物或者在原有事物基础上进行改进，都可归为创新。

创业是创业者及创业团队对他们拥有的资源或通过努力对能够拥有的资源进行优化整合，从而创造出更大经济或社会价值的过程。创业是一种需要创业者及其创业团队组织经营管理、运用服务、技术、器物作业的思考、推理和判断的行为。根据杰弗里·蒂蒙斯（Jeffry A. Timmons）所著的创业教育领域的经典教科书《创业学》（*New Venture Creation*）的定义：创业是一种思考、品行素质、杰出才干的行为方式，需要在方法上全盘考虑并拥有和谐的领导能力。

创新创业是指基于技术创新、产品创新、品牌创新、服务创新、商业模式创新、管理创新、组织创新、市场创新、渠道创新等方面的某一点或几点创新而进行的创业活动。创新是创新创业的特质，创业是创新创业的目标。创新创业是基于创新基础上的创业活动，既不同于单纯的创新，也不同于单纯的创业。创新强调的是开拓性与原创性，而创业强调的是通过实际行动获取利益的行为。创新是创业的基础和前提，同时创业又是创新成果的载体和呈现，并在创业活动过程中，不断优化资源配置、总结提炼，以实现创新的更新与升级。创新带动创业，创业促进创新，只要能够给资源带来新价值的活动就是创新。在某一个方面或者某几个方面进行创新并进而创业的活动，就是创新创业，没有在任何方面进行创新的创业就属于传统创业。自国家提出"大众创业、万众创新"以来，创新创业便成为社会关注的热点。

（三）创新创业教育

创新创业教育是以培养具有创业基本素质和开创性个性的人才为目标，不仅仅是以培育在校学生的创业意识、创新精神、创新创业能力为主的教育，而是要面向全社会，针对那些打算创业、已经创业、成功创业的创业群体，分阶段分层次地进行创新思维培养和创业能力锻炼的教育。创新创业教育本质上是一种实用教育。1991 年，东京创业创新教育国际会议从广义上把"创新创业教育"界定为：培养最具有开创性个性的人，包括首创精神、冒险精神、创业能力、独立工作能力以及技术、社交和管理技能的培养。杨幽红（2011）提出，创新创业教育内容包括创新思维、创业意识与创业知识的训练、培养与传授，受教育者在接受创新创业教育后能够提升创新创业素养、创新创业能力与创业心理品质的过程。《教育部关于大力推进高等学校创新创业教育和大学生自主创业工作的意见》指出，创新创业教育是适应经济社会和国家发展战略需要而产生的一种教学理念与模式。在高等学校中大力推进创新创业教育，对于促进高等教育科学发展，深化教育教学改革，提高人才培养质量具有重大的现实意义和长远的战略意义。

国内高校创新创业教育的实施始于 20 世纪末。1998 年，清华大学举办首届清华大学创业计划大赛，成为第一所将大学生创业计划竞赛引入亚洲的高校。2002 年，高校创业教育在我国正式启动，教育部将清华大学、中国人民大学、北京航空航天大学等 9 所院校确定为开展创业教育的试点院校。创新创业教育逐步引起了各高校的重视，一些高校在国家有关部门和地方政府的积极引导下，进行了有益的探索与实践。目前国内高校的创新创业教育主要有如下几种类型："挑战杯"及创业设计类竞赛为载体,开展创新创业教育;以大学生就业指导课为依托,开展创新创业教育;以大学生创业基地(园区)为平台,开展创新创业教育;成立专门组织机构以保证、推动创新创业教育的开展;以人才培养模式创新实验区为试点,培养创新型人才;搭建创新创业教育课程体系,实施创新创业教育;融入人才培养方案,全面实施创新创业教育。

（四）教育发展

教育发展是指教育事业,包括教育理论、教育水平、教育机构、教育资源、师资队伍等教育进步和拓展的程度。根据教育部公布的《中国教育概况——2020年全国教育事业发展情况》,我国高等教育规模继续稳步发展,高等教育结构逐步优化,普通高校教师学历层次继续提高,办学条件得到进一步改善。高职(专科)院校连续扩招,教师配置明显趋紧,教学科研仪器设备、信息化设备、教学用计算机配置水平有所下降。

（五）教育评价

教育评价是指在一定教育价值观的指导下,依据确立的教育目标,通过使用一定的技术和方法,对所实施的各种教育活动、教育过程和教育结果进行科学判定的过程。教育评价事关教育发展方向,有什么样的评价指挥棒,就有什么样的办学导向。《深化新时代教育评价改革总体方案》文件的出台,进一步推进教育评价体系改革,推进教育现代化、建设教育强国、办好人民满意的教育。教育评价通过评价手段得出实证性发现和诊断性意见,能够为区域教育质量的提升、教育行政部门制定政策、改进工作提供数据支持和科学参考及有效监督。教育评价检验教育工作和教学成果,从而为提高教育质量、完善教育管理系统、规范教学秩序、加强对教育工作者的专业培训等提供依据。对学生在学业、综合素质、发展潜能等方面的现状、矛盾和问题进行诊断,分析原因,"对症下药"。

第二节　研究方法及工具

一、研究方法

（一）文献综述法

文献综述法，也称文献分析、文献回顾。文献综述是在确定了选题后，在对选题所涉及的研究领域的文献进行广泛阅读和理解的基础上，对该研究领域的研究现状（包括主要学术观点、前人研究成果和研究水平、争论焦点、存在的问题及可能的原因等）、新水平、新动态、新技术和新发现、发展前景等内容进行综合分析、归纳整理和评论，并提出自己的见解和研究思路。文献综述法是对某一个专业、领域或研究专题进行大量的相关资料收集，再通过阅读、分析、归纳和整理专题的学术见解或建议、最新进展等，从而进行综合性介绍和阐述的方法。一篇综述的质量如何，很大程度上取决于作者对本题相关的最新文献的掌握程度。文献综述法要求作者既要对所查阅资料的主要观点进行归纳整理和综合性陈述，同时还要根据查阅的文献提出自己的理解和认识，对归纳整理后的文献资料做出深入的、全面的、系统的论述和评价。文献综述根据研究的目的不同，可分为基本文献综述和高级文献综述两种。基本文献综述是对有关研究课题的现有知识进行总结和评价，以陈述现有知识的状况；高级文献综述则是在选择研究兴趣和主题之后，对相关文献进行回顾，确立研究论题，再提出进一步的研究，从而建立一个研究项目。本书根据研究目的，对高职院校、创新创业教育、教育发展、评价指标等关键词的搜索，查找大量的国内外相关资料，从而为相关研究现状的梳理提供支持和依据。

（二）问卷调查法

问卷是指在统计和调查过程中以设问形式描述问题的表格。问卷调查法就是面向调查对象用该可控的测量方式对所研究的问题进行度量，从而收集到相对真实可信的信息的一种研究方法。问卷调查法需要被调查者按照表格中的问题进行如实作答。问卷调查法大多用邮寄、个别分送或集体分发等多种方式发送问卷。由调查者按照表格所问来填写答案。一般来讲，问卷较之访谈表要更详细、完整和易于控制。问卷调查法主要有标准化、规范化、可计量、成本低等优点，因为问卷调查法是以设计好的问卷工具进行调查，问卷的设计要求规范化并可计量。问卷调查法是国内外社会调查中较为广泛使用的一种方法。本书根据研究需要，制定了高职学生创新创业意愿影响因素调查问卷，通过调查获得真实、客观的相关数据，为顺利开展相关研究提供数据来源。

（三）实证研究法

实证研究法是认识客观现象，向人们提供实在、有用、确定、精确的知识研究方法，研究现象本身"是什么"的问题。实证研究法提供真实客观、精准确定的客观事实，侧重于梳理归纳研究活动的过程和结果，并根据经验和事实进行检验，揭示客观现象的内在构成因素及因素的普遍联系，反映客观现象运行的本质和运行规律。首先，要确定所要研究的对象，分析研究对象的构成因素、相互关系以及影响因素，搜集并分类相关的事实资料。其次，设定假设条件，在研究的过程中，研究对象的行为是由其特征所决定的，试图把所有复杂因素都包括进去，显然是不现实也不可能的。为此，必须对某一理论所使用的条件进行设定。当然，假设的条件有一些是不现实的，但没有假设条件则无法进行科学研究。运用实证研究法研究问题，必须正确设定假设条件。再次，提出理论假说，假说是对于现象进行客观研究所得出的暂时性结论，也就是未经过证明的结论。假说对研究对象现象的经验性概括和总结，但还不能说明它是否能成为具有普遍意义的理论。最后，在不同条件和不同时间对假说进行检验，用事实检验其正确与否。检验包括应用假说对现象的运动发展进行预测。本书根据研究设计，采用实证研究法，综合运用SPSS、AMOS等软件分析调查数据，对高职院校创新创业教育发展评价作进一步探索。

（四）德尔菲法

德尔菲法，又称专家调查法，1946年由美国兰德公司创始实行，其本质上是一种反馈匿名函询法。德尔菲法主要是围绕某一问题或者研究主题，向有关权威人士、专家等征询意见和看法的一种方法。这种方法对调查对象要求较高仅限于专家这一层次。该方法大致流程是：在对所要预测的问题征得专家的意见之后，进行整理、归纳、统计，再匿名反馈给各专家，再次征求意见，再集中，再反馈，直至得到一致的意见。调查过程中，邀请调查对象回答内容基本一致的问题，通过专家丰富的知识和经验对问题作出判断、评价和预测，要求专家简要阐述自己所持观点的理由和依据。可以说，德尔菲法是一种利用函询形式进行的集体匿名思想交流过程。这种调查法最早用于技术开发预测，已被广泛应用于对政治、经济、文化和社会发展等许多领域的研究。本书在确定高职院校创新创业教育发展指标体系过程中，应用德尔菲法，邀请多名专家对指标进行赋值，结合多名专家的意见确定各指标的权重，为研究的科学性奠定基础。

（五）熵值法

熵是德国物理学家克劳修斯在 1850 年创造的一个术语，它用来表示一种能量在空间中分布的均匀程度。应用在系统论中，熵越大说明系统越混乱，携带的信息越少，熵越小说明系统越有序，携带的信息越多。根据熵的特性，可以通过计算熵值来判断一个事件的随机性及无序程度，也可以用熵值来判断某个指标的离散程度，指标的离散程度越大，该指标对综合评价的影响越大。在信息论中，熵是对不确定性信息的一种度量，信息量越大，不确定性就越小，熵也就越小；信息量越小，不确定性就越大，熵也越大。熵值法是一种客观赋权法，它通过计算指标的信息熵，根据指标的相对变化程度对系统整体的影响来决定指标的权重，相对变化程度大的指标具有较大的权重，此方法现广泛应用在统计学等各个领域，具有较强的研究价值。本书在处理相关数据时，应用熵值法进行权重系数的赋值，如年份久远的数据折算一定的系数再进行赋分。

（六）聚类分析法

聚类分析法，也称群分析、点群分析，是研究分类的一种多元统计方法，主要有分层聚类法和迭代聚类法。根据聚类分析，研究的样品（网点）或指标（变量）之间存在程度不同的相似性（亲疏关系——以样品间距离衡量）。于是根据一批样品的多个观测指标，具体找出一些能够度量样品或指标之间相似程度的统计量，以这些统计量为划分类型的依据。把一些相似程度较大的样品（或指标）聚合为一类，把另外一些彼此之间相似程度较大的样品（或指标）又聚合为另一类，直到把所有的样品（或指标）聚合完毕。在聚类分析中，通常我们将根据分类对象的不同分为 Q 型聚类分析和 R 型聚类分析两大类。R 型聚类分析是对变量进行分类处理，Q 型聚类分析是对样本进行分类处理。本书根据相关数据，采用聚类分析法，对高职院校创新创业教育发展情况做聚类分析，分析各高职院创新创业教育发展的相似性、差异性，存在的优势、劣势等特征，进而丰富研究结果。

（七）统计方法

统计方法是指有关收集、整理、分析和解释统计数据，并对其所反映的问题作出一定结论的方法。统计方法是一种从微观结构上来研究物质的宏观性质及其规律的独特的方法。统计方法是适用于所有学科领域的通用数据分析方法，只要有数据的地方就会用到统计方法。统计资料丰富且错综复杂，要想做到合理选用统计分析方法并非易事。对于同一个资料，若选择不同的统计分析方法处理，有时其结论是截然不同的。正确选择统计方法的依据是：根据研究的目的，明确研究试验设计类型、研究因素与水平数；确定数据特征（是否正态分布等）和样本量大小；正确判断统计资料所对应的类型（计量、计数和等级资料），同时应根据统计方法的适宜条件进行正确的统计量值计算；最后，还要根据专业知识与资料的实际情况，结合统计学原则，灵活地选择统计分析方法。本书在分析全国高职院校创新创业教育发展现状中，收集了超过 30 万条数据，大量的数据通过统计方法进行整理和分析，归纳形成研究结果。

二、研究工具

本书采用"统计产品与服务解决方案"软件（SPSS）、结构方程模型的矩阵结构分析软件（AMOS）、Microsoft Excel 软件来进行数据分析和图表呈现。

（一）"统计产品与服务解决方案"软件（Statistical Package for the Social Science，SPSS）

SPSS 软件为 IBM 公司推出的一系列用于统计学分析运算、数据挖掘、预测分析和决策支持任务的软件产品及相关服务的总称。它最突出的特点就是操作界面极为友好，输出结果美观漂亮。它几乎将所有的功能都以统一、规范的界面展现出来，使用 Windows 的窗口方式展示各种管理和分析数据方法的功能，对话框展示出各种功能选择项。用户只要掌握一定的 Windows 操作技能，精通统计分析原理，就可以使用该软件为特定的科研工作服务。该软件主要用于对问卷样本数据进行统计及分析，分析过程包括描述性统计、均值比较、一般线性模型、相关分析、回归分析、对数线性模型、聚类分析、数据简化、生存分析、时间序列分析、多重响应等几大类，主要包括以下功能：

1. 信度分析

信度分析是考核测量量表内各变量之间以及量表总体的可靠程度，主要通过可靠性、一致性和稳定性三个方面进行测量，一般通过 Cronbach 系数和纠正项目的总相关系数来评价每个变量的信度。

2. 效度分析

效度分析主要是评估测量表测量的结果与实际考察内容的贴切程度，主要用内容效度和结构效度两类指标测量。其中，内容效度指测量观测项代表所要测量变量的程度，包括完备性和适合性两个指标；结构效度是指实证研究过程中现实测量出理论假设的程度，即实证过程与理论假设间的一致程度。一般通过 KMO 样本值和 Bartlett 球形检验判断样本结构效度是否有效；内容效度一般通过主成分因子提取方法，通过最大方差法因子旋转判断。

3. 差异显著性检验

差异显著性检验是统计假设检验的一种，用于检测科学实验中实验组与对照组之间是否有差异以及差异是否显著的方法。一般 SPSS 采用平均数差异检验，独立 t 样本检验和单因子方差分析检验是常用的平均数差异检验方法。独立 t 样本用于检验两组平均数之间的差异；单因子方差分析用于检验三组及以上群体间平均数的差异。样本整体差异化检验通过方差分析 F 统计量表示，当 F 值的显著水平小于 0.05 时，表示所检测的样本中至少有两个群体样本平均数之间有显著差异，具体群体之间的显著差异可以通过事后比较方法分析得出。常用的事后分析法有 LSD 法、TUKEY 法及 Tamhane's T2 法等。

4. 相关分析法

相关性分析法是对两个及以上具有相关性的变量因素进行分析，从而得到变量因素两两之间的相关密切程度。在 SPSS 中，一般采用皮尔逊相关分析法统计研究变量之间的相互关系，皮尔逊相关系数也是衡量两个变量之间相关关系密切程度的重要指标。

（二）结构方程模型的矩阵结构分析软件（Analysis of Moment Structures，AMOS）

AMOS 软件是一款使用结构方程式，探索变量间的关系的软件。它可以轻松地建立结构方程模型（SEM），快速创建模型以检验变量之间的相互影响及其各变量之间的关系，对普通最小二乘回归和探索性因子分析进行补充。使用结构方程模型比单独使用因子分析或回归分析能获得更精确、丰富的综合分析结果，在构建方程式模型过程中的每一步骤均能提供图形环境。通过快速的模型建立来检验变量是如何互相影响以及为何会发生此影响。结构方程模型分析流程如图 1-1 所示。

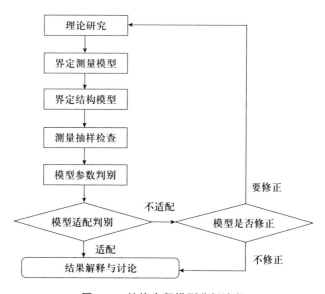

图 1-1　结构方程模型分析流程

在 AMOS 中，一般采用极大似然估计法对理论模型中影响因素之间的关系进行分析。AMOS 能够通过图绘的方式画出理论结构方程模型图，设定好潜在变量之间的影响关系，然后通过导入问卷样本数据进行分析，分析后查看模型拟合度指标，分析模型适配度是否良好。如果适配度良好，则查看具体标准似然估计值，对影响因素的路径系数进行分析。

（三）Microsoft Excel 软件

Microsoft Excel 软件是 Microsoft 为使用 Windows 和 Apple Macintosh 操作系统的电脑编写的一款电子表格软件，因其直观的界面、出色的计算功能和图表工具，成为最流行的个人计算机数据处理软件。本书利用 Excel 表格的数据透视表、雷达图等强大的统计功能和图表呈现功能，直观地展现了研究结果。

第三节　研究内容和结构

一、研究内容

本书着眼于高职院校创新创业教育发展评价研究，包括研究背景及意义的分析、理论研究文献综述、高职院校学生创新创业意愿影响因素研究、高职院校创新创业教育发展评价指标体系模型构建，大量的客观数据收集和数据分析，阐述全国高职院校创新创业教育发展现状、存在的问题，最后形成高职院校创新创业教育对策及建议。本书具体侧重点主要针对以下方面内容展开研究：

（一）高职院校创新创业教育发展评价研究背景意义及综述

基于文献研究综述，进行关于高职院校、创新创业教育、教育发展、评价、指标等关键词的搜索，收集国内外相关研究资料，梳理相关研究现状、最新进展等，归纳整理分析现有创新创业教育评价模型，如层次分析法、CIPP 评价模型、计划行为理论等，为探索构建适用本书的评价模型制定相应的评价指标体系奠定理论基础。

（二）高职院校学生创新创业意愿影响因素研究

以高职院校学生为研究对象，将创业培训、创业自我效能感等因素融入计划行为理论，探索其对高职学生创业意向的影响。实证研究感知行为控制、主观规范、创业态度、创业自我效能感及创业培训之间的关系，研究分析高职院校学生创新创业意愿影响因素。

（三）高职院校创新创业教育发展评价指标体系构建

有学者基于层次分析法，提出一种无须一致性检验的方法（序关系分析法 G1 法），为解决单一专家个人因素原因导致结论受到影响，而提出群组序关系方法（群组 G1 法），解决了 AHP 的缺陷，本书基于以前学者的研究基础，构建一套科学、客观、合理的高职院校创新创业教育发展评价指标体系，由 5 个一级指标、16 个二级指标和 46 个三级指标构成。

（四）高职院校创新创业教育发展研究结果分析

本书基于大量的信息收集、整理和统计，通过构建的高职院校创新创业教育发展评价指标体系，研究分析我国高职院校创新创业教育整体水平、不同区域高职院校创新创业教育发展情况、不同类别的高职院校创新创业教育发展情况、不同指数维度下创新创业教育发展情况等。通过可量化的指标体系全面、完整、系统地反映我国高职院校创新创业教育生态，为分析全国高职院校创新创业教育状况提供了重要依据和参考。

（五）高职院校创新创业教育发展评价典型案例分析

通过从整体评价、不同维度评价等方面对 3 所高职院校创新创业教育发展情况进行详细剖析，尽管 3 所高职院校创新创业教育发展情况各有特色，但都体现或隐含了高职院校创新创业教育改革发展的规律，说明高职院校创新创业教育发展并不是毫无章法可循，而是有着共性的规律特质，这一规律特质是高职院校创新创业教育发展的现象本质，为全国高职院校创新创业教育改革发展提供更好的、合理的建议和意见。

二、技术路线

本书研究技术路线如图 1-2 所示。

三、结构安排

本书共有七章，每章内容安排如下：

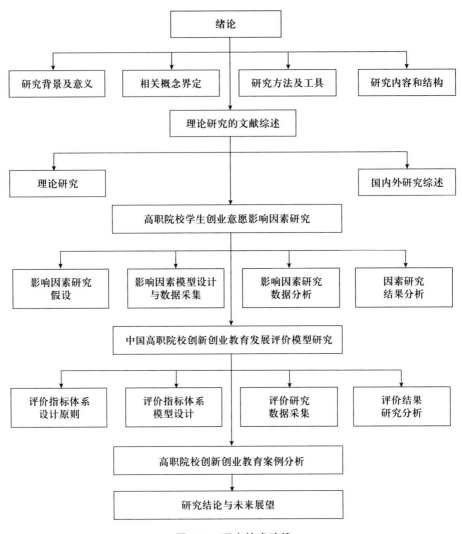

图1-2　研究技术路线

第一章，绪论。本章主要内容共有三节，分别是研究背景及意义、研究方法及工具、研究内容和结构。本章详细阐述高职创新创业教育发展评价研究的重要性和研究的必要性，说明本书的理论意义和现实意义，介绍研究的方法和工具，对相关概念进行解释和界定，描述主要研究内容和研究技术路线。

第二章，理论研究的文献综述。本章主要内容共有两节，分别是高职院校创新创业教育评价理论研究综述，包括计划行为理论、CIPP评价模型、泰勒评价模式、目标游离评价模式、层次分析法等，同时对国内外相关研究进行综述，梳理高职院校创新创业教育评价研究基础、研究现状和最新研究进展。

第三章，高职院校学生创业意愿影响因素研究。本章主要内容共有四节，分别是高职院校学生创业意愿影响因素研究假设、高职院校学生创业意愿影响因素模型设计与数据采集、高职院校学生创业意愿影响因素研究数据分析、高职院校学生创业意愿影响因素研究结果分析。

第四章，中国高职院校创新创业教育发展评价模型研究。本章主要内容共有四节，主要介绍评价指标体系设计原则、评价指标体系框架构建、数据来源说明及数据采集、中国高职院校创新创业教育发展评价研究结果分析，详细介绍了全国高职创新创业教育整体发展现状与问题、全国创新创业教育发展TOP200院校情况、分区域高职院校创新创业教育发展情况、国家"双高计划"院校创新创业教育情况、公办和民办高职院校创新创业教育情况、全国创新创业教育发展不同指数维度表现情况等。

第五章，高职院校创新创业教育案例分析，通过3所高职院校创新创业教育发展案例分析，详细分析案例高职院校创新创业教育发展的优势和不足，分析全国高职院校创新创业教育改革发展存在的问题和发展方向，为更好地推进全国高职院校创新创业教育提供合理的建议和意见。

第六章，研究结论与未来展望。包含主要研究结论、对策与建议、研究的创新点及未来研究展望等。这一章是全书的结论，对未来研究进行展望。

第四节　本章小结

本章主要阐述本书的研究背景和研究意义，并对本书的相关概念进行界定，详细介绍研究方法和研究工具，说明了研究内容、设计的技术路线，并梳理了研究结构安排。

第二章 理论研究的文献综述

本章主要聚焦于高职院校创新创业教育评价研究领域，阐述常用的研究理论和模型，综述研究文献。现有的创新创业教育评价理论有层次分析模型、计划行为理论、CIPP 评价模型、泰勒模式、目标游离评价模式、心理学的能力评价量表、工程学的 QFD（质量功能展开）等，实际上现有的研究理论及模型不局限于本研究所列。本章详细介绍国内外文献趋势、概念、结果等，对国内外文献资料进行全面、深入的分析、归纳、整理和论述，说明本研究模型设计的基础，旨在为后文理论模型的构建奠定理论基础。

第一节 高职院校创新创业教育评价理论研究综述

一、计划行为理论

计划行为理论（Theory of Planned Behavior，TPB）起源于认知框架下的多属性态度理论，由 Icek Ajzen（1988，1991）提出。Ajzen 研究发现，个体行为的实施不是完全主观自愿，而是受一定因素影响控制的，并将感知行为控制融合理性行为理论中，从而研究发展为计划行为理论。计划行为理论描述了态度、动机和行为之间的关系。个体的意向主要受影响于个体对行为结果的态度、主观规范、感知行为控制三者因素。计划行为理论确定了形成创业意向的三个前因素，即个体态度、主观规范、感知行为控制。根据计划行为理论，态度是个体对特定行为的评价，可能存在消极或者积极的评价；主观规范是个体行为的对象、行动、环境和时间四要素中环境对个体行为决策的影响，是衡量执行或不执行某种行为的感知社会压力，其他重要的人对个体决策的社会认可度；感知行为控制是研究对象所感知到的执行某一特定行为的难易程度和影响程度，与自我效能信念和自身对行为的可控性感知相关，感知行为控制的真实度决定了预测的准确性。因此，评价个体的行为态度、主观规范、感知行为控制这三个变量可以预测个体的行为意向。但这三个变量不是绝对的引起个体行为意向的所有因素，个体还会受到自身和外界环境、文化等其他因素的影响。计划行为理论模型如图 2-1 所示。

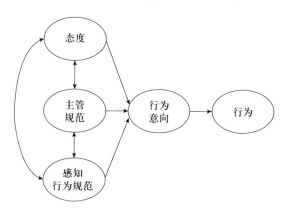

图 2-1 计划行为理论模型

在高校创新创业教育领域中，较多学者应用计划行为理论探索大学生创业意愿的影响因素，如束方银（2013）以计划行为理论为框架，结合创业教育的"时滞效应"和创业教育研究中的"自我选择效应"，构建了基于创业意向考察的创业教育系统化评价模型和指标体系，并采用纵向设计和设置对照组的实证策略。王本贤（2013）根据计划行为理论提出创业教育的重点应是激发、强化创业意向，继而向创业行为转化，所以创业教育的起点应该在创业的起点之前，是帮助大学生树立创业意识，产生创业想法和创业意向；创业教育的终点即是创业的终点，是产生了创业行为并使企业正常运转。胡永青（2014）基于计划行为理论研究得出，创业态度和创业环境对创业倾向有显著影响，个人背景、个人特质通过创业态度进而影响创业倾向，并指出要提升大学生创业倾向，进而推动大学生创业教育的开展，必须积极培育个人特质，建立创业教育体系，营造良好的创业环境。刘加凤（2017）研究基于计划行为理论的视角引入创业教育变量，构建了大学生创业教育对创业意愿的影响模型。以常州大学城 6 所学校的在校学生为调查对象，运用结构方程模型探讨了大学生的行为态度、主观规范和感知行为控制对创业意愿所产生的影响，其研究结果表明：行为态度受到主观规范和创业教育的双重影响；创业教育对创业意愿存在显著的正向影响；创业教育对感知行为控制不存在显著的正向影响；创业教育是对创业意愿影响最大的因素。根据计划行为理论应用实际情况，计划行为理论更多应用于基于创业意向的创业教育模式效果的评价（Linan，2004），这一模式也是目前较为普及的高校创业教育模式。

二、CIPP 评价模型

美国学者斯塔弗尔比姆（Stufflebeam D. L.）于 1967 年在对泰勒行为目标模式反思的基础上提出了 CIPP 评价模型（见图 2-2）。CIPP 评价模型由四项评价活动的首个字母组成，即背景评价（Context evaluation）、输入评价（Input evaluation）、过程评价（Process evaluation）、成果评价（Product evaluation），简称 CIPP 评价模型。这四种评价为做决策的不同方面提供信息，所以 CIPP 模型亦称决策导向型评价模型。CIPP 最早应用于教育领域，后来逐步推广到其他专业领域的培训项目中，也常用于各领域和类型的项目评价中。

图 2-2　CIPP 评价模型

以培训为例，CIPP 评价模型的四项评价活动具体为：①背景评价的内容界定为：了解相关环境、诊断特殊问题、分析培训需求、确定培训需求、鉴别培训机会、制定培训目标等。其中确定培训需求和设定培训目标是主要任务。②输入评价包含的事项有：收集培训资源信息；评价培训资源；确定如何有效使用现有资源才能达到培训目标；确定项目规划和设计的总体策略是否需要外部资源的协助。③过程评价的目的是为那些负责实施培训项目的人们提供信息反馈，以及时地、不断地修正或改进培训项目的执行过程。过程评价主要通过以下方式得以实现：洞察培训执行进程中导致失败的潜在原因，提出排除潜在失败原因的方案；分析培训执行进程中导致失败的不利因素，提出克服不利因素的方法；分析并说明培训执行中实际发生的事情和状况；分析并判断它们与目标之间的距离；坚持在培训执行过程中提供有关既定决策和新的决策等，诚然，同其他阶段的评价一样，过程评价也需要建立在大量的相关信息基础之上。这些信息、数据的收集既可以使用正规的方法，也可以使用非正规的方法，这些方法包括意见反馈表、等级打分表以及对现存记录的分析等。④成果评价的主要任务是对培训活动所达到的目标进行衡量和解释，其中包括对所达到的预定目标的衡量和解释。特别需要认定的是，成果评价并不限于培训结束以后，它既可以在培训以后进行，也可以在培训之中进行。CIPP 模式不仅希望培训以后进行成果评价，使其反馈意义更多地作用于后续的培训项目，同样还希望在培训之中进行成果评价，以使其反馈意义更多地作用于正在实施着的培训活动。实践表明，培训执行中的成果评价一方面将再次为改善和促进培训进程提供更多有益的依据和动力，另一方面将有助于充分挖掘学员的学习潜能和强化学员的学习动机。

CIPP 评价模型作为一种管理导向的教育评价模型，具有较强的普适性，现已广泛应用于各国教育发展评价。葛莉等（2014）将 CIPP 评价模型应用于高校创业教育能力的评价，从决策导向、过程导向和改进功能入手，剖析同 CIPP 评价模型相匹配的高校创业教育能力的构成，并建立相应的评价指标体系，从基于背景评价的创业环境基础能力、基于输入评价的创业资源配置能力、基于过程评价的创业过程行动能力和基于成果评价的创业成果绩效能力四个方面对高校创业教育能力进行评价，以期提升高校创业教育能力。张淑梅等（2017）基于 CIPP 评价模型构建了高职院校创新创业教育评价理论模型，从环境基础、资源投入、过程行动、成果绩效四个方面，构建了包括 11 个一级指标和 21 个二级指标的高职院校创新创业教育评价指标体系。杨海华（2019）基于 CIPP 评价模型自编问卷，从背景、输入、过程、成果四个层面，以及理念与目标、组织运作、课程与教学、教育资源、学习成效五个评价维度，对江苏省职业学校创业教育的实施成效进行调查，得出教师对创业教育组织运作维度的满意度较高，对课程与教学维度满意度较低。

刁衍斌等（2020）基于 CIPP 评价模型，构建了新工科体验式创业教育评价体系，从育人目标、策略计划、策略实施、执行结果等各个环节，反映新工科体验式创业教育的质量，提出促进体验式创业实践与所在区域产业变革动向紧密结合，将专业教育链融入新工科体验式创业教育。

三、泰勒评价模式

泰勒评价模式（或称泰勒课程目标模式、泰勒目标评价模式）是美国心理学家 R. W. 泰勒提出的一种课程评估模式。泰勒（1949）在所著《课程与教学的基本原则》一书中最早提出应当根据课程目标编制"合理的"课程计划，即根据事先确定的目标选择教学内容和方法，而后评估和改善教学制度，直到达到既定目标为止。他认为，要从事课程编制活动就必须回答下列问题：学校应该达到哪些教育目标？提供哪些教育经验才能实现这些目标？怎样才能有效地组织这些教育经验？怎样才能确定这些目标正在得到实现？即确定目标、选择经验、组织经验、评价结果（见图 2-3）。

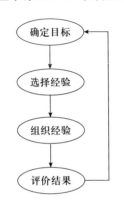

图 2-3　泰勒评价模式

泰勒认为课程目标的确定来源于对学习者本身的研究、对校外当代生活的研究、学科专家对目标的建议。其中，确定目标是最为关键的一步，因为其他所有步骤都是围绕目标而展开的。这也是为什么人们把它称为目标模式。在泰勒看来，如果我们要系统地、理智地研究课程计划，首先必须确定所要达到的目标。除非评价方法与课程目标相切合，否则评价结果便是无效的。由此可见，评价的实质是要确定预期课程目标与实际结果相吻合的程度。目标评价模式强调要用明确的、具体的行为方式来陈述目标。评价是为了找出实际结果与课程目标之间的差距，并可利用这种信息反馈作为修订课程计划或修改课程目标的依据。

邹国文（2015）为更好地建立和完善创业教育课程体系，在泰勒目标评价模式的基础之上，以大学生对创业教育课程需求为着眼点，以国家相关的创业政策及高校整体创业环境为参考，深入探索了应用型本科院校创业教育课程设计的思路。童顺平（2019）运用泰勒目标评价模式，针对当前台湾高校创新创业教育课程建设，从课程目标、课程内容、课程实施、课程评价四个方面进行了主题式述评。杨冬（2020）基于目前高校创新创业教育课程建设碎片化现状，以泰勒目标评价模式为原理，通过实证研究，系统提出研究型大学全面推进创新创业教育课程建设的理论方略和实践对策。

由于这一模式既便于操作又容易见效，所以很长时间在课程领域占有主导地位。但由于它只关注预期的目标，忽视了其他方面的因素，因而导致了不少人的批评。

四、目标游离评价模式

目标游离（Goal-free）评价是斯克里文针对目标评价模式的弊端而提出的。他认为，评价者应该注意的是课程计划的实际效应，而不是其预期效应，即原先确定的目标。在他看来，目标评价模式只考虑到预期效应，忽视了非预期的效应（或称为"副效应""第二效应"）。

斯克里文主张采用目标游离评价的方式，即把评价的重点从"课程计划预期的结果"转向"课程计划实际的结果"上来。评价者不应受预期的课程目标的影响。尽管这些目标在编制课程时可能是有用的，但不适合作为评价的准则。因为评价者要收集有关课程计划实际结果的各种信息，不管这些结果是预期的还是非预期的，也不管这些结果是积极的还是消极的。只有这样才能对课程计划做出准确的判断。然而，目标游离评价也招致了不少人的批评。主要的问题是，如果在评价中把目标搁在一边去寻找各种实际效果，结果很可能会顾此失彼，背离评价的主要目的。此外，目标完全"游离"的评价是不存在的，因为评价者总是会有一定的评价准备，游离了课程编制者的目的，评价者很可能会用自己的目的来取而代之。严格来说，目标游离评价不是一个完善的模式，因为它没有一套完整的评价程序，所以有人把它当作一种评价的原则。

五、层次分析法

层次分析法（Analytic Hierarchy Process，AHP）是20世纪70年代初，由美国运筹学家、匹茨堡大学教授Saaty T. L. 提出的一种系统分析与决策的综合评价方法。该方法是指将一个复杂的多目标决策问题作为一个系统，将目标分解为多个目标或准则，进而分解为多指标（或准则、约束）的若干层次，通过定性指标模糊量化方法算出层次单排序（权数）和总排序，以作为目标（多指标）、多方案优化决策的系统方法（见图2-4）。许树柏（1988）等在《层次分析法—规划决策的工具》一书中，将 AHP 引入我国。由于 AHP 严谨的结构、科学的理论以及简单方便等优点，逐渐受到国内研究者的重视与关注。

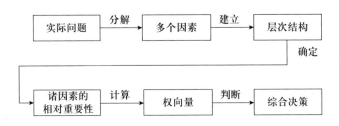

图 2-4　层次分析法基本原理

在做决策和评价时，如果只凭人为的主观判断则缺乏严谨的科学性，如果只用数理工具分析则很多因素无法用量化的数据表示。层次分析法比较适合于具有分层交错评价指标的目标系统，而且目标值又难以定量描述的决策问题。层次分析法是将决策问题按总目标、各层子目标、评价准则直至具体的备投方案的顺序分解为不同的层次结构，然后用求解判断矩阵特征向量的办法，求得每一层次的各元素对上一层次某元素的优先权重，最后再加权和的方法递阶归并各备择方案对总目标的最终权重，此最终权重最大者即为最优方案。层次分析法将定性与定量相结合，很好地解决了这一问题。层次分析法框架如图2-5所示。

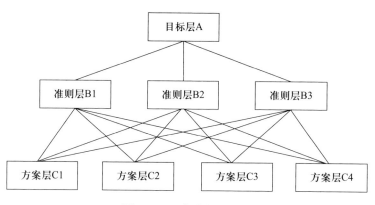

图 2-5　层次分析法框架

本书基于层次分析法，罗列出高职院校创新创业教育发展评价相关指标，分为目标层（高职院校创新创业教育发展评价指标体系）、准则层（双创教学、双创实践、双创研究、双创成效以及双创声誉）和方案层（教学资源库、课程建设、教材建设、师资建设、教学成果、双创论文、研究项目、双创竞赛、双创相关的学科竞赛、双创基地、双创社团、创业率、知识产权、创业人才、改革示范、典型案例）。

第二节　国内外研究综述

1947 年，美国哈佛大学首次开设创新创业教育课程，之后创新创业思潮迅速席卷全球，并逐步出现在教育实践领域。20 世纪中叶，欧美开始探索创新创业教育。而我国高校创新创业教育于 20 世纪 90 年代末才开始起步，中国高校创新创业的序幕始于清华大学于 1998 年 5 月举办的创业计划大赛。近年来，随着"大众创业、万众创新"纵深推进，以及国家支持大学生创新创业等政策文件的出台，高校创新创业教育越来越受重视，创新创业教育改革不断深化。当下，越来越多的学者关注高校创新创业教育评价研究，评价高校创新创业教育已成为新时代进一步深化高校创新创业教育改革必须回应的重要话题。

通过对中国知网 CNKI 数据库"创新创业教育"或"创业教育"关键词的总库文献资料进行检索，自 1998 年到 2022 年底，我国创新创业教育领域的文献总量达到了 40725 篇，其中发表在 SCI、EI、北大核心、CSSCI、CSCD 期刊的有 4511 篇。对"创新创业教育"或"创业教育"和"评价""评估"关键词的总库文献资料进行检索，文献总量仅有 179 篇，其中发表在 SCI、EI、北大核心、CSSCI、CSCD 期刊的仅有 10 篇。

一、国内研究综述

从目前已有的研究看，大多是从创新创业教育的必要性、实现路径、发展模式、实践方法等维度进行探讨，对创新创业教育评价体系方面的研究相对较少，其中高质量、实证类的论文更是稀少。从已有的高校创新创业教育评价研究看，主要集中在创新创业教育质量评价、创新创业教育绩效评价、创新创业教育评价指标体系构建研究、创新创业教育生态体系评价等方面，其中对高职院校创新创业教育发展评价的研究还较为缺乏，且尚不能够构建一套科学并有量化的评价体系。由于高职院校创新创业教育程度和现状难以量化和表征，使高职院校创新创业教育评价指标划分标准还未形成统一。

国内较早的创新创业教育评价研究中，主要集中在理论研究方面，主要内容有：创业教育评价的设计原则、影响因素以及评价体系构建等。例如，郭必欲（2003）提出以主体性、创新性、先进性、实践性等原则，构建高校创新创业教育评价体系。李国平等（2004）综合分析了创新创业教育影响因素，主要是基于模糊综合评判法，但没有指出具体的指标体系以及具体的各项指标权重分配。黄志纯（2007）认为要把握指向性、激励性、操作性、动态性、科学性的评价原则，构建组织领导、师资队伍、学生素质、环境建设、社会声誉5 个一级指标的评价体系。吕贵兴（2010）尝试构建由目标层、准则层与方案层组成的高校创业教育评价指标体系。陶丹等（2010）采用专家调查法构建评价指标体系，构建了包含目标层、要素层、子要素层、参考层的四层次高校创业教育质量评价指标体系，该体系包括 3 个一级指标和 10 个二级指标，并运用层次分析法和模糊数学的方法对高校创业教育的质量进行了综合评价，用于寻找创业教育薄弱环节。谢志远等（2010）通过采用层次分析法构建了创业教育质量通用评价体系，包含 5 个二级指标和 19 个三级指标，并对其三个级别的指标进行定量研究，综合评价我国高校创业教育的发展水平与状况。梅伟惠

（2011）提出，我国在开展高校创新创业教育评价的过程中，应充分考虑高校创业教育目标的多样性、实施过程的多层次性、评价主体的多元性以及创业教育的时滞效应等影响因素，但并未构建一套评价指标体系。

近十年来，国内创新创业教育评价的研究有了新的发展，主要集中在评价方法、评价模型构建和评价主体等方面。例如，段华洽（2012）以高校创业教育的直接成果与间接成果为主线，构建了高校创业教育成果的评价体系，进而运用德尔菲法与层次分析法确定指标权重。葛莉（2014）将CIPP评价模型应用于高校创新创业能力评价，以提升基于背景评价的创业环境基础能力、基于输入评价的创业资源配置能力、基于过程评价的创业过程行动能力和基于成果评价的创业成果绩效能力。李兵（2015）从政府层面、学校层面、学生层面、社会层面等方面，构建了高职院校"四位一体"创新创业教育评价体系。王秋梅等（2016）构建了要素、过程、影响力三维评价的高职院校创新创业教育质量评价体系。胥佳慧等（2018）以学生为中心从学生背景、学生参与度、校园环境和学习效果对高校创新创业教育评价指标体系进行研究，评价指标的选取与学生发展相关。黄兆信（2019）基于大样本数据尝试从发展现状评价、最终结果评价及实施过程的评价三个维度构建中国情境下的创新创业教育质量评价体系，并指出高等学校创新创业教育评价须分类，但可构建核心框架，不同类型、不同发展阶段的高等学校可根据不同的评价需要进行增减。徐小洲（2019）采用扎根理论方法，提出VPR三维三级创新创业教育评价的理论结构模型，该评价模型强调精神价值评价与现实价值评价相结合、发展性评价与绩效性评价相结合、短期评价与长期评价相结合，具有多维、多层、多元的特征。卓泽林等（2020）利用调查问卷从创新创业师资建设、组织领导、教学管理、课程体系、机制保障五大指标评价高校创新创业教育绩效。这些研究从不同角度进行分析，为其他学者提供了一定的理论与实践参考价值。但这些研究主要以定性分析为主，更多停留在概念和模型上，且指标数据来源主要通过专家调查法、问卷调查等方式收集，缺乏可靠依据，难以客观地评价我国当前高职院校创新创业教育现状，也难以比较衡量不同地区、不同类型的高职院校创新创业教育发展水平。根据对高校创新创业教育的评价方法文献查阅来看，现有的研究中较多学者采用了层次分析法对高校创新创业教育进行评价。例如，吴婷等（2015）、高苛等（2015）、冯艳飞等（2013）分别采用了 AHP 法、三标度的 AHP 法和模糊 AHP 法对创新创业教育进行评价研究。但现有研究并没有对高校进行具体化的评价结果，没有评价的应用结果。

二、国外研究综述

20 世纪 90 年代，美国的《创业者》《商业周刊》等知名杂志纷纷对高校创新创业教育中的双创课程数量、学生创业率、创业企业融资额等项目展开年度评价，并成功开创了双创教育评价的先河。从评价模式看，西方创新创业教育评价模式已有几十种之多，研究成果主要集中于发达国家，尤其是美国，较有影响的教育评价模式主要有泰勒模式、CIPP 模式、反向评价模式、目标游离模式、发展性评价模式、构建模式和应答模式等。从评价主体看，《普林斯顿评论》《创业者》《商业周刊》《美国新闻与世界报道》《成功》等知名商业杂志，美国的小企业、创业协会等全国性机构参与其中。从评价方法看，主要采用专家咨询法、问卷调查法、基准法等。从评价内容看，主要聚焦于创业课程建设、评价方法研究、创业项目评价等。

国外对于高校创业教育评价指标体系研究中，美国著名创业学家 Vesper 等（1997）参考马尔科姆·鲍德里奇的国家质量奖的评价思路，提出高校创新创业教育评价七因素：提供的课程、教师的出版情况、创新、校友参与情况、校友创业情况、社会影响力、学者的外延拓展活动，并根据该指标体系分析对比国际上的创业项目，指出百森商学院、哈佛商学院、宾夕法尼亚大学沃顿商学院、南加利福尼亚大学、得州大学的创业教育项目是美国排名前五位的创业教育项目。Block 等（1990）从历史角度着手研究创业教育，他们借助等级制标准来评估创业教育的有效性，提出了激励新企业取得成功与教育学生选择创业的两种手段来衡量创业教育的有效性。Robinson（1991）研究美国高校创新创业教育并从课程数量、教职工资源、学术活动、学业奖学金设置、创新创业组织和院系部门六个维度构建评价体系。Stevenson（2001）着眼于高校创业教育的宏观政策与发展现状评价，从创业环境、创业教育、创业融资、创业促进、初创期的商业支持与目标群体战略六个维度评价创业政策。Fayolle 等（2006）将计划行为理论应用于高校创新创业教育评价，用"创业意向"评价高校创业教育的主观影响力，提出了包括制度环境、受教育者、创业教育项目类型、目标、内容、教育和培训的步骤与方法在内的六项综合评价指标。Finkle 等（2006）通过调查美国高校创业中心发现，管理者与教师对创业教育项目的评价有不同了解：对于管理者而言，校方认可、获得的资助、学生数、学生评价、毕业生数、研究是最重要的评价指标；对于教师而言，社会服务、获得的资助、学生数、学生评价、毕业生数、创业数是最重要的评价指标。国外高校创新创业教育评价积累了较为扎实的理论基础和实践经验，为我国高校创新创业教育评价相关研究提供了很好的借鉴。

第三节　本章小结

本章主要对高职院校创新创业教育发展评价的研究理论进行综述，为后续章节做理论铺垫。本书将高校创新创业教育相关理论研究一并进行阐述。根据现有常用的计划行为理论、CIPP 评价模型、泰勒评价模式、目标游离评价模式、层次分析法等理论进行阐述，对国内外文献进行综述。

第三章　高职院校学生创业意愿影响因素研究

本章以高职院校学生为研究对象，将创业培训、创业自我效能感等因素融入计划行为理论，探究其对高职学生创业意向的影响。采用问卷调查方式获取和收集相关数据，运用SPSS25.0和AMOS22.0统计软件进行数据的探索性分析及验证性因子分析，实证研究感知行为控制、主观规范、创业态度、创业自我效能感及创业培训之间的关系，研究分析高职院校学生创新创业意愿影响因素。

第一节　高职院校学生创业意愿影响因素研究假设

创新创业可以提高社会经济效益，提升就业水平，是推动经济社会发展的重要途径。彼得·德鲁克（Peter F. Drucker, 1985）指出"创业不是魔法，也并不神秘。创业并不是深植于基因中的与生俱来的天赋，而是可以被教授的，是可以通过学习掌握的"。Martin等（2013）认为创业具有可教性。具有主观创业意向是实施创业行动的主要因素，很大程度上影响甚至制约了大学生创业实践的成功开展。创业意向是预测创业行为的有效指标，创业意向越强烈，实施创业的可能性越大，探寻促使创业意向形成的驱动因素具有重要意义。现有研究中，创业意向影响因素的研究较多的是关注于创业教育、榜样示范、创业环境、创业政策、创业失败经历、风险识别、创造力、创业资本、创造性人格等影响因素。随着"大众创业、万众创新"持续纵深推进，越来越多的高校开始重视开展创业培训，有些高校已将KAB（Know About Business）、SYB（Start Your Business）等创业培训纳入大学生课程体系，如清华大学、浙江大学等 1500 多所高校开设了《大学生 KAB 创业基础》等创业类相关培训课程。然而，研究发现高职学生创业意向与创业培训之间相关性研究较少，创业培训与创业意向的相关作用和作用机制有待深入验证。

Ajzen（1991）认为，意向是个体对态度对象的一种反应倾向，引导信念、感知以及其他外生因素到行动，最后转化为行动本身。意向是行为的准备状态，是实践某种行为的自我预测。个体对于自身创业行为结果的评价越好，将产生更积极的创业态度，创建新企业的意向便会越强烈。Kruege（2000）提出意向可以预测个人准备实现其预期行为的努力程度，意向越强，其付出的努力程度越强，就越有可能预测其预期行为。在创业领域，创业意向通常被定义为一个人拥有自己的企业或开办企业的愿望。刘辰（2014）认为，创业意向是个体实施创业行为的倾向和意图，对个体实施创业行为有前导作用。

计划行为理论源于理性行为理论（TRA）。Ajzen（1991）研究发现，个体行为的实施不是完全主观自愿，而是受一定因素影响控制的，并将感知行为控制融合理性行为理论中，从而研究发展为计划行为理论。计划行为理论描述了态度、动机和行为之间的关系。Ajzen 认为，个体的意向主要受影响于个体对行为结果的态度、主观规范、感知行为控制三种因素。计划行为理论确定了形成创业意向的三个前因素，即个体态度、主观规范、感知行为控制。Boyd 等（1994）研究表明，个体的创业自我效能感能够预测个体的创业意向，从而引发创业行为的一个重要指标。Jung 等（1999）经过更加深入的研究发现创业自我效能感整体上与创业意向正相关。因此，本书拟在计划行为理论模型的基础上扩展创业自我效能感这一变量。

创业培训是提升高职大学生创业意识，转变就业创业观念的重要途径之一。创业培训对创业意向的影响值得深入探讨和研究。在国外，大部分学者将计划行为理论应用于研究创业领域，并通过实证研究获得了检验与认可，创业领域相关研究中也广泛引用自我效能理论。国内有关创业培训和创业意向关系方面的实证研究还处于探索阶段。近年来全国高职扩招，高职学生规模逐渐扩大，引导高职学生自主创业，将是解决高职学生就业的重要途径。因此，本书基于计划行为理论、自我效能理论展开研究，面向高职院校学生，构建融入创业培训、创业自我效能感等因素扩展计划行为理论模型，研究其对高职学生创业意向的作用机制与影响路径，深入研究中国情境下的创业培训对高职学生创业意向的影响，为高职院校更好地制定和完善创业培训机制提出建议，从而引导和激励大学生投身创业行动。

一、创业培训与创业意向

创业培训是指对具有创业意向的人员和小企业经营管理者进行企业创办能力、市场经营素质等方面的培训，目的在于提高创业者技能、态度和意向。创业培训的内容主要是为学员传授创办企业的系统性的理论知识和实操技能，帮助创办企业者评估自己选择项目、制订创业计划、创办企业的适合程度，使想要创业的人学会企业创办的系统知识，从而把企业创办起来开展创业实践。创业意向被定义为个体想要拥有自己的企业或开办企业的意愿，是个体创立新企业行为的前导，也是确定个体能否产生创业行为的重要因素（Zaryab & Saeed，2018）。因此，创业意向可以促发个体开展创业行为（Grundsten，2004），这在个体形成创业行为的过程中起到了非常重要的驱动作用。Chen 等（1998）的实证研究表明，选修创业相关课程的学生中，其创业意向要高于选择学习其他管理课程的学生。本书提到的创业培训对象是高职学生，结合时下开展创业培训的趋势，从高职学生视角出发，通过对他们参与创业培训，分析创业培训对创业意向及其先导因素的影响。据此，本书提出如下假设：

H1：高职学生创业意向被创业培训正向影响。

二、创业培训与创业自我效能感、感知行为控制、主观规范、创业态度

根据计划行为理论，创业态度是指个体对创业的评价，可能是消极或者积极的评价；主观规范反映了一个人行为的对象、环境、行动、时间四要素中的环境对其行为决策的影响，是衡量执行或不执行某种行为的感知社会压力，描述了其他重要人物对一个人决策的支持度和认可度；感知行为控制反映个体所感知完成某个特定行为的影响程度和难易程度，对自我效能感和评估行为可控性有一定影响，其真实度对行为预测准确性有决定性影

响。Bandura（1977）认为，个体在特定情况下，对自身从事某种行为能达到预期成效所具备的个人能力的评估和判断，也就是个体自信程度的反应，即为自我效能感。创业自我效能感的概念是自我效能感的延伸。Chen（1998）对"创业自我效能感"这样定义：个体相信自身具有可以成功执行企业家角色及完成企业创办和运行任务的力量。创业自我效能感与意志、坚持和自信密切相关，可以克服或者降低开启创业过程中的初始焦虑感。Hollenbeck 等（2004）的研究认为，创业自我效能感随着外部影响而动态变化，可通过针对性地开展策略性引导来促使其产生、强化或发生变化。

Davidsson 和 Honig（2003）将人力资本视为创业意向的决定因素。Linan（2008）认为，基于人力资本投资和工作表现之间正相关的研究基础，创业培训作为一种提升人力资本的手段和方式，能够通过影响潜在创业者的创业态度或意向来促使其创办新企业。Graevenitz 等（2010）在研究中明确指出，一个人的创业态度不单单受到先前经验的影响，还会受其所接受的创业教育的影响。Krueger 和 Carsrud（1993）指出，创业培训的目的是通过指导培训对象系统学习创业知识来影响潜在创业者的观念、态度和意向，从而帮助其认识到创业价值，进而转变为自身创业行为动机。创业教育是创业培训基础，创业培训是创业教育承接，两者具有一定的相似性。Shook 等（2003）的研究认为，创业培训会对创业者的态度、观点产生影响。Martin 等（2013）研究发现，创业培训与人力资本提升具有关联性，创业培训会对创业活动产生影响。Wilson 等（2007）指出，如果将创业培训与创业自我效能感进行联系，可以强化个体创业意向程度。Hansemark（1998）研究表明，创业培训对自我效能、自我实现等心理因素能够产生积极的影响，并能够提升创业行为实施的可能性。

综上所述，本书提出假设如下：

H2a：创业培训正向影响高职学生创业态度。

H2b：创业培训正向影响高职学生主观规范。

H2c：创业培训正向影响高职学生感知行为控制。

H2d：高职学生的创业自我效能感被创业培训所正向影响。

三、创业意向与创业自我效能感、感知行为控制、主观规范、创业态度

在计划行为理论中，行为意向是由行为态度、主观规范以及感知行为控制三者因素共同决定，三者之间互相作用。因此，评估个体的行为态度、主观规范、感知行为控制这三个变量可以预测个体的行为意向。但这三个变量不是绝对地引起个体行为意向的所有因素，个体还会受到自身和外界环境、文化等其他因素的影响。主观规范反映了个体对社会参照群体，如家庭、朋友和其他重要关系人物等，对于其能否实施某一行为的态度和意见的感知。个体感知参照群体的意见越积极，个体越能够从参照群体中获得创业鼓励、支持以及更强的创业动机，进而产生的创业意向也会越积极。感知行为控制不仅可以预测意向的形成，同时也是实际行为的预测因子。Karimi 等（2016）在研究中指出，感知行为控制是影响创业意向的最重要的因子，而通过创业教育可以强化感知行为控制。Boyd（1994）认为，创业自我效能感在潜在创业者创业行为产生及新创企业生成过程中发挥中介作用。Jung 等（1999）经过深入研究发现，创业自我效能感与创业意向正相关。据此，本书提出以下假设：

H3a：创业态度正向影响高职学生创业意向。

H3b：主观规范正向影响高职学生创业意向。

H3c：感知行为控制正向影响高职学生创业意向。

H3d：创业自我效能感对高职学生创业意向有正向影响。

第二节　高职院校学生创业意愿
影响因素模型设计与数据采集

一、研究模型构建

基于改进计划行为理论，本书构建理论模型如图 3-1 所示。

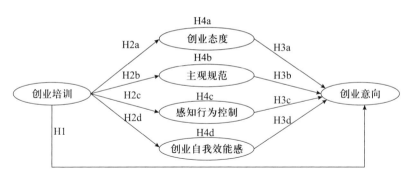

图 3-1　理论模型

二、问卷设计

为保障量表的信度和效度，本书主要借鉴前期研究者的量表，涉及对创业培训、创业态度、主观规范、感知行为控制、创业自我效能感、创业意向 6 个潜变量测度，共计 31 个题项（见表 3-1）。其中关于创业态度测定主要借鉴 Ajzen 等的量表，共计 5 个题项；关于主观规范测定主要借鉴 Kolvereid 和 Reitan 等的量表，共计 3 个题项；关于感知行为控制测定主要借鉴 Kolvereid 和 Reitan 等的量表，共计 6 个题项；关于创业自我效能感测定主要借鉴 Linan 和 Chen 等的量表，共计 4 个题项；关于创业意向测定主要借鉴 Linan 和 Chen 等的量表，共计 6 个题项；关于创业培训测定，考虑培训与教育具有相似功效，同时创业培训属于创业教育的一种形式，因此本书用于测量创业培训的量表来自创业教育、Franke 和 Ltithje（2004）等的相关量表，包括 7 个题项。

表 3-1　本书涉及的变量测度

潜在变量名称	观察变量数（个）	参考量表来源
创业培训	7	Franke 和 Ltithje（2004）
创业态度	5	Ajzen（1991）
主观规范	3	Kolvereid（1996）和 Reitan（1997）
感知行为控制	6	Kolvereid（1996）和 Reitan（1997）
创业自我效能感	4	Linan 和 Chen（2009）
创业意向	6	Linan 和 Chen（2009）

三、样本描述性分析

本书的对象主要为在校高职大学生。研究利用问卷星设计网络问卷、线下访谈回收问卷等方式进行数据采集。问卷共回收 1076 份问卷，删除 85 份无效问卷，有效问卷 991 份。通过 SPSS25.0 对被调查者的性别、年级、户口类型、有无创业实践等进行了描述性分析，结果如表 3-2 所示。

表 3-2　样本的描述性分析

类别	选项	频数（次）	比率（%）
性别	男	487	53.46
	女	424	46.54
年级	大一	495	54.34
	大二	336	36.88
	大三	80	8.78
户口类别	城镇	125	13.72
	农村	786	86.28
有无创业实践经验	有	284	31.17
	无	627	68.83

从样本的描述性分析表得出：接受调研的高职院校男生占比 53.46%，女生占比 46.54%；在年级上，大一学生占比 54.34%，大二学生占比 36.88%，大三学生占比 8.78%；在户口类别上，城镇户口占比 13.72%，农村户口占比 86.28%；在有无创业实践经验方面，有创业实践经验占比 31.17%，没有创业实践经验占比 68.83%。

四、信度和效度分析

本书采用 SPSS25.0 软件分别对创业意向、创业培训、创业自我效能感、感知行为控制、主观规范、创业态度 6 个变量进行信度分析。根据 SPSS25.0 分析结果，本调查问卷整体 Cronbach α 系数为 0.974，表示本问卷具有很好的信度。

　　根据表 3-3 结果，6 个变量的 Cronbach α 系数分别为 0.931、0.950、0.947、0.952、0.943、0.949，Cronbach α 系数均大于 0.9，说明潜在变量信度较高，各项指标的信度一致性良好。

表 3-3　各变量载荷值和信度分析

测量项名称	问项内容	载荷值	Cronbach α
创业培训（CT）	CT1 您所在大学有提供创业培训，如创业课程、创业实践指导、SYB、KAB 等	0.605	0.931
	CT2 我经常参加学校提供的创业培训	0.529	
	CT3 学校创业培训有助于我掌握创业知识	0.833	
	CT4 学院创业培训有助于我提升创业知识	0.880	
	CT5 学校创业培训有助于我提升创业能力	0.876	
	CT6 学校创业培训改善了我对创业机会的理解	0.839	
	CT7 我认为学校应该开设更多的创业培训	0.710	
主观规范（NA）	NA1 我的培训同学支持我创业	0.772	0.950
	NA2 我的家人支持我创业	0.780	
	NA3 我所在的学校文化鼓励我创业	0.773	
创业态度（CA）	CA1 创业是一件非常有意义的事	0.821	0.947
	CA2 创业能够帮助我改善生活	0.793	
	CA3 创业能够让我自己把握自己的命运并挑战自己	0.816	
	CA4 对我而言，成为创业者是一种很大满足	0.837	
	CA5 创业成功带给我成就感与社会地位	0.771	
感知行为控制（PB）	PB1 对我而言，创办公司并保持顺利运营是容易的	0.736	0.952
	PB2 我准备开办一个可行性强的企业	0.774	
	PB3 我认为我可以掌控初创企业的开办过程	0.821	
	PB4 我认为我非常了解创办企业的各种细节	0.821	
	PB5 我了解如何发展一个创业项目	0.813	
	PB6 如果我尝试创办企业，成功的可能性比较大	0.781	

续表

测量项名称	问项内容	载荷值	Cronbach α
创业自我 效能感 （CE）	CE1 创立并经营一家公司对我而言没有难度	0.814	0.943
	CE2 我了解创办一家公司的必要细节	0.830	
	CE3 我有信心成功创办企业	0.813	
	CE4 我认为自己创业成功的可能性很大	0.810	
创业意向 （CI）	CI1 我认为我将来会创业	0.841	0.949
	CI2 我将全力以赴地创办自己的企业	0.808	
	CI3 创办企业是我真正的兴趣所在	0.811	
	CI4 我对创办企业有过系统性的思考	0.771	
	CI5 我对创办企业已经做了足够的准备	0.800	
	CI6 我会在今后 5 年内创办自己的企业	0.773	

从表 3-4 可知，量表的 KMO 值为 0.973，大于 0.9；Bartlett 球形检验的卡方值为 34070.686，大于 0，且对应的显著性小于 0.05，符合效度检验标准。

表 3-4　KMO 和 Bartlett 球形检验

KMO 度量		0.973
Bartlett 球形度检验	近似卡方值	34070.686
	自由度	465
	显著性	0

第三节　高职院校学生创业意愿影响因素研究数据分析

一、验证性因子分析

本书基于 991 份有效问卷，运用 Amos22.0 软件进行模型分析，得出结果如图 3-2 所示。卡方值为 4381.291，P=0.000、RMSEA=0.061（该值越接近0 越好，通常采用 RMSEA 小于 0.08），RMR=0.072（该值越接近 0 越好，通常采用 RMR 小于 0.08），AGFI=0.711、GFI=0.752、NFI=0.873、RFI=0.861、IFI=0.884、CFI=0.884、TLI=0.873（以上指标越接近于 1 越好），这些指标可以看出模型拟合度情况良好。

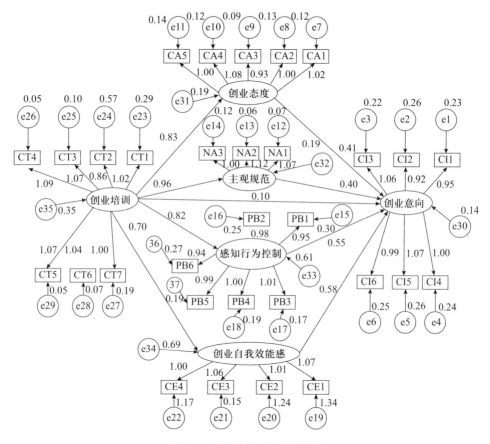

图 3-2　验证性因子分析模型

二、样本结构方程模型检验结果与分析

根据数据统计，结构方程模型分析结果如表 3-5 所示。

表 3-5　样本结构方程模型检验结果

			Estimate	S.E.	C.R.	P	结论
创业态度	<---	创业培训	0.829	0.037	22.55	***	H2a 成立
主观规范	<---	创业培训	0.956	0.038	24.907	***	H2b 成立
感知行为控制	<---	创业培训	0.821	0.052	15.879	***	H2c 成立
创业自我效能感	<---	创业培训	0.704	0.053	13.27	***	H2d 成立
创业意向	<---	创业态度	0.412	0.038	10.896	***	H3a 成立
创业意向	<---	主观规范	0.403	0.037	8.892	***	H3b 成立
创业意向	<---	感知行为控制	0.551	0.02	7.395	***	H3c 成立
创业意向	<---	创业自我效能感	0.581	0.023	25.2	***	H3d 成立
创业意向	<---	创业培训	-0.096	0.059	-1.611	0.107	H1 不成立

注：*** 表示在 0.001 水平上显著。

三、大学生性别与有无创业实践经验对创业意向的影响

查阅现有研究，李海垒等（2011）采用问卷调查法发现男性大学生的创业目标意向和创业执行意向显著高于女性大学生。彭正霞（2013）利用多群组结构方程模型分析得出大学生创业意向存在性别差异，男性大学生的创业意向要显著高于女性大学生。人力资本理论认为创业者的先前经验是决定新企业绩效的关键因素，其中创业经验可以使创业者熟悉创业流程，获得管理专长，对新企业的创建、生存、发展起到重要的促进作用。郭红东等（2013）对有创业经历和无创业经历的农民对创业机会识别进行了研究，结果显示具有创业经历的农民比没有创业经历的农民更容易识别出创业机会。陈阳阳（2018）在研究创业失败经历与后续创业企业成长绩效关系的研究中得出，阈值内的创业失败经历次数与后续创业企业成长绩效正相关；超过阈值后创业失败经历次数与后续创业企业成长绩效负相关，表明有无创业实践经验与创业意向具有相关性。为检验大学生性别和有无创业实践经验是否与影响因素之间有关，是否影响大学生创业意向，本书采用独立样本 t 检验分别进行研究分析（见表 3-6、表 3-7）。

表3-6　大学生性别因素的独立 t 检验结果

		方差方程的 Levene 检验		均值方程的 t 检验					差分的 95% 置信区间	
		F	Sig.	t	df	Sig.（双侧）	均值差值	标准误差值	下限	上限
创业培训	假设方差相等	16.831	0.000	-2.263	1229	0.024	-0.08131	0.03592	-0.15179	-0.01083
	假设方差不相等			-2.269	1198.552	0.023	-0.08131	0.03583	-0.15161	-0.01101
主观规范	假设方差相等	1.673	0.196	-5.219	1229	0.000	-0.23258	0.04456	-0.32001	-0.14516
	假设方差不相等			-5.221	1229.000	0.000	-0.23258	0.04455	-0.31998	-0.14519
创业态度	假设方差相等	8.422	0.004	-3.244	1229	0.001	-0.12827	0.03954	-0.20585	-0.05070
	假设方差不相等			-3.248	1225.921	0.001	-0.12827	0.03950	-0.20576	-0.05078
感知行为规范	假设方差相等	12.422	0.000	-9.594	1229	0.000	-0.44245	0.04612	-0.53293	-0.35197
	假设方差不相等			-9.605	1225.004	0.000	-0.44245	0.04606	-0.53283	-0.35208
创业效能	假设方差相等	25.899	0.000	-9.847	1229	0.000	-0.48239	0.04899	-0.57850	-0.38628
	假设方差不相等			-9.862	1221.716	0.000	-0.48239	0.04892	-0.57836	-0.38642
创业意向	假设方差相等	12.379	0.000	-9.829	1229	0.000	-0.44080	0.04485	-0.52878	-0.35281
	假设方差不相等			-9.842	1223.635	0.000	-0.44080	0.04479	-0.52867	-0.35292

表3-7 大学生有无创业实践经验因素的独立 t 检验结果

		方差方程的 Levene 检验		均值方程的 t 检验					差分的95%置信区间	
		F	Sig.	t	df	Sig.（双侧）	均值差值	标准误差值	下限	上限
创业培训	假设方差相等	20.603	0.000	5.430	1229	0.000	0.21639	0.03985	0.13821	0.29457
	假设方差不相等			5.165	552.975	0.000	0.21639	0.04189	0.13410	0.29868
主观规范	假设方差相等	0.656	0.418	5.790	1229	0.000	0.28832	0.04980	0.19063	0.38602
	假设方差不相等			5.778	605.021	0.000	0.28832	0.04990	0.19032	0.38632
创业态度	假设方差相等	10.275	0.001	7.798	1229	0.000	0.33859	0.04342	0.25340	0.42378
	假设方差不相等			8.020	643.268	0.000	0.33859	0.04222	0.25569	0.42149
感知行为规范	假设方差相等	4.534	0.033	8.393	1229	0.000	0.43718	0.05209	0.33498	0.53937
	假设方差不相等			8.240	586.253	0.000	0.43718	0.05305	0.33298	0.54138
创业效能	假设方差相等	3.786	0.052	7.413	1229	0.000	0.41342	0.05577	0.30401	0.52282
	假设方差不相等			7.362	599.223	0.000	0.41342	0.05616	0.30313	0.52370
创业意向	假设方差相等	4.421	0.036	10.480	1229	0.000	0.52391	0.04999	0.42583	0.62198
	假设方差不相等			10.344	592.210	0.000	0.52391	0.05065	0.42444	0.62337

　　根据本书的研究显示，方差方程各 Levene 检验的显著水平（Sig. 值）小于 0.05，说明大学生性别和有无创业实践经验对大学生创业意向并没有显著的影响关系。究其原因，在性别上，本研究立足现阶段针对大学生群体对象进行研究分析，当下男性大学生和女性大学生接受到的学习渠道越来越普及、学习机会越来越平等；国家对女性的创业扶持越来越重视，如巾帼创客的打造、共同富裕的推进等；同时随着市场经济发展，直播电商等创业平台为女性提供更多的创业机会和商业模式等，因此本书得出性别在对大学生创业意向影响中没有显著的差别。在有无创业实践经验上，本书针对大学生群体对象，大学生求知欲、好奇心强等因素促使大学生在创业实践经验上不对创业意向有明显影响；创业门槛的降低也使大学生在创业实践经验上不对创业意向有影响；同时学校及国家对大学生创业的支持和创业资源获取的便利性，也使大学生在创业实践经验上不会对创业意向有明显影响。因此，本书中的大学生性别和有无创业实践经验对研究假设不具有明显的影响。

第四节　高职院校学生创业意愿
影响因素研究结果分析

一、假设分析与讨论

　　从表 3-5 的结果可以看出，研究验证了假设 H2a，创业培训正向影响高职学生创业态度，且解释程度高达 0.829；验证了假设 H2b，创业培训正向影响高职学生主观规范；验证了假设 H2c，创业培训正向影响高职学生感知行为控制；验证了假设 H2d，创业培训正向影响高职学生创业自我效能感；验证了假设 H3a，创业态度正向影响高职学生创业意向；验证了假设 H3b，主观规范正向影响高职学生创业意向；验证了假设 H3c，感知行为控制正向影响高职学生创业意向；验证了假设 H3d，创业自我效能感正向影响高职学生创业意向。但假设 H1 不成立，创业培训对创业意向没有显著积极影响。结构方程模型拟合最终结果如图 3-3 所示。

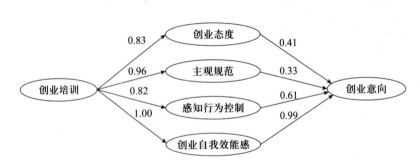

图 3-3 模型拟合最终结果

二、研究结果分析

本书基于扩展的计划行为理论，研究了创业培训对高职学生群体的创业自我效能感、感知行为控制、主观规范、创业态度等影响、创业意向被高职学生群体的创业自我效能感、感知行为控制、主观规范、创业态度等方面所影响、创业培训如何影响创业意向等。通过开展的实证研究，得出结论如下：

一是创业意向被感知行为控制、主观规范、创业态度等因素正向影响。个人对于从事某种行为的态度越积极时，个人的行为意向就越强烈；个体对于从事某种行为的主观规范越积极时，个人的行为意向同样也会越强烈；当态度与主观规范越积极且感知行为控制越强烈时，个人的行为意向也就会越强烈，本书的研究也证实了这三个变量对创业意向具有显著的正向作用。

二是创业意向被创业自我效能感显著地正向作用。Ajzen 和 Fischbein 认为，计划行为理论中除了感知行为控制、主观规范、态度这三个因素外，影响个体创业意向可能还有其他因素。本书的研究基于计划行为理论引入创业自我效能感这一变量来提高该模型总预测力，研究扩展出创业自我效能感与创业意向正相关。创业自我效能感越强，个体的创业意向则越强。通过创业培训手段，提升个体的创业自我效能感，从而达到提高个体创业意向的目的。

三是创业意向不被创业培训直接正向作用，而是创业培训通过对个体的创业自我效能感、感知行为控制、主观规范、创业态度等方面来产生作用。现有研究发现，部分研究提出创业意向被创业教育正向影响，也有少数研究者研究得出，创业教育对个体的创业意向及行为并没有积极影响甚至是负相关。当下创业培训越来越多、质量参差不齐、内容重复、没有与时俱进等众多因素，有可能未能增强学生的创业意向，从而导致创业意向被创业培训抑制。因此，创业培训与创业意向的相关作用及其机制还有待探索和实证，这为高职院校开展创业培训，设计科学合理的培训内容和方式，提高创业培训成效提供了新思路。

随着"大众创业、万众创新"的深入推进，国家、省、市和高校越来越重视通过创业培训来提高高职学生的创新创业意识和创新创业能力，各高校创业培训开展日益频繁。本书通过研究得出的结论，对高职院校创业培训提出以下四点建议：

（一）创业培训应更关注增强学生的创业积极态度

创业培训能够增强高职学生积极的创业态度，而积极的创业态度能够强化创业意向。高职院校在设计创业培训课程内容时，应更注重促发学生的创业态度、激发学生的创业激情。应在创业培训中增加更多创业实践内容及加强更多互动，促进学生群体与实战类创业导师、优秀创业者等人物的交流，从而强化创业榜样力量，提升大学生创业活力，帮助大学生坚定其创业信念，通过借用创业培训的外部推力，提升大学生自身创业内生动力。

（二）创业培训内容应更注重内容质量提升与时俱进

高职院校开展众多创业培训，如 SYB、KAB 等培训，因其传统划一的培训内容和模式，未能与时俱进，课程内容和讲授模式创新不多，不能很好地激发大学生的创业意向和激情。高校在创业培训开展中的关注点不是"量"，而更应该是"质"，传统的灌输式的创业培训并不一定可以促发创业意向，而是营造浓郁的创新创业氛围，让学生能够乐于参与、让学生有较高满意度的创业培训课程，才有可能强化学生的主观规范，才可能真正发挥效用。高职院校应面向大学生开展分层分类针对性的创新创业培训课程，提升创业培训课程质量，才更有可能提升学生创新创业意向从而产生创新创业行为。

（三）创业培训设计应更关注因材施教分类实施

大学生个体不同，创业意向和创业行为也会有明显不同。高职院创业培训的组织，应该因人因专业分层分类等而设，更关注提升创业课程理论知识和实践的趣味性和吸引性。培训前期可以开展学情分析，了解学生对创业行为的实际想法和对创业培训的核心需求，根据学生的实际情况和不同需求，高质量开展有针对性的创业培训，不断改进和完善创业培训，让学生自觉自愿、积极主动地参与其中，让各层级的学生接受相适宜的创业引导，让学生感受到成就感，强化学生的感知行为控制，增强学生的创业信心。

（四）创业培训应更关注聘请创业经验丰富的创业导师

高职院校创业培训教师的自身素质越高、创业经验越丰富，越能指导和触发学生对创业的理性思考，学生参与创业培训的学习效果也就越好，也越会促使学生激发创业想法或坚定创业目标。高职院校可以通过人才引进、培训等方式强化优秀的创业培训师资力量，培育专职的创业导师之外也要积极引入企业家、优秀创业校友、企业高管、投资家或政府创业管理相关工作人员等具有丰富实战经验的内行为创业培训师。

第五节　本章小结

本书以高职院校学生为研究对象，实证研究高职院校学生创业意愿影响因素。研究得出创意意向与创业自我效能感、感知行为控制、主观规范以及创业态度等因素正相关，而创业培训与创业自我效能感、感知行为控制、主观规范以及创业态度正向影响，创业意向则是被创业培训间接影响。高职院校开展创业培训应注重创业培训本身的质量和学生的实际需求，应更关注对高职学生创业自我效能感、创业态度、感知行为控制、主观规范等方面的引导，从而提升高职学生创业意向。

第四章 中国高职院校创新创业教育发展评价模型研究

目前，各高校创新创业教育相关评价研究实践中积累了很多理论基础和宝贵经验，但是在评价过程中，部分存在着评价目的功利化、评价主体单一化、评价标准简单化、评价依据片面化等诸多问题。本书把握时代特征，针对高职院校创新创业教育发展评价，聚焦真实发展，综合现有研究基础进行全方面、深入的研究，以提高评价科学性、专业性和系统性，推进新时代高职院校创新创业教育评价研究改革。

第一节 评价指标体系设计原则

高职院校创新创业教育发展评价是一项系统工程，需要深入认识教育发展规律，厘清整体与部分的关系，客观审视多重变量问题，推动优化教育发展提升人才培养质量目的等。《深化新时代教育评价改革总体方案》为本书的高职院校创新创业教育发展评价提供了根本遵循。本书在设计发展评价指标体系模型时，以推进高职院校创新创业教育改革为重要切入点和着力点，在遵循教育的基本规律、创新创业教育的特殊规律的统一中，实现对高职院校创新创业教育发展评价的系统把握。打出质性评价和量化评价、结果评价和过程评价、综合评价和增值评价的组合拳。

一、坚持系统性原则，隐性成果与显性成果统一

创新创业教育是一个系统工程。然而，当下很多高职院校创新创业教育偏重于学生竞赛、创新创业项目申报等显性成果的评价，对创新创业教育过

程及其载体平台的建设等关注还不够，容易导致评价结果的片面性。同时，创新创业教育是动态发展的，评价不能只看某一时间点的成果和现象，要充分考虑到统计数据的时段性和动态性，整个评价体系也要具有长效性和可发展性，能够随着时间迁移和全国高职院校创新创业教育发展变革而持续更新与改进。因此，本书的研究深度体现高职院校创新创业教育的发展内涵，注重对促进学生专业素养和创新创业能力相互协调的全面发展，围绕创新创业教育的全覆盖、全过程和全内容，充分考虑到创新创业教学、创新创业实践、创新创业研究、创新创业成效、创新创业声誉等体系化的评价维度，以系统思维的视角构建评价体系。

二、坚持科学性原则，定性评价与定量评价统一

创新创业教育发展评价指标的选取应科学、客观、真实地反映与创新创业教育密切相关的教学、实践、研究等各个方面，使评价目标和评价指标联系成一个有机整体，能遵循创新创业教育活动的内在规律，正确反映高职院校创新创业教育发展现状和存在的问题。所以在评价指标体系中，科学构建系统中的每个子系统和指标层次，进行全方位、全过程的评价，充分发挥评价的指挥功能，如根据实际情况对不同内容板块进行不同权重赋值；同时对高职院校进行分层分类分析，如"双高计划"院校 / 非"双高计划"院校、公办 / 民办等进行分类分析。

三、坚持客观性原则，规范化和一致化评价统一

任何评价体系的构建和执行都要遵循客观公正的原则，高职院校创新创业教育发展评价指标体系同样如此。为此，本书所涉及的指标体系内容覆盖全面，注意评价体系各指标之间的关联度，所采集的数据均为官方发布的数据，且均为客观现实数据。邀请参与评价的专家更是要求遵循客观原则，不带个人主观色彩，要求评价时要做到认真负责、态度严谨。在评价方式的选择上、相关数据的处理上等均尽量做到规范化和一致化，保持评价的稳定性和有效性，以确保评价体现公平公正原则。同时，规范评价边界，避免对高

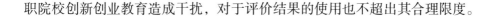

职院校创新创业教育造成干扰，对于评价结果的使用也不超出其合理限度。

四、坚持可操作性原则，稳定性和有效性评价统一

构建评价指标体系必须考虑可操作性，评价指标所指向的评价内容具体到可观察、可测量、数据可获取。评价指标呈现方式、数据来源都必须便于实际操作，评价体系能够相对稳定，也能有效体现高职院校创新创业教育发展实际情况，做到定量与定性相结合，本书所有数据均来自第三方平台，多为主管部门公布的事实数据，具有权威、客观、定量、可视的特点。可操作性评价指标体系必须做到指标内涵明确、外延清晰，体系结构简单、层次分明，计算方法简便易行，指标内容表述通俗易懂，评价执行好遵循，评价结果易掌握。以可获得的统计数据为基础，力求指标的数据易于搜集和计算，能对有些指标进行简化和修正，以减少主观臆断的误差，保证评价的准确性。

五、坚持激励性原则，指向性和功能性评价统一

高职院校创新创业教育发展评价的目的是掌握当下全国高职院校创新创业教育发展现状和存在的问题，引导各高职院校重视其实施，把它体现在双创人才培养计划中，为创新创业教育发展方向，创新创业教育行为的目的、方法和形式等决策提供一些参考。指标体系设置具有指向性，每个项目都明确达到的程度要求，附给相应的权重。通过评价体系构建，把竞争机制引入到高职院校创新创业教育管理中，为各高职院校搭建一个公平合理的竞争平台，激励各高职院校为了人才培养目标与质量调动积极因素，为完成预定的目标而努力。本书通过对全国1489所高职院校创新创业教育发展评价进行分析，通过可量化的指标体系全面、完整、系统地反映了我国高职院校创新创业教育生态，探究高职院校创新创业教育现状存在的问题，更好地为全国高职院校创新创业教育发展提供合理的建议和意见，促进各地区高职院校创新创业教育均衡和良性发展。

第二节　评价指标体系模型设计

为了尽可能合理评价全国高职院校创新创业教育发展情况，科学设置评价指标体系尤为关键。创新创业教育发展评价指标体系是一个由多因素组成的多层次的复杂系统，各层次之间既相互独立又彼此关联。本书充分借鉴相关研究成果，设立全国高职院校创新创业教育发展评价指标体系的总体框架。

层次分析法是对定性问题进行定量分析的一种简便、灵活而又实用的多准则决策方法。该法的主要思想是通过将复杂问题分解为若干层次和若干因素，对两两指标之间的重要程度作出比较判断，建立判断矩阵，通过计算判断矩阵的最大特征值以及对应特征向量，就可得出不同方案重要性程度的权重，为最佳方案的选择提供依据。经过四十多年的研究与发展，层次分析法已经成为决策者广泛使用的一种多准则方法。其应用涉及经济与计划、能源政策与资源分配、人力资源管理、项目评价、教育发展、环境工程、企业管理与生产经营决策等众多领域。

但层次分析法也存在一定的不足，主要表现在：一是层次分析法应用的结论是在满足判断矩阵一致性的基础上，当指标数目较多时，在构建判断矩阵过程中的一致性要求就很难被满足，权重系数排序关系会出现错乱。二是较多依赖单一专家的经验，由于层次分析法是基于判断矩阵的随机一致性比率来判断结果正确性，当有多个专家对同一排序问题作出了不同判断时，虽然满足随机一致性比率的要求，但是会产生不同的权重系数。三是在构建判断矩阵过程中对指标的重要性进行两两对比时，如果比较指标数目过多（超过9个），两两比较的次数较大，其判断矩阵的准确性将大大降低，这直接影响层次分析法结果的正确性。基于以上层次分析法存在的缺陷，在其具体领域应用过程中将影响结果的科学性和准确度。因此，有研究者在层次分析法的基础上建立了一种无须一致性检验的方法，即序关系分析法（GI法）。而为了解决单一专家主观性的经验导致结论受个人因素影响较大的问题，研究者们在此基础上又提出了群组序关系分析法（群组G1法）。群组G1法有效解决了层次分析法的缺陷，其科学性和合理性得到了检验和证明，是一种重要的主观赋权方法。本书将群组G1法引入全国高职院校创新创业教育发展评价指标体系构建中，从而科学准确地分析影响高职院校创新创业教育发展的关键因素。

一、评价指标体系框架构建

本书以"创业教育、评价、指标体系、entrepreneurship、educational-evaluation"等为关键词在中英文数据库中进行精确匹配检索，检索得到74篇相关度较高的期刊和学位论文等文献（期刊主要为 EI、SCI、北大核心、CSSCI）。综合考虑文献引用率、发表时间、期刊影响因子，以及是否拥有明确的评价指标等因素，最后确定借鉴意义较大的文献58篇。根据文献中查阅的评价指标要素，得到100余项评价指标，根据指标的含义进行归类，同时考虑到数据来源的客观性、可量化性、获得便利性等因素，归为16类作为二级指标，进行归纳整理后形成5个大类作为一级指标（见图4-1）。因此，该指标作为指标要素提出的初步依据。

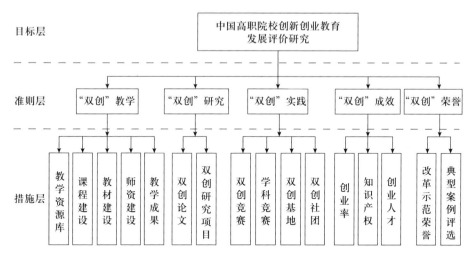

图4-1　中国高职院校创新创业教育发展评价指标体系框架

二、评价指标体系三级指标构建

根据中国高职院校创新创业教育评价指标体系的5个一级指标、16个二级指标，结合信息可获取性和权威性，最终给出46个三级指标，如表4-1所示。

表 4-1 中国高职院校创新创业教育评价指标

一级指标	二级指标	三级指标
双创教学指数	教学资源库	创新创业教育教学资源库
		中小企业创业与经营专业教学资源库
	课程建设	创新创业基础课
		KAB 大学生创业基础课
		教学能力大赛获奖课程（创新创业）
		国家级优质课程（创新创业）
	教材建设	出版教材（创新创业）
		国家级规划教材（创新创业）
		普通高等教育精品教材（创新创业）
		全国普通高等学校优秀教材评奖（创新创业）
		全国教材建设奖（创新创业）
	师资建设	教育部高等学校创新创业教育指导委员会
		中国青年创业导师
		国家级教学创新团队
	教学成果	高等教育国家级教学成果奖（创新创业）
双创研究指数	双创论文	双创教育期刊论文（创新创业）
	研究项目	产学合作协同育人项目（创新创业）
		全国教育科学规划课题（创新创业）
		教育部人文社会科学研究课题（创新创业）
		中国高等教育学会课题（创新创业专项）
		高职院校创新创业教育研究课题
		全国高校就业创业特色教材课题
双创实践指数	双创竞赛	"互联网+"竞赛
		"挑战杯"竞赛
	学科竞赛	学科竞赛（创新创业）
	双创基地	国家级备案众创空间
		国家级科技孵化器
	双创社团	KAB 创业俱乐部
		全国学生社团影响力展示活动（双创社团、科技社团）

· 54 ·

续表

一级指标	二级指标	三级指标
双创成效指数	创业率	毕业生创业率
	知识产权	发明专利有效量
		实用新型专利有效量
		外观专利有效量
		中国专利奖数量
		发明创业奖数量
	创业人才	改革开放40年百名杰出民营企业家
		胡润榜民营500强
		创新创业英才奖
		大陆上市公司董事长、总经理数量
双创声誉	改革示范荣誉	深化创新创业教育改革示范高校
		全国创新创业典型经验高校
		全国高校实践育人创新创业基地
		全国"大众创业、万众创新"示范基地
	典型案例评选	全国普通高校毕业生就业创业工作典型案例（创业类）
		全国高职院校创新创业教育特色典型案例
		全国大学生创新创业实践优秀案例奖

5个一级指标分别是双创教学、双创实践、双创研究、双创成效、双创声誉。

双创教学指标，主要指高职院校创新创业教育在教学方面所获得的成果成效。创新创业教学是实施创新创业教育的重要环节。该项指标进一步细分为教学资源库、课程建设、教材建设、师资建设、教学成果4个二级指标，二级指标下设15个三级指标。

双创实践指标，主要指高职院校创新创业教育实践活动开展、实践载体建设等方面所获得的成果成效，进一步细分为双创竞赛、学科竞赛、双创基地、双创社团4个二级指标，二级指标下设7个三级指标。

双创研究指标，主要指高职院校在创新创业教育发展中的理论探索，包括创新创业领域的产学合作协同育人项目、人社部课题等，以及通过中国知网统计的创新创业教育相关论文。该项指标设双创论文和双创研究项目两大指标，下设 7 个三级指标。

双创成效指标，主要指直接反映高职院校创新创业教育发展成果成效内容，包括学生创业率、知识产权、创业人才三大指标，下设 10 个三级指标。

双创声誉指标，主要指高职院校创新创业教育发展水平的一种社会认可，在一定程度上反映了院校的整体双创教育水平，主要包括高职院校改革示范案例、典型案例评选两大指标，下设 7 个三级指标。

所有指标涉及的相关数据均采用国家级平台创新创业教育相关信息，涵盖 1999 年以来的数据，数据全面、客观、权威，较好地、真实地反映了我国高职院校创新创业教育的实际情况。

三、数据预处理

本书在构建了高职院校创新创业教育发展评价指标体系之后，得到评价客体在各指标上的观测值，但这些观测值具有不同单位和数量级，无法进行下一步的运算。因此，需要对指标进行指标类型一致化和指标无量纲化处理。

（一）指标类型的一致化处理

一般来说，指标类型有四种：①"极大化"指标，指标取值越大越好；②"极小型"指标，指标取值越小越好；③"适中型"指标，指标取值期望取某一个值最好；④"区间型"指标，指标取值落在某个区间最佳。如果在计算综合评价结果之前没有对评价指标进行指标类型的一致化处理，那么经过综合评价计算得到的综合评价数值是越大越好，或是越小越好，或是越居中越好就没有评判的标准。因此，在进行综合评价之前，需对评价指标作类型的一致化处理。其中对于极小型指标，可以通过取倒数的方法转化为极大型指标。对于适中型指标可以采取如下公式：

$$x = \begin{cases} \dfrac{2(x-b)}{a-b}, & b \leqslant x \leqslant \dfrac{1}{2}(a-b) \\[2mm] \dfrac{2(a-x)}{a-b}, & \dfrac{1}{2}(a+b) \leqslant x \leqslant a \end{cases} \tag{4-1}$$

其中，a 为指标 x 的一个允许上限，b 为指标 x 的一个允许下限。如果该

指标 x 为区间型指标，可以采用式（4-2）来转换为极大型指标：

$$x = \begin{cases} 1 - \dfrac{a-x}{c}, & x < a \\ 1, & a \leqslant x \leqslant b \\ 1 - \dfrac{x-b}{c}, & x > b \end{cases} \qquad (4\text{-}2)$$

（二）指标的无量纲化

指标无量纲化也叫作指标数据的标准化、规范化，是通过数字变换来消除原始指标量纲影响的方法。各个指标具有各自的量纲和量级，相互间没有公度性，将无法完成对综合指数的运算。因此，在运算前，需要进行指标的无量纲化，从而排除不同指标的量纲不同及其数值数量级间的悬殊差异所带来的影响。常用的方法主要有六种，在本书中我们采用众多学者普遍采用的归一化处理方法，这种方法可以保留数据本身原来的属性（如方差、平均值等），具体公式为：

$$Y_i = \frac{Y_i - \overline{X}}{S} \qquad (4\text{-}3)$$

其中，$\overline{X} = \dfrac{1}{n}\sum_{i=1}^{n} X_i, S = \sqrt{\dfrac{1}{n-1}\sum_{i=1}^{n}(X_i - \overline{X})^2}$。

四、基于群组 G1 法的权重系数确定

（一）群组 G1 法的原理

在主观赋权法中，层次分析法在很多领域中被学者们应用。但是层次分析法也被发现存在着一些不足，这些不足将影响层次分析法应用结果的科学性。为了有效避免层次分析法的不足，学者们提出了基于改进层次分析法的序关系分析法（G1 法），它基于层次分析法又弥补了层次分析法的一些不足。如解决了层次分析法的判断矩阵都要进行一致性检验问题，是一种无须一致性检验的方法。另外，应用层次分析法得到的结论需要满足其判断矩阵的一致性，然而当出现多位专家对同一问题的判断无法满足一致性时，层次分析法就无法正确处理，而 G1 方法可以解决这个不足。但是考虑到 G1 法仅凭单

一专家的知识经验，将会受到个人主观性影响，由此导致权重系数客观性不足。为了解决上述问题，本书应用群组决策理论和方法，即群组 G1 法。群组 G1 结合了多位专家的知识和经验，可以消除单一专家带来个人主观性影响。因此，群组 G1 法结合了群组决策和 G1 法两方面的优点，有效弥补了层次分析法和 G1 法的不足。

群组 G1 法的思路是建立在群组决策和 G1 法结合的原理基础上，邀请两人以上专家（专家人数记为 L）比较判断某目标下的同一个排序问题，最终结合各个专家的不同或相同意见测算得到较准确的赋权结果。由于专家对排序问题可能会是一致看法，也可能是非一致看法。因此，对于这两种情况需要分别处理：

第一种情况是专家序关系一致的情况。邀请的 L 个专家对相同的指标 x_1, x_2, …, x_m 进行判断排序，结果得到了完全一致的序关系，我们记为：$x_1 > x_2 > \cdots > x_m$。假设某一个专家 p 对 r（$i=m$, $m-1$, …, 3, 2）的重要性赋值为：

$$r_{p2}, \cdots, r_{pm}, \quad p=1, 2, \cdots, L \tag{4-4}$$

其中，r_{pj} 满足 $r_{pj-1} > 1/r_{pj}$，$j=m$, $m-1$, …, 3, 2；$p=1$, 2, …, L。将 L 位专家所提供的判断信息进行"综合"，权重的计算可用如下公式：

$$W_m = \left(1 + \sum_{p=2}^{m} \prod_{i=p}^{m} r_i^*\right)^{-1} \tag{4-5}$$

其中，$r_i^* = \dfrac{1}{L}\sum_{p=1}^{L} r_{pj}$，$j=2$, 3, …, m

第二种情况是专家序关系不一致的情况。假设在专家中有 q（$1 \leqslant q < L$）个专家对指标排序的序关系结果是一致的，标记为：$x_1 > x_2 > \cdots > x_m$。这时可以按照上述序关系一致的情况，计算出指标 x 对应的权重，记为 w_1^*, w_2^*, …, w_m^*。另外，还有 $L-q$ 位专家对指标排序给出的序关系不一致，假设他们给出的序关系记录为：

$$x_{p1} > x_{p2} > \cdots > x_{pm}, \quad P=1, 2, \cdots, L-q \tag{4-6}$$

其中，x_{pi} 表示专家 p 按 ">" 排列的集 $\{x_i\}$（$i=1$，2，$\cdots$，m）中的第 i 个元素。假设专家 p 对指标 $x_{p,j-1}$ 与 x_{pj}（$p=1$，2，$\cdots$，$L-q$；$j=m$，$m-1$，$\cdots$，3，2）间重要性赋值记录为 r_{pj}，和上述步骤一样，这样可计算出指标 x_{pj} 的权重为 w_{pj}。

对任意一个专家 p（$1 \leq p \leq L-q$），集合 $\{x_{kj}\}$ 与集合 $\{x_j\}$ 都是对应的。于是，根据某一个专家 p 给出的指标序关系，我们都可以按照单一 G1 法的步骤计算出指标 x_{pj} 的权重 w_{pj}^{**}。然后针对每一个指标 j（$1 \leq j \leq m$），每个专家都可以计算出一个权重系数，最后将某一个指标的 $L-q$ 个 w_{pj}^{**} 进行算术平均，其平均值就是该指标 x_j 的权重 w_j^{**}，其公式如式（4-7）所示。

$$W_j^{**} = \frac{1}{L-q} \sum_{p=1}^{L-q} w_{pj}^{**}, \quad j=1, 2, 3, \cdots, m \qquad （4-7）$$

最终将序关系一致得到的权重与序关系不一致得到的权重进行"综合"，即归一化处理。$w_j = aw_j^* + bw_j^{**}$，$j=1$，2，$\cdots$，m，其中 $a>0$，$b>0$ 并且 $a+b=1$。

（二）权重系数的确定

根据群组 G1 法原理和使用步骤，首先邀请国内 10 余位来自创新创业教育理论和实践领域的专家，分别让专家给指标体系进行序关系的判断和重要性赋值。根据专家确定的序关系发现，专家间的序关系不都是一致的。因此，可以采用群组 G1 法的第二种情形来处理，即各专家序关系不一致的情况。按照步骤，分别对专家确定的序关系中评价指标 x_{i-1} 与 x_i 的重要程度之比为 W_{i-1}/w_i 进行理性判断，得到 r_i 的理性赋值，按照上述公式计算获得评价指标的绝对权重系数。按照群组 G1 法中专家序关系不一致的处理方法，对专家的序关系处理后获得的权重归一化处理，从而获得最终的组合权重系数，如表 4-2 所示。

表 4-2　中国高职院校创新创业教育评价指标权重

一级指标	一级指标权重	二级指标	二级指标权重	三级指标	三级指标权重	计算后的权重
"双创"教学指数	20%	教学资源库	8.00%	创新创业教育教学资源库	60%	0.96%
				中小企业创业与经营专业教学资源库	40%	0.64%

续表

一级指标	一级指标权重	二级指标	二级指标权重	三级指标	三级指标权重	计算后的权重
"双创"教学指数	20%	课程建设	26.00%	创新创业基础课	30%	1.56%
				KAB 大学生创业基础课	25%	1.30%
				教学能力大赛获奖课程（创新创业）	20%	1.04%
				国家级优质课程（创新创业）	30%	1.56%
		教材建设	19.00%	出版教材（创新创业）	40%	1.52%
				国家级规划教材（创新创业）	15%	0.57%
				普通高等教育精品教材（创新创业）	15%	0.57%
				全国普通高等学校优秀教材评奖（创新创业）	15%	0.57%
				全国教材建设奖（创新创业）	15%	0.57%
		师资建设	24.00%	教育部高等学校创新创业教育指导委员会	40%	1.92%
				中国青年创业导师	20%	0.96%
				国家级教学创新团队	40%	1.92%
		教学成果	23.00%	高等教育国家级教学成果奖（创新创业）	100%	4.60%
"双创"研究指数	15%	双创论文	50.00%	双创教育期刊论文（创新创业）	100%	7.50%
		研究项目	50.00%	产学合作协同育人项目（创新创业）	20%	1.50%
				全国教育科学规划课题（创新创业）	25%	1.88%
				教育部人文社会科学研究课题（创新创业）	25%	1.88%
				中国高等教育学会课题（创新创业专项）	14%	1.05%
				高职院校创新创业教育研究课题	5%	0.38%
				全国高校就业创业特色教材课题	11%	0.83%
"双创"实践指数	30%	双创竞赛	40.75%	"互联网+"竞赛	60%	7.34%
				"挑战杯"竞赛	40%	4.89%
		学科竞赛	20.25%	学科竞赛（创新创业）	100%	6.08%

续表

一级指标	一级指标权重	二级指标	二级指标权重	三级指标	三级指标权重	计算后的权重
"双创"实践指数	30%	双创基地	24.50%	国家级备案众创空间	50%	3.68%
				国家级科技孵化器	50%	3.68%
		双创社团	14.50%	KAB创业俱乐部	50%	2.18%
				全国学生社团影响力展示活动（双创社团、科技社团）	50%	2.18%
"双创"成效指数	20%	创业率	35.00%	毕业生创业率	100%	7.00%
		知识产权	30.00%	发明专利有效量	43%	2.58%
				实用新型专利有效量	20%	1.20%
				外观专利有效量	7%	0.42%
				中国专利奖数量	17%	1.02%
				发明创业奖数量	13%	0.78%
		创业人才	35.00%	改革开放40年百名杰出民营企业家	20%	1.40%
				胡润榜民营500强	30%	2.10%
				创新创业英才奖	10%	0.70%
				大陆上市公司董事长、总经理数量	40%	2.80%
"双创"声誉	15%	改革示范荣誉	62.50%	深化创新创业教育改革示范高校	30%	2.81%
				全国创新创业典型经验高校	30%	2.81%
				全国高校实践育人创新创业基地	30%	2.81%
				全国"大众创业、万众创新"示范基地	10%	0.94%
		典型案例评选	37.50%	全国普通高校毕业生就业创业工作典型案例（创业类）	60%	3.38%
				全国高职院校创新创业教育特色典型案例	5%	0.28%
				全国大学生创新创业实践优秀案例奖	35%	1.97%

（三）全国高职院校创新创业教育发展评价模型

为了全面、科学地分析高校创新创业教育效果状况，在获得55个指标向量 $A_1 \sim A_{55}$ 并经过指标数据预处理的基础上，需要构建高职院校创新创业教育发展评价模型，将55个评价指标对应的数值"综合"为高职院校创新创业教育发展评价值。目前被众多学者应用的有线性加权综合法和非线性加权综合法两种。线性加权方法主要适用于各评价指标间相互独立、关联性不强的情况；非线性加权方法适用于各评价指标有较强关联的场合。由于本书构建的高职院校创新创业教育发展评价指标体系有较强的关联性。因此，高职院校创新创业教育发展的综合评价模型采用非线性加权方法。其模型为：

$$y = \prod_{i=1}^{20} x_i^{w_i}$$
（4-8）

其中，y 为高职院校创新创业教育发展评价值，x_i 为 55 个评价指标经过指标数据预处理化后的评价指标数值，w_i 是相应的指标权重系数。在评价模型确定之后，高职院校创新创业教育发展评价体系也得以科学构建。各高职院校可以利用该体系完成横向和纵向的创新创业教育发展评价。

第三节　数据来源说明及数据采集

一、研究数据采集来源说明

本书涉及的数据均来自第三方平台，多达 30 多万条数据，且多为主管部门公布的事实数据，由于数据量巨大，收集相关信息耗时一年有余。本书列举部分相关数据，其中数据采集截止日期为 2021 年底（见表 4-3）。

表 4-3　本书数据采集来源说明

一级指标	二级指标	三级指标	数据来源说明
双创教学指数	教学资源库	创新创业教育教学资源库	相关网站及文件收集
		中小企业创业与经营专业教学资源库	相关网站及文件收集
	课程建设	创新创业基础课	是否开设创新创业基础课
		KAB 大学生创业基础课	KAB 创业教育网的 KAB 创业教育基地
		教学能力大赛获奖课程（创新创业）	联系收集
		国家级优质课程（创新创业）	联系收集

续表

一级指标	二级指标	三级指标	数据来源说明
双创教学指数	教材建设	出版教材（创新创业）	联系收集
		国家级规划教材（创新创业）	教育部网站
		普通高等教育精品教材（创新创业）	教育部网站
		全国普通高等学校优秀教材评奖（创新创业）	教育部网站
		全国教材建设奖（创新创业）	教育部网站
	师资建设	教育部高等学校创新创业教育指导委员会	教育部网站
		中国青年创业导师	中国青年创业联盟、中国青年创业就业基金会
		国家级教学创新团队	教育部
	教学成果	高等教育国家级教学成果奖（创新创业）	教育部网站
双创研究指数	双创论文	双创教育期刊论文（创新创业）	中国知网统计数据
	研究项目	产学合作协同育人项目（创新创业）	教育部网站
		全国教育科学规划课题（创新创业）	全国教育科学规划领导小组办公室网站
		教育部人文社会科学研究课题（创新创业）	教育部社科司通知
		中国高等教育学会课题（创新创业专项）	中国高等教育学会
		高职院校创新创业教育研究课题	教育部高等学校创新创业教指委高职工作组
		全国高校就业创业特色教材课题	教育部直属单位全国高等学校学生信息咨询与就业指导中心
双创实践指数	双创竞赛	"互联网+"竞赛	相关网站及文件收集
		"挑战杯"竞赛	相关网站及文件收集
	学科竞赛	学科竞赛（创新创业）	相关网站及文件收集
	双创基地	国家级备案众创空间	科技部、教育部，共十一批次
		国家级科技孵化器	科学技术部火炬高技术产业开发中心

一级指标	二级指标	三级指标	数据来源说明
"双创"实践指数	双创社团	KAB 创业俱乐部	联系全国 KAB 推广办公室
		全国学生社团影响力展示活动（双创社团、科技社团）	共青团中央影视网络中心
"双创"成效指数	创业率	毕业生创业率	院校就业质量年报
	知识产权	发明专利有效量	国家知识产权局各大学的申请专利数据
		实用新型专利有效量	国家知识产权局各大学的申请专利数据
		外观专利有效量	国家知识产权局各大学的申请专利数据
		中国专利奖数量	国家知识产权局中国专利奖项目名单
		发明创业奖数量	相关网站及其他渠道收集
	创业人才	改革开放 40 年百名杰出民营企业家	相关网站及其他渠道收集
		胡润榜民营 500 强	相关网站及其他渠道收集
		创新创业英才奖	教育部、中国教师发展基金会
		大陆上市公司董事长、总经理数量	A 股大陆上市公司董事长数量（国泰安数据库、东方财富 Choice、Wind 资讯）
"双创"声誉	改革示范荣誉	深化创新创业教育改革示范高校	由教育部发布，共计两批次
		全国创新创业典型经验高校	由教育部发布，共计四批次
		全国高校实践育人创新创业基地	由教育部发布，共计三批次
		全国"大众创业、万众创新"示范基地	国务院办公厅，共计三批次
	典型案例评选	全国普通高校毕业生就业创业工作典型案例（创业类）	教育部网站
		全国高职院校创新创业教育特色典型案例	教育部高等学校创新创业教育指导委员会发布
		全国大学生创新创业实践优秀案例奖	全国大学生创新创业实践联盟发布

二、部分研究数据信息描述

本书通过教育部网站、权威信息发布及其他渠道收集大量研究基础信息，数据量大。本小节展示部分数据信息（见表 4-4 至表 4-14）。

表 4-4　职业教育国家规划教材书目

高校名称	书名
郑州铁路职业技术学院	大学生就业与创业指导（第三版）
潍坊科技学院	就业与创业指导
北京经济技术职业学院	大学生就业与创业指导实务
天津轻工职业技术学院	高职生职业生涯规划与就业创业指导数字课程
顺德职业技术学院	毕业设计与就业创业指导
河北工业职业技术大学	大学生创新创业基础（配《创新创业案例与分析》）
常州信息职业技术学院	大学生创新创业指导（慕课版）
金华职业技术学院	网络创业
广东轻工职业技术学院	创新创业教育
广州科技贸易职业学院	从零到卓越——创新与创业导论
湖南铁道职业技术学院	创新创业指导与训练
金华职业技术学院	大学生创业导航（第二版）
义乌工商职业技术学院	创业法律实务（第 2 版）
温州职业技术学院	大学生创业教育教程（第三版）
浙江金融职业学院	大学生创新创业指导教程
中国青年政治学院	创新创业教育
浙江商业职业技术学院	初创企业经营与管理
广东岭南职业技术学院	创新创业 10 步法
浙江工商职业技术学院	网络创业
广东岭南职业技术学院	创业技能训练
广东岭南职业技术学院	创业经营实战

表4-5　中国青年创业导师名单（其中高职院校51名）

高校名称	教师	职位
盘锦职业技术学院	马祥山	盘锦职业技术学院教师
辽宁建筑职业学院	石书羽	辽宁建筑职业学院工程管理系副主任
马鞍山职业技术学院	薄赋徭	马鞍山职业技术学院图文信息中心主任
安徽财贸职业技术学院	许勇	安徽财贸职业技术学院招就处副处长
福建船政交通职业学院	何尔锦	福建船政交通职业学院副教授、高级经济师
郴州职业技术学院	谭建辉	郴州职业技术学院电子商务教研室主任
海南职业技术学院	刘俊斌	海南职业技术学院商学院长
贵州工商职业学院	吕青	贵州工商职业学院就业服务中心主任
贵州水利水电职业技术学院	李艳艳	贵州水利水电职业技术学院招生就业处
西藏职业技术学院	巴果	西藏职业技术学院教授
抚顺职业技术学院	王晓莹	抚顺职业技术学院招生办主任
辽宁建筑职业学院	石书羽	辽宁建筑职业学院启程学院院长
哈尔滨幼儿师范高等专科	刘丹丹	哈尔滨幼儿师范高等专科学校讲师
硅湖职业技术学院	罗纯	硅湖职业技术学院副校长
南京机电职业技术学院	毛奇	南京机电职业技术学院培训处处长
泰州职业技术学院	展凯	泰州职业技术学院创新创业教育学院、经济与管理学院党总支书
南京旅游职业学院	张玉杰	南京旅游职业学院招生就业处副处长
宁波城市职业技术学院	胡坚达	宁波城市职业技术学院商学院院长
浙江东方职业技术学院	邵曦	浙江东方职业技术学院创业学院院长
安徽财贸职业学院	许勇	安徽财贸职业学院创新创业学院副院长
安徽省铜陵职业技术学院	常菁	安徽省铜陵职业技术学院创业学院培训部主任
芜湖职业技术学院	彭定	芜湖职业技术学院创新创业学院院长
福建船政交通职业学院	何尔锦	福建船政交通职业学院高级经济师
郑州医药健康职业学院	王泽民	郑州医药健康职业学院理事长
新乡职业技术学院	樊琪	新乡职业技术学院就业指导中心高级讲师
湖北工程职业学院	余丹	湖北工程职业学院电商学院院长
郴州职业技术学院	谭建辉	郴州职业技术学院讲师郴州市智翔企业咨询有限公司总经理
湖南传媒艺术职业大学	谢智博	湖南传媒艺术职业大学讲师

续表

高校名称	教师	职位
潮汕职业技术学院	颜惠雄	潮汕职业技术学院校长助理、创业学院院长
柳州职业技术学院	许明	柳州职业技术学院创新创业学院执行院长
广西建设职业技术学院	陈家迁	广西建设职业技术学院信息工程系副教授
广西国际商务职业技术学院	罗兰芬	广西国际商务职业技术学院创新创业学院常务副院长
广西金融职业技术学院	严伟	广西金融职业技术学院金融系副书记
杨凌职业技术学院	黄璞	杨凌职业技术学院继续教育与培训学院、村干部农民发展学院院长
宁夏职业技术学院	刘智伟	宁夏职业技术学院创新创业管理服务中心办公室主任
吉林工业职业技术学院	李伸荣	吉林工业职业技术学院创新创业教研室主任
南京机电职业技术学院	张钦宇	南京机电职业技术学院人文社科系主任
南京机电职业技术学院	毛奇	南京机电职业技术学院培训处处长
南京旅游职业学院	张玉杰	南京旅游职业学院招生就业处副处长
苏州工业园区服务外包职业学院	王艳	苏州工业园区服务外包职业学院大学生创业中心主任
苏州市职业大学	张国良	苏州市职业大学大学生就创业服务中心副主任
泰州职业技术学院	展凯	泰州职业技术学院创新创业教育学院院长、经济与管理学院院长
无锡城市职业技术学院	蔡玉婷	无锡城市职业技术学院创业办主任
浙江东方职业技术学院	邵曦	浙江东方职业技术学院创业学院院长
安徽中医药高等专科学校	操江涛	安徽中医药高等专科学校就业创业中心主任
铜陵职业技术学院	常菁	铜陵职业技术学院创业学院负责人
芜湖职业技术学院	彭定	芜湖职业技术学院创业指导中心主任
合肥职业技术学院	沈曙东	合肥职业技术学院培训部主任
安徽商贸职业技术学院	张强	安徽商贸职业技术学院招生就业处处长、创新创业学院院长
亳州职业技术学院	盛魁	亳州职业技术学院继续教育学院副院长
湖北工程职业学院	陈彪彪	湖北工程职业学院产学研工作处处长、众创空间负责人

表 4-6 全国高职院校创业基地备案为国家级众创空间名单
（全国高校 201 所，其中高职院校 27 所）

序号	高校名称	众创空间名称
1	北京大学	北京大学创业训练营
2	北京大学	北京大学创业训练营天津基地
3	北京大学	北京大学（金华）信息
4	北京大学	北京大学创业训练营两岸青年众创空间
5	北京大学	北京大学创业训练营横琴基地
6	清华大学	清华 x-lab
7	中国传媒大学	中国传媒大学（延安）众创空间
8	华北电力大学	华电·电火花众创空间
9	南开大学	南开大学玑瑛青年创新创业实践基地
10	南开大学	南开大学星空众创空间
11	天津大学	"搭伙"众创空间
12	天津大学	天赋前沿众创空间
13	天津大学	临港科创众创空间
14	天津大学	天津大学山东研究院众创空间
15	天津大学	海创·众创空间
16	天津科技大学	天津科技大学众创空间
17	天津工业大学	天津工业大学创客空间
18	天津理工大学	天津理工大学众创空间
19	天津职业技术师范大学	天津职业技术师范大学创想梦工场众创空间
20	天津外国语大学	天津外国语大学玑瑛意谷青年创新创业实践基地
21	天津商业大学	天津商业大学微渡众创空间
22	天津城建大学	天津城建大学城大众创空间
23	天津职业大学	"乐创津成"众创空间
24	天津商务职业学院	弘商众创空间
25	南开大学滨海学院	南滨 GENSBOX（玑瑛青年创新公社）众创空间
26	天津城市职业学院	天津城市职业学院青年艺术众创空间
27	北京科技大学天津学院	北京科技大学天津学院 GENSBOX 玑瑛创客工厂
28	河北大学	河北大学厚德创客空间
29	河北地质大学	河北地质大学创业生态公园

续表

序号	高校名称	众创空间名称
30	天津河北工业大学	e 创空间
31	河北工业大学	工学坊
32	河北科技大学	飞翔创客空间
33	燕山大学	燕山大学创客学院
34	北华航天工业学院	廊坊华航 e 创空间
35	河北女子职业技术学院	毓秀空间
36	山西工商学院	山西工商学院创业园
37	内蒙古科技大学	内蒙古科技大学大学生众创空间
38	内蒙古工业大学	内蒙古工业大学策义之星众创空间
39	包头轻工职业技术学院	包头轻工学院众创空间
40	大连理工大学	π 空间
41	沈阳航空航天大学	沈航 3X+ 创新创业工场
42	东北大学	东北大学科技园众创空间
43	东北大学	东北大学东创空间
44	大连交通大学	上游汇
45	大连海事大学	大连海事大学 Hi-C 空间
46	沈阳建筑大学	沈阳建筑大学创新创业孵化基地
47	辽宁工业大学	宝地砺器众创空间
48	沈阳师范大学	团创空间
49	渤海大学	海纳众创空间
50	大连大学	连大众创空间
51	大连东软信息学院	东软 SOVO
52	长春职业技术学院	长春职业技术学院创客空间
53	哈尔滨工业大学	紫丁香众创空间
54	哈尔滨工业大学	哈尔滨工业大学深圳
55	哈尔滨理工大学	哈尔滨理工大学科技园创客空间
56	哈尔滨工程大学	黑龙江哈船众创生态园
57	哈尔滨工程大学	哈船兴海创客空间
58	黑龙江工程学院	黑龙江工程学院大学科技园 177 众创空间
59	齐齐哈尔工程学院	齐齐哈尔工程学院科技园众创空间

续表

序号	高校名称	众创空间名称
60	复旦大学	复旦大学宁波创客服务中心
61	同济大学	同济大学·成都龙泉国际青年创业谷
62	上海交通大学	上海交大包头新材料众创空间
63	中国矿业大学	太阳谷创新驿站
64	南京邮电大学	创芯 SPACE
65	江南大学	创业汇客厅
66	扬州大学	扬州大学大学科技园众创梦工场
67	南京工程学院	天印梦工场
68	金陵科技学院	金科创客汇
69	浙江大学	浙江大学 e-works 创业实验室
70	浙江大学	浙江大学国家大学科技园（江西）创客工场
71	温州大学	温州大学众创空间
72	嘉兴学院	嘉兴学院大学生创业实践园
73	温州职业技术学院	温州产业科技众创空间
74	浙江万里学院	万里笃创
75	金华职业技术学院	丽泽空间
76	浙江工贸职业技术学院	浙江工贸学院众创空间
77	温州商学院	温商·众创空间
78	铜陵学院	铜陵学院大学生创客空间
79	厦门大学	厦大—火炬极客空间
80	华侨大学	闽台青创
81	三明学院	"设计+"众创空间
82	闽南理工学院	闽南理工学院创客园
83	南昌大学	星火众创空间
84	华东交通大学	南昌高新区大学生创新创业园江西省青年众创创业服务有限公司
85	赣南师范大学	赣源梦工坊
86	宜春职业技术学院	宜职众创空间
87	山东大学	山大 e 禾南湖梦众创空间
88	山东大学	凤岐茶社山东大学创客空间

续表

序号	高校名称	众创空间名称
89	山东科技大学	山科 U 创空间
90	济南大学	济南大学科技园众创空间
91	山东建筑大学	建大学子众创空间
92	齐鲁工业大学	齐鲁工业大学创业学院
93	山东理工大学	大红炉众创空间
94	山东交通学院	"亮·交通"创客空间
95	日照职业技术学院	日照职院创客创意众创空间
96	山东英才学院	山东英才学院"创客 +"众创空间
97	青岛酒店管理职业技术学院	海斯曼创客岛
98	山东协和学院	医养创苑众创空间
99	山东药品食品职业学院	"智·健康"众创空间
100	山东理工职业学院	工求精密众创空间
101	山东青年政治学院	青年众创基地
102	郑州大学	郑州大学大学科技园众创空间
103	郑州大学	郑州大学产业技术研究院众创空间
104	郑州大学	郑州大学大学生创新创业基地
105	周口师范学院	周口师范学院 3A 支点众创空间
106	许昌学院	许昌学院颍川众创空间
107	南阳师范学院	卧龙众创空间
108	开封大学	开封大学众创空间
109	洛阳大学	黑石咖啡
110	洛阳理工学院	洛阳理工学院千度创客空间
111	南阳理工学院	南阳理工学院三融众创空间
112	郑州师范学院	郑师众创空间
113	郑州财经学院	郑州财经学院众创空间
114	武汉大学	武汉大学苏州创客中心
115	华中科技大学	华科大启明星空创客空间
116	中国地质大学（武汉）	中地大科创咖啡
117	湖北工业大学	绿盟众创空间
118	湖北文理学院	湖北文理学院创业 CLUB

续表

序号	高校名称	众创空间名称
119	湖北理工学院	湖北理工学院慧谷众创空间
120	吉首大学	张家界大学生众创空间
121	中南大学	中南大学学生创新创业指导中心
122	长沙理工大学	长沙理工大学大学生创新创业园
123	湖南工商大学	湖南工商大学众创空间
124	湖南城市学院	湖南城市学院众创空间
125	湖南机电职业技术学院	智造创客学院
126	湖南工艺美术职业学院	湖南工艺美术职业学院众创梦工场
127	汕头大学	汕头大学学生创业园众创空间
128	华南理工大学	华工创新
129	湛江海洋大学	为树海洋大学众创空间
130	深圳大学	深大龙创众创空间
131	潮汕职业技术学院	潮汕职业技术学院创业学院
132	广州大学	三创营众创空间
133	广东工业大学	广州大学城两岸四地大学生创客空间
134	广东科学技术职业学院	广科 Mi 创空间
135	广东东软学院	创业 18mall
136	深圳市信息职业技术学院	2188 创客空间
137	北京理工大学珠海学院	北京理工大学珠海学院创业工场
138	北京理工大学珠海学院	北京理工大学珠海学院创业工场
139	桂林电子科技大学	桂林电子科技大学科技园众创空间
140	桂林理工大学	桂林理工大学众创空间
141	百色学院	百色学院众创空间
142	梧州学院	梧州学院众创空间
143	贺州学院	贺州学院众创空间
144	海南师范大学	海口国家大学科技园众创空间
145	重庆大学	重庆大学科技园科慧众创空间
146	重庆邮电大学	eYouSpace
147	重庆文理学院	百川兴邦众创空间
148	重庆电子工程职业学院	重电众创 e 家

续表

序号	高校名称	众创空间名称
149	重庆科创职业学院	重庆科创职业学院创新创业科技园
150	重庆经贸职业学院	繁星众创空间
151	四川大学	四川大学 C 创空间
152	西南交通大学	交大创客空间
153	西南交通大学	西南交大国家大学科技园众创空间
154	电子科技大学	e 创空间
155	电子科技大学	电子科技大学蓝色工坊
156	电子科技大学	蓝色蜂巢创业咖啡
157	西南石油大学	"石大帮创"空间
158	成都信息工程大学	成创空间
159	四川师范大学	四川师范大学狮山空间
160	成都大学	成都大学 CC 空间成都大学 1963 六脉金融创新众创空间
161	成都职业技术学院	成都创业学院"创客 + 部落"
162	成都东软学院	成都东软学院 SOVO 众创空间
163	贵州师范大学	思雅众创空间
164	黔东南民族职业技术学院	黔粹传人工作室
165	贵州师范学院	思源众创空间(贵阳)
166	贵州理工学院	健康智造众创空间
167	云南大学	云科云大明远众创空间
168	云南农业大学	云科云农大众创空间
169	昆明医科大学	云科昆医大众创空间
170	保山学院	云科保山学院珠宝产业众创空间
171	云南民族大学	云科云民大众创空间
172	云南经济管理学院	云科云南经济管理学院众创空间
173	云南工商学院	云科工商学院众创空间
174	西安交通大学	西安交通大学汾湖创客空间
175	西安交通大学	沸点 e 站
176	西安交通大学	西安交通大学"七楼创客汇"
177	西北工业大学	西北工业大学"飞天"创客空间

续表

序号	高校名称	众创空间名称
178	西安理工大学	西理工－工创汇
179	西安电子科技大学	西电筋斗云众创空间
180	西安电子科技大学	西安电子科技大学星火众创空间
181	西安科技大学	西安科技大学 PDS 众创空间
182	西安工程大学	西纺文创众创空间
183	西北农林科技大学	西北农林科技大学青年
184	渭南师范学院	渭南师范学院创客空间
185	西安文理学院	炒青众创
186	安康学院	安康学院大学生创新创业孵化园
187	西安邮电大学	西安邮电大学大学生众创空间
188	西安外事学院	"鱼化龙"创客空间
189	西安翻译学院	西译众创空间
190	西京学院	西京学院创新创业中心
191	兰州大学	兰州大学科技园萃英众创空间
192	兰州理工大学	红柳众创空间
193	兰州交通大学	兰州交通大学创客之家
194	西北民族大学	多民族大学生众创空间
195	兰州文理学院	雁苑微林众创空间
196	新疆大学	新疆创客驿站
197	新疆大学	新创青年众创空间
198	新疆大学	新疆大学草根众创空间
199	新疆财经大学	逐梦创客
200	新疆农业职业技术学院	"我可"大学生创客空间
201	新疆昌吉职业技术学院	优创空间

表4-7　历届中国国际"互联网＋"大学生创新创业大赛获奖情况（高职院校）

高校名称	批次	奖项	参赛项目
无锡城市职业技术学院	第一届	银奖	柠檬时代
济源职业技术学院	第一届	银奖	"互联网＋"鸡蛋

续表

高校名称	批次	奖项	参赛项目
深圳职业技术学院	第一届	银奖	彻底改变硬性广告——会玩喔
天津交通职业学院	第一届	铜奖	迅分期——天津最靠谱的大学生兼职创业、最快捷的大学生分期购物平台
长春职业技术学院	第一届	铜奖	高三四班
上海工艺美术职业学院	第一届	铜奖	WOZ沃志
南京工业职业技术学院	第一届	铜奖	三维数字化打印服务平台
芜湖职业技术学院	第一届	铜奖	利用电子商务"产品众筹"推广自主专利品牌
芜湖职业技术学院	第一届	铜奖	易寻——智慧商圈引导解决方案
安徽中澳科技职业学院	第一届	铜奖	巴呼呼乐易购
江西应用技术职业学院	第一届	铜奖	米粉的突围
青岛职业技术学院	第一届	铜奖	农乐汇——乡村旅游服务网站
山东外贸职业学院	第一届	铜奖	约住网——社交分享型拼房网
湖北科技职业学院	第一届	铜奖	"互联网+"移动爱车管家
湖南民族职业学院	第一届	铜奖	"互联网+"化工业"映工业"数字信息
中山职业技术学院	第一届	铜奖	家得意——随意"试穿"家居的APP
琼台师范高等专科学校	第一届	铜奖	互联网+人工智能建站
海南经贸职业技术学院	第一届	铜奖	"去呗"在线旅游社交服务平台
重庆工业职业技术学院	第一届	铜奖	梦爱创意
玉溪农业职业技术学院	第一届	铜奖	茶水表APP——茶生活移动电商
山东商业职业技术学院	第二届	最佳带动就业奖	"互联网+"水产品无水保活物流集成技术
山东商业职业技术学院	第二届	金奖	"互联网+"水产品无水保活物流集成技术
芜湖职业技术学院	第二届	银奖	通用工业机器人模拟系统
湖北交通职业技术学院	第二届	银奖	挖掘机智能管家
西藏职业技术学院	第二届	银奖	藏宝精品——藏地手工艺精品O2O品牌电商
天津职业技术师范大学	第二届	铜奖	校园微递
天津交通职业学院	第二届	铜奖	汽车医生

续表

高校名称	批次	奖项	参赛项目
天津石油职业技术学院	第二届	铜奖	物廉美智慧便利店
天津城市职业学院	第二届	铜奖	"常陪伴"智能穿戴设备
山西建筑职业技术学院	第二届	铜奖	葫芦原材料的综合开发利用
内蒙古电子信息职业技术学院	第二届	铜奖	基于虚拟现实技术的内蒙古特色旅游资源推广
内蒙古化工职业学院	第二届	铜奖	文具控图片分享社区
长春职业技术学院	第二届	铜奖	兼职换学
南京工业职业技术学院	第二届	铜奖	云思顿智能垃圾箱系统
南京工业职业技术学院	第二届	铜奖	智购系统
南京信息职业技术学院	第二届	铜奖	EVA 自平衡独轮车
浙江工贸职业技术学院	第二届	铜奖	"中国风儿童网络伊甸园"跨境电商项目
安徽商贸职业技术学院	第二届	铜奖	芜湖黑果先生商贸有限公司
安徽机电职业技术学院	第二届	铜奖	金灶沐植保飞行器
安徽工商职业学院	第二届	铜奖	义乌欧德进出口有限公司跨境电商运营模式探索与实践
安徽财贸职业学院	第二届	铜奖	悦听的梦想
江西旅游商贸职业学院	第二届	铜奖	空小白
江西应用技术职业学院	第二届	铜奖	正汇汽车漆面修复网络服务平台
青岛酒店管理职业技术学院	第二届	铜奖	音乐工坊
潍坊工程职业学院	第二届	铜奖	山东煜辰地理信息科技有限公司
湖北工业职业技术学院	第二届	铜奖	"大卡乐"成品商用车交付物流运输服务
永州职业技术学院	第二届	铜奖	"互联网 +"亮点工业机器人
湖南民族职业学院	第二届	铜奖	"互联网 +"玩美创意文化策划中心
湖南民族职业学院	第二届	铜奖	互联网 + 藏汉双语幼儿教育
广东轻工职业技术学院	第二届	铜奖	校园江湖 App
广东科学技术职业学院	第二届	铜奖	KK 快递打包机
广东科学技术职业学院	第二届	铜奖	夏陇电商快刻商城
重庆工业职业技术学院	第二届	铜奖	无线万向指环鼠标
重庆电子工程职业学院	第二届	铜奖	康复机器人创业项目
重庆能源职业学院	第二届	铜奖	特色农产品电子商务平台

续表

高校名称	批次	奖项	参赛项目
成都职业技术学院	第二届	铜奖	跨境电商出口平台
成都艺术职业学院	第二届	铜奖	西南首家新媒体数字营销机构
云南国防工业职业技术学院	第二届	铜奖	复杂设备虚拟仿真在线互动平台
西宁城市职业技术学院	第二届	铜奖	点智通模块化智能插板
宁夏工商职业技术学院	第二届	铜奖	智美家智能科技
南京工业职业技术学院	第三届	专家特别推荐奖	非物质文化遗产翟家大院撕纸
南京工业职业技术学院	第三届	银奖	非物质文化遗产翟家大院撕纸
南京工业职业技术学院	第三届	银奖	AI 无托槽隐形矫治器
山东商业职业技术学院	第三届	银奖	一路鲜行
山东商业职业技术学院	第三届	银奖	冷池，开启冷链物流新纪元
广东交通职业技术学院	第三届	银奖	视途科技智能监控系统
西藏职业技术学院	第三届	银奖	筑魂
北京财贸职业学院	第三届	铜奖	职业院校学生就业服务数据平台
天津职业技术师范大学	第三届	铜奖	单车智能驿站
天津职业技术师范大学	第三届	铜奖	PM2.5 自动换膜采样器
天津渤海职业技术学院	第三届	铜奖	"互联网＋"多样食材便民配送 O2O 模式的应用
天津现代职业技术学院	第三届	铜奖	视觉纹样衍生产品
天津石油职业技术学院	第三届	铜奖	物廉美智慧零售助手
河北化工医药职业技术学院	第三届	铜奖	医心医意——医疗设备修复专家
河北女子职业技术学院	第三届	铜奖	Girl's——东方"洛丽塔"文创品牌
山西旅游职业学院	第三届	铜奖	平遥青枣枢文化主题民宿
锡林郭勒职业学院	第三届	铜奖	传承蒙古毡绣艺术助力蒙古族女性就业创业
辽宁农业职业技术学院	第三届	铜奖	紫锟家庭农场
长春职业技术学院	第三届	铜奖	环保可食用胶带
黑龙江农业工程职业学院	第三届	铜奖	互联网＋智慧农业信息化平台
上海旅游高等专科学校	第三届	铜奖	高校舞美演艺
苏州市职业大学	第三届	铜奖	一种可拆卸膨胀螺栓的产业化

续表

高校名称	批次	奖项	参赛项目
苏州工业园区服务外包职业学院	第三届	铜奖	Thinkplus 精品动漫
浙江工贸职业技术学院	第三届	铜奖	衣衣布舍——基于循环经济的 DIY 纺织工坊
安徽电气工程职业技术学院	第三届	铜奖	电气室智能防凝露定制化设计
安徽城市管理职业学院	第三届	铜奖	互联网 + 绘景大数据
民办合肥财经职业学院	第三届	铜奖	青芒摄影
福州职业技术学院	第三届	铜奖	精刻蛋雕——雕梦无声点亮人生
福建农业职业技术学院	第三届	铜奖	御景园环保立体绿化
泉州海洋职业学院	第三届	铜奖	蓝店——基于快递服务构建的社区生活圈
江西旅游商贸职业学院	第三届	铜奖	依萨——南昌纺织服装业供给侧改革示范
江西旅游商贸职业学院	第三届	铜奖	迈莱智能回收平台
江西应用技术职业学院	第三届	铜奖	汇森车服：一直在战斗的汽车人
江西外语外贸职业学院	第三届	铜奖	艾在齿间——打造传统炒货新时代
江西外语外贸职业学院	第三届	铜奖	缘蜜——做"互联网 + 农产品"创业就业先行者
江西外语外贸职业学院	第三届	铜奖	土鸡王国
山东商业职业技术学院	第三届	铜奖	丹参·丹心
山东商业职业技术学院	第三届	铜奖	冷库废热回收融霜系统
郑州铁路职业技术学院	第三届	铜奖	少儿交互式动画书制作
许昌职业技术学院	第三届	铜奖	"BetterTrace"跨境电商
济源职业技术学院	第三届	铜奖	可玲剪纸
漯河医学高等专科学校	第三届	铜奖	贝怡舒——儿童健康守护者
黄冈职业技术学院	第三届	铜奖	3D 视觉宝
湖南科技职业学院	第三届	铜奖	好前途高考升学
长沙商贸旅游职业技术学院	第三届	铜奖	十美之家——实践型大学生就业创业服务机构
湖南工艺美术职业学院	第三届	铜奖	基于侗文化传播的时尚网红培育项目
长沙民政职业技术学院	第三届	铜奖	易修互联网家电维修平台

续表

高校名称	批次	奖项	参赛项目
长沙民政职业技术学院	第三届	铜奖	共享智能拐杖
深圳职业技术学院	第三届	铜奖	跨境电商外贸神器
深圳职业技术学院	第三届	铜奖	O2O 模式的学霸定制型教育
广东农工商职业技术学院	第三届	铜奖	来演艺 APP
深圳信息职业技术学院	第三届	铜奖	基于"互联网+"食堂订餐平台
惠州经济职业技术学院	第三届	铜奖	精准扶贫下的"一村一社在线"农村服务平台
惠州经济职业技术学院	第三届	铜奖	金税代账工厂
广西水利电力职业技术学院	第三届	铜奖	Nandinger——安心输液
广西工业职业技术学院	第三届	铜奖	轩创峰——功能糖生产与销售一体化众筹项目
广西理工职业技术学院	第三届	铜奖	绿色高性能透水砖
重庆工程职业技术学院	第三届	铜奖	E-learning 智慧教育云平台
重庆工商职业学院	第三届	铜奖	三维动画《爆笑方呆呆》系列片
重庆能源职业学院	第三届	铜奖	互联网+全息投影手机壳
成都职业技术学院	第三届	铜奖	小鸟智能家庭影院 K1
成都职业技术学院	第三届	铜奖	智能家居设备研发
黔东南民族职业技术学院	第三届	铜奖	519 校园团——贵州高校联盟
杨凌职业技术学院	第三届	铜奖	悟空出修
陕西铁路工程职业技术学院	第三届	铜奖	众创泡沫——盾构施工的护航者
宁夏职业技术学院	第三届	铜奖	土锤网"互联网+"建筑云数据信息平台
新疆农业职业技术学院	第三届	铜奖	互联网+植保无人机＝飞防平台
新疆农业职业技术学院	第三届	铜奖	莓好新疆
新疆农业职业技术学院	第三届	铜奖	会开花的树
新疆石河子职业技术学院	第三届	铜奖	长乐居·智慧养老公寓
江西外语外贸职业学院	第四届	金奖	缘蜜——助力蜂产业精准扶贫
芜湖职业技术学院	第四届	银奖	香草种植的创富梦
威海海洋职业学院	第四届	银奖	程媛品牌海洋蔬菜
武汉交通职业学院、中国地质大学（武汉）	第四届	银奖	秦巴山区北五味子产业化扶贫项目

高校名称	批次	奖项	参赛项目
西藏职业技术学院	第四届	银奖	拉萨红色文化旅游创业项目
新疆农业职业技术学院	第四届	银奖	农财道慧种田——土壤改良助力新疆南疆精准脱贫
天津现代职业技术学院	第四届	铜奖	探乡记——搭建城乡教育营地
河北政法职业学院	第四届	铜奖	政法146青年筑梦计划
晋中职业技术学院	第四届	铜奖	飞起来的农业经济
安徽商贸职业技术学院	第四届	铜奖	"雏凤学堂"爱心教室一体化服务平台
长沙民政职业技术学院	第四届	铜奖	会说话的"拉祜野阔"
怀化职业技术学院	第四届	铜奖	天下粮仓——构筑粮食人类命运共同体
湖南工艺美术职业学院	第四届	铜奖	湘西飞出"红凤凰"——环保丹砂助力老乡建家乡
广东女子职业技术学院	第四届	铜奖	慧成自护教育：教孩子玩转安全人生
广西机电职业技术学院	第四届	铜奖	茉盛香：一朵茉莉花的扶贫攻坚路
广西电力职业技术学院	第四届	铜奖	大瑶山的共富农业项目
海南职业技术学院	第四届	铜奖	聚力电商助农
重庆水利电力职业技术学院	第四届	铜奖	巴山老坛独家风味陈咸菜
四川水利职业技术学院	第四届	铜奖	红色儿女情阿坝菌王梦
成都农业科技职业学院	第四届	铜奖	冕宁县益丰源种养殖农业新模式——特色经济作物复种栽培
云南国防工业职业技术学院	第四届	铜奖	筑梦滇南
杨凌职业技术学院	第四届	铜奖	红色引领，绿色发展
西宁城市职业技术学院	第四届	铜奖	"蒲公英"学前教育资源共享服务
扬州工业职业技术学院	第四届	最佳带动就业奖（主赛道）	"90后"女孩有点"田"
扬州工业职业技术学院	第四届	金奖	"90后"女孩有点"田"
常州轻工职业技术学院	第四届	金奖	情系民生热豆腐——壹明唐现做现卖豆制品连锁运营
金华职业技术学院	第四届	银奖	糖古非遗之路
江西外语外贸职业学院	第四届	银奖	瑞杰油画廊——理想家生活的倡导者

续表

高校名称	批次	奖项	参赛项目
江西外语外贸职业学院	第四届	银奖	"非"常轮胎——JKL汽车配件争做中国制造非洲助推者
襄阳职业技术学院	第四届	银奖	襄梦——汉江流域农副产品上行电商之路
长沙航空职业技术学院	第四届	银奖	专注于大型装备表面维修的技术服务商
广东省外语艺术职业学院	第四届	银奖	当文化课邂逅美术——虹彩全科美术教育
西藏职业技术学院	第四届	银奖	泽林阳孜——珠峰旅游服务中心
新疆农业职业技术学院	第四届	银奖	蟹总汇——室内循环水立体养殖
天津铁道职业技术学院	第四届	铜奖	践学VR教育
河北化工医药职业技术学院	第四届	铜奖	丝睦——头皮好头发才会好
山西青年职业学院	第四届	铜奖	智能收银机——智能收银与营销服务商
锡林郭勒职业学院	第四届	铜奖	蒙古族传统音乐工作坊
通辽职业学院	第四届	铜奖	蒙东情"智慧家政"生活服务平台
长春汽车工业高等专科学校	第四届	铜奖	图领工艺装备
吉林工业职业技术学院	第四届	铜奖	"栅栅"来迟
黑龙江交通职业技术学院	第四届	铜奖	哈鑫鹏包子
上海工商职业技术学院	第四届	铜奖	天涯若比邻——游戏社交运维与乡村创就业解决方案供应商
南京工业职业技术学院	第四届	铜奖	云思顿智能垃圾分类整体系统及其解决方案
苏州经贸职业技术学院	第四届	铜奖	智能纺织开发及产业化
浙江经济职业技术学院	第四届	铜奖	衣享科技——实现多元智能的新零售模式
义乌工商职业技术学院	第四届	铜奖	华颂文化传媒有限公司
浙江纺织服装职业技术学院	第四届	铜奖	宁波南辰北斗文化传播有限公司
安徽电气工程职业技术学院	第四届	铜奖	翊影光电
安徽电气工程职业技术学院	第四届	铜奖	聚马室内环境智能监控系统
安徽城市管理职业学院	第四届	铜奖	颖淮匠心文化传播
安徽机电职业技术学院	第四届	铜奖	云翼模型——航空模型领域的创新开拓者

续表

高校名称	批次	奖项	参赛项目
民办合肥财经职业学院	第四届	铜奖	背包客国际贸易
厦门城市职业学院	第四届	铜奖	金鹭宝——创造一个好睡眠的世界
江西旅游商贸职业学院	第四届	铜奖	洁立安——为十三亿中国人的食品安全建立最后一道屏障
江西外语外贸职业学院	第四届	铜奖	U-Tea——智能自助茶饮终端领导品牌
江西农业工程职业学院	第四届	铜奖	荻临天下
济宁职业技术学院	第四届	铜奖	军魂"筑"基，做青少年爱国主义教育领跑者
许昌职业技术学院	第四届	铜奖	多功能救逃生塔
济源职业技术学院	第四届	铜奖	飞人体育幼儿篮球培训
湖北职业技术学院	第四届	铜奖	食圣保黑土豆网
长沙商贸旅游职业技术学院	第四届	铜奖	优创科技：负离子服装行业的开拓者
湖南民族职业学院	第四届	铜奖	藏汉双语幼儿教育
深圳职业技术学院	第四届	铜奖	香蕉宿
佛山职业技术学院	第四届	铜奖	光伏电站智能运维机器人
广东文艺职业学院	第四届	铜奖	"钢琴医生""互联网+"钢琴服务平台
广东科贸职业学院	第四届	铜奖	竞技无人机的新星——深圳市新木木科技有限公司
广东创新科技职业学院	第四届	铜奖	挑客早餐——优质豆浆服务提供商
柳州职业技术学院	第四届	铜奖	兵兵到家
海南经贸职业技术学院	第四届	铜奖	享印宝
重庆航天职业技术学院	第四届	铜奖	租圈共享电脑
重庆水利电力职业技术学院	第四届	铜奖	行车应急宝
成都职业技术学院	第四届	铜奖	天秤星——跨境电商支付平台
成都职业技术学院	第四届	铜奖	《烽火连城》院线电影制作与发行
铜仁职业技术学院	第四届	铜奖	互联网太阳能净化口罩
杨凌职业技术学院	第四届	铜奖	建筑绘影
西安航空职业技术学院	第四届	铜奖	农作物病虫害"察打一体"无人机
陕西铁路工程职业技术学院	第四届	铜奖	隧安——隧道衬砌注浆剂引领者
青海卫生职业技术学院	第四届	铜奖	基于智慧养老模式下的大学生创业之路

续表

高校名称	批次	奖项	参赛项目
宁夏民族职业技术学院	第四届	铜奖	保鲜科技振兴乡村
宁夏建设职业技术学院	第四届	铜奖	"四季盆农"盆栽蔬菜项目
新疆石河子职业技术学院	第四届	铜奖	智能"魔杖"
新疆农业职业技术学院	第五届	最具人气奖	红钻梦想新疆野生西梅全产业链扶贫项目
安徽财贸职业学院	第五届	银奖	田埂上的金凤凰
深圳职业技术学院	第五届	银奖	金枫露:科技扶贫·健康中国
新疆农业职业技术学院	第五届	银奖	红钻梦想新疆野生西梅全产业链扶贫项目
天津职业技术师范大学	第五届	铜奖	校园微递
南京工业职业技术学院	第五届	铜奖	把祖国的美好播种在新疆孩子的心田
金华职业技术学院	第五届	铜奖	梦回新疆"浙"里起航——基于新疆"内职班"学生农特产品扶贫振兴之路
芜湖职业技术学院	第五届	铜奖	红旅茶香万家新时代茶艺复兴接力计划
江西旅游商贸职业学院	第五届	铜奖	致家公益——缅怀先烈,致爱军属
江西外语外贸职业学院	第五届	铜奖	鱼鲜鲜——向抗生素说不,为健康上保险
河南职业技术学院	第五届	铜奖	小文鲜生——专注农产品原产地供应链
长沙民政职业技术学院	第五届	铜奖	融创美妙普洱助力拉祜族脱贫——精准扶贫南六村
湖南工艺美术职业学院	第五届	铜奖	湘西飞出"红凤凰"环保朱砂助力老乡建家乡
广西机电职业技术学院	第五届	铜奖	茉莉青年——以花为媒,助推乡村振兴
海南经贸职业技术学院	第五届	铜奖	"嗨哟"海南非遗生活租购平台
重庆水利电力职业技术学院	第五届	铜奖	小罐菜·大梦想——巴山老坛以种植蔬菜带动扶贫新模式
贵州盛华职业学院	第五届	铜奖	追光助盲——全国首个由视障者独立开发的助盲求职平台
西藏职业技术学院	第五届	铜奖	筑梦天宫精准教育扶贫
宁夏工商职业技术学院	第五届	铜奖	离离原上草——优质饲草种植助力精准扶贫

续表

高校名称	批次	奖项	参赛项目
新疆农业职业技术学院	第五届	铜奖	菇芳自来
芜湖职业技术学院	第五届	银奖	银龙岛五金：从"中国智造"到"流浪地球"必备之工具
安徽职业技术学院	第五届	铜奖	凌创——创云网 VR 应用服务平台
安徽机电职业技术学院	第五届	铜奖	安徽飞翼航空科技有限责任公司
长沙商贸旅游职业技术学院	第五届	铜奖	张小牛小罐椒
重庆城市管理职业学院	第五届	铜奖	DUKEER 环保包裹
厦门海洋职业技术学院	第五届	最具人气奖	MF 航测全流程解决方案
天津市职业大学	第五届	金奖	油光光改性纤维球
天津轻工职业技术学院	第五届	金奖	BuleWind——全新烟气治理解决方案
上海城建职业学院	第五届	金奖	蒲蒂——让中国的插花艺术绽放于世界舞台
南京工业职业技术学院	第五届	金奖	智宸科技——非牛顿流体纳米液体减速带领跑者
南京工业职业技术学院	第五届	金奖	Bcent——七彩童年陪伴者
常州信息职业技术学院	第五届	金奖	领域之心——国内领先的数据安全服务商
苏州经贸职业技术学院	第五届	金奖	云 SIM 流量达人
江苏农林职业技术学院	第五届	金奖	小莓好——开拓科技兴农新时代
扬州工业职业技术学院	第五届	金奖	尿宝——失能老人接尿的智能伴侣
芜湖职业技术学院	第五届	金奖	中娱传媒——国内网络直播领域的深耕、引领者
安徽财贸职业学院	第五届	金奖	"仓管家"——快消品类中小微企业仓配一体化服务商
山东商业职业技术学院	第五届	金奖	让机器人畅快奔跑——极创机器人底盘项目
长沙民政职业技术学院	第五届	金奖	智慧融自·中央热水节能管家一个为中央热水系统省钱、省力、省心的能源监管平台
湖南铁路科技职业技术学院	第五届	金奖	智慧运维，伏电生财
广州番禺职业技术学院	第五届	金奖	智能点胶机器人
兰州职业技术学院	第五届	金奖	小微颗粒播种机——助推脱贫攻坚、助力精准扶贫

续表

高校名称	批次	奖项	参赛项目
北京财贸职业学院	第五届	银奖	军友驿站：退役士兵就业职业能力提升平台
河北工业职业技术学院	第五届	银奖	真空悬浮熔炼炉——未来金属新材料缔造者
山西经贸职业学院	第五届	银奖	"爱游游"旅途游戏APP
包头职业技术学院	第五届	银奖	焊接安全卫士套装——打造中国焊接安全防护系列
包头轻工职业技术学院	第五届	银奖	智冷汇——制冷与冷藏工程安装集成及运营服务团队
内蒙古机电职业技术学院	第五届	银奖	互联网+空气检测联防预警无人机
辽宁轻工职业学院	第五届	银奖	"寻本溯源、传承创新"葫芦文创产品研发
长春职业技术学院	第五届	银奖	一种新型材料吸管
哈尔滨职业技术学院	第五届	银奖	白龙中药提取物抑菌剂的研制
扬州工业职业技术学院	第五届	银奖	山清"隧"秀——乡村公路隧道综合解决方案提供商
金华职业技术学院	第五届	银奖	浇铸大师——国内自动化浇铸装备领跑者
义乌工商职业技术学院	第五届	银奖	蹭范趣——专注城乡家宴服务
安徽电气工程职业技术学院	第五届	银奖	妙演天机——电网大气环境智能监测系统
厦门海洋职业技术学院	第五届	银奖	MF航测全流程解决方案
湄洲湾职业技术学院	第五届	银奖	网红星工厂——国内领先的网红加速孵化器
福建生物工程职业技术学院	第五届	银奖	益微视——共享智能视力检测服务
江西环境工程职业学院	第五届	银奖	森林卫士——"松树癌症"的绿色特效方案
江西应用技术职业学院	第五届	银奖	硒全食美——无土栽培高端富硒Sala蔬菜供应商
江西外语外贸职业学院	第五届	银奖	点石成金——绿色环保引领者
江西外语外贸职业学院	第五届	银奖	"出"类拔萃——中小微企业出口服务的领航者
江西工业贸易职业技术学院	第五届	银奖	粮艺——中国粮食文创产业领军者
潍坊工程职业学院	第五届	银奖	电梯慧眼——电梯大数据智能预警系统
许昌职业技术学院	第五届	银奖	守艺人——将顺绣"盘"起来

续表

高校名称	批次	奖项	参赛项目
河南工业职业技术学院	第五届	银奖	时光宝盒——用VR穿越国家宝藏的前世今生
襄阳职业技术学院	第五届	银奖	恒佑康：羊肚菌优选推广领域的引航者
武汉交通职业学院	第五届	银奖	武汉宇太志星科技有限公司
长沙民政职业技术学院	第五届	银奖	智能助行康复机器人
湖南工业职业技术学院	第五届	银奖	腔内术中清创液异常监测设备
长沙商贸旅游职业技术学院	第五届	银奖	租机侠——简单一租轻松用机
深圳职业技术学院	第五届	银奖	淘货车：致力成为二手货车交易的领导者
深圳职业技术学院	第五届	银奖	Vinpok可触控拓展屏——商务人士移动办公的首选设备
广东文艺职业学院	第五届	银奖	"音乐窝"建设音乐教育新生态——"互联网＋"音乐教育服务方案提供商
广州城建职业学院	第五届	银奖	AI智能造字——中国智能造字领航者
海南经贸职业技术学院	第五届	银奖	彩泥精灵
重庆电子工程职业学院	第五届	银奖	白菜校掌——大学生校园生活优惠服务提供商
重庆机电职业技术大学	第五届	银奖	生命的纽带——全球首家运营商级井下通信与定位一体服务解决方案
成都纺织高等专科学校	第五届	银奖	无"微"不至——无源微波器件的设计制造者
成都农业科技职业学院	第五届	银奖	微智农机——丘区微型智能农机关键技术研发者
四川信息职业技术学院	第五届	银奖	"明源创品"空气制水机
贵州盛华职业学院	第五届	银奖	威语英语教学平台——一个5G+VR沉浸式英语教学与学习智慧教育平台
西藏职业技术学院	第五届	银奖	窖茶文化起飞新基地
西安航空职业技术学院	第五届	银奖	蚓清
青海建筑职业技术学院	第五届	银奖	蓄热墙体与太阳能炕一体式集热系统
宁夏工商职业技术学院	第五届	银奖	天下泛绿洲，闻名奶青果——绿色发展的三产融合之路
宁夏工商职业技术学院	第五届	银奖	溯源数据恢复解决方案提供

续表

高校名称	批次	奖项	参赛项目
克拉玛依职业技术学院	第五届	银奖	3D 创新设计服务
北京经济管理职业学院	第五届	铜奖	北京臻瑞探索科技有限公司智能环保无人机
北京电子科技职业学院	第五届	铜奖	蚂蚁搬车智能设备——提升停车位的最优办法
北京电子科技职业学院	第五届	铜奖	变废为宝——"厨余垃圾生物发酵应用新"
天津交通职业学院	第五届	铜奖	我艾美——全国首家女性痛经调理服务平台
天津铁道职业技术学院	第五届	铜奖	路安工具智能管家
邢台职业技术学院	第五届	铜奖	无与"轮"比——特种汽车变体车轮开创者
邢台职业技术学院	第五届	铜奖	"蝎"宠到底
承德石油高等专科学校	第五届	铜奖	田之源农业科技
石家庄铁路职业技术学院	第五届	铜奖	运输卫士——基于物联网和 WEBGIS 的液态危险品运输安全监测系统
河北软件职业技术学院	第五届	铜奖	晶鑫科技，从源头改善"脚尖上的浪费"
河北软件职业技术学院	第五届	铜奖	大城小爱——智能化电动车充电一体设备
山西林业职业技术学院	第五届	铜奖	饰代相传
山西机电职业技术学院	第五届	铜奖	大数据云森林防灾 IOT
山西体育职业学院	第五届	铜奖	ES 尚武
锡林郭勒职业学院	第五届	铜奖	蒙古族文化品牌形象建设——其古拉干广告设计工作室
内蒙古商贸职业学院	第五届	铜奖	彩虹 e 站
辽宁农业职业技术学院	第五届	铜奖	品樱
辽宁农业职业技术学院	第五届	铜奖	牛保姆——养殖户的安全卫士
大连职业技术学院	第五届	铜奖	益多多营养早餐
大连职业技术学院	第五届	铜奖	大连书韵茶文化传播有限公司
辽宁机电职业技术学院	第五届	铜奖	云峰科技：国内机械表智能生产检测设备领导者
辽宁省交通高等专科学校	第五届	铜奖	混凝土强度检测评估系统
长春金融高等专科学校	第五届	铜奖	沈小瓜

高校名称	批次	奖项	参赛项目
长春汽车工业高等专科学校	第五届	铜奖	安全邦
吉林工业职业技术学院	第五届	铜奖	电子精灵
黑龙江农垦科技职业学院	第五届	铜奖	桌面级机械臂教育领导者
黑龙江职业学院	第五届	铜奖	婴儿芝麻润肤油
黑龙江交通职业技术学院	第五届	铜奖	抽油机光杆磨抛机
哈尔滨铁道职业技术学院	第五届	铜奖	鑫隆森家庭农场——基于5G时代的现实版QQ农场
上海出版印刷高等专科学校	第五届	铜奖	模块化风衣——"慢时尚"环保理念的持续再现
上海工艺美术职业学院	第五届	铜奖	工域VR——新时代VR戏曲文化传播者
苏州农业职业技术学院	第五届	铜奖	鹊踏枝——中国高端定制甜品、伴手礼的引领者
苏州市职业大学	第五届	铜奖	沃晟夹具——助你钻孔无忧
温州科技职业学院	第五届	铜奖	激活"植物界大熊猫"商业价值——青钱柳健康产品研发与推广
温州科技职业学院	第五届	铜奖	传工茶业——茶十代的推陈出"新"之路
宁波职业技术学院	第五届	铜奖	泛星科技——智能支架领跑者
金华职业技术学院	第五届	铜奖	"猪"联"币"合——浙江省地方性最大猪肉供销配送平台
浙江经济职业技术学院	第五届	铜奖	涵茈膏——中药口红传承中国文化
安庆职业技术学院	第五届	铜奖	安庆市——航汽车空调有限公司
安徽新闻出版职业技术学院	第五届	铜奖	纹漾丝瓜络创意产品项目组
合肥职业技术学院	第五届	铜奖	护考教育平台
安徽财贸职业学院	第五届	铜奖	酒之魂酒业
安徽城市管理职业学院	第五届	铜奖	优学团
安徽职业技术学院	第五届	铜奖	植飞——专注丘陵植保无人机
黎明职业大学	第五届	铜奖	川工建设：装配式农村自建房建设的开拓者
厦门海洋职业技术学院	第五届	铜奖	墨釉三维
湄洲湾职业技术学院	第五届	铜奖	三品漆物
福建信息职业技术学院	第五届	铜奖	"双创"专机

续表

高校名称	批次	奖项	参赛项目
江西生物科技职业学院	第五届	铜奖	"江妈妈"艾米果
江西师范高等专科学校	第五届	铜奖	"健入佳镜"——打造首款亚洲人专属运动智能镜
江西农业工程职业学院	第五届	铜奖	"液"样减速
江西师范高等专科学校	第五届	铜奖	炉香雅道——黄蜡石香器
淄博职业学院	第五届	铜奖	桃帮主
山东科技职业学院	第五届	铜奖	D&Z服装企业加速器——服装设计大规模定制服务平台
山东商业职业技术学院	第五届	铜奖	"互联网+"新能源水煤浆的生产制造及销售
济南职业学院	第五届	铜奖	AI·小智
东营职业学院	第五届	铜奖	新农人——农业全产业链综合服务体
山东经贸职业学院	第五届	铜奖	留白——新媒体营销矩阵解决方案供应商
济南工程职业技术学院	第五届	铜奖	文动星
潍坊工程职业学院	第五届	铜奖	柿柿如意——潍坊九鲤湖商贸有限公司
黄河水利职业技术学院	第五届	铜奖	欧克校园——打造校园智慧出行生态系统
许昌职业技术学院	第五届	铜奖	精烘细烤碳纤维红外烤烟技术
济源职业技术学院	第五届	铜奖	科技兴农——专注打造互联网现代化农业（一夫科技）
河南经贸职业学院	第五届	铜奖	陌上花生活文创
河南职业技术学院	第五届	铜奖	梗宝——智能急救给药器
郑州电力高等专科学校	第五届	铜奖	"八方"操作杆——全国首创多功能配网操作杆
平顶山工业职业技术学院	第五届	铜奖	蔚岚智能通风装置
湖北工业职业技术学院	第五届	铜奖	校企融合助推绿松石产业转型升级
咸宁职业技术学院	第五届	铜奖	蓝孔雀的一二三产业高效融合
武汉电力职业技术学院	第五届	铜奖	Mini Fun Bakery
武汉软件工程职业学院	第五届	铜奖	全渠道电商新零售SAAS云平台
长江职业学院	第五届	铜奖	基于人工智能的酒店未来前台
襄阳职业技术学院	第五届	铜奖	渔家乐·渔业远程实时测控系统
武汉职业技术学院	第五届	铜奖	匠染织梦——生态婴幼儿服饰践行者

高校名称	批次	奖项	参赛项目
湖南交通职业技术学院	第五届	铜奖	5G 条件下高速公路智能化管理
长沙航空职业技术学院	第五届	铜奖	"端＋云"风电机组螺栓智能监测系统
湖南环境生物职业技术学院	第五届	铜奖	"放牛娃"生态牛场
湖南工业职业技术学院	第五届	铜奖	紫外线高精度物流引导系统
广东食品药品职业学院	第五届	铜奖	小匠有茶——匠心之作，创世界的中国好茶
广东机电职业技术学院	第五届	铜奖	优美声——汽车 DSP 功放领跑者
广东轻工职业技术学院	第五届	铜奖	"嘟嘟"成长型儿童系列产品——多功能童车
广东科贸职业学院	第五届	铜奖	空中 F1——穿越室内外界限的竞技无人机
广东省外语艺术职业学院	第五届	铜奖	跆拳道＋艺术，不一样的武艺
广西国际商务职业技术学院	第五届	铜奖	州游科技——全国会展推广站点防护解决方案
桂林师范高等专科学校	第五届	铜奖	洗悦冷制皂
柳州职业技术学院	第五届	铜奖	创讯：助力智能制造的柔性工装夹具供应商
广西机电职业技术学院	第五届	铜奖	桂艺创品
广西机电职业技术学院	第五届	铜奖	珍形不凡
广西职业技术学院	第五届	铜奖	牛魔王：领先的牛油果种苗繁殖技术，打破国外垄断
广西交通职业技术学院	第五届	铜奖	"涂装化妆室"——智能喷漆
广西职业师范学院	第五届	铜奖	邑匠拖拽快网
三亚航空旅游职业学院	第五届	铜奖	原点香水
海南经贸职业技术学院	第五届	铜奖	海南华腾人力资源服务有限公司
重庆工商职业学院	第五届	铜奖	渝润积木——（BIM）建筑信息模型综合性服务平台
重庆工商职业学院	第五届	铜奖	方呆呆——本土文化原创卡通形象 IP 引领者
重庆财经职业学院	第五届	铜奖	触目动心——5G 时代 AR 广告互动墙
成都职业技术学院	第五届	铜奖	绿府农业——创二代的食品安全梦
四川三河职业学院	第五届	铜奖	走进 3D 新食代——新型 3D 食品打印机研发及运用

续表

高校名称	批次	奖项	参赛项目
成都职业技术学院	第五届	铜奖	AI 赋能连通天地
乐山职业技术学院	第五届	铜奖	匠心铸模——提供个性化定制生产的新型消失模铸造工艺
四川交通职业技术学院	第五届	铜奖	交云智通——交通大数据人工智能分析平台
四川城市职业学院	第五届	铜奖	"星火"社区规划设计——助力社区发展治理的先行者
黔东南民族职业技术学院	第五届	铜奖	驾来也专注大学生学车无忧
贵州轻工职业技术学院	第五届	铜奖	7℃刺猬
贵州航天职业技术学院	第五届	铜奖	车内危险源安防系统
德宏职业学院	第五届	铜奖	载瓦迟——非物质文化遗产景颇民族医药的涅槃重生
云南国防工业职业技术学院	第五届	铜奖	"蓝孔雀"云南非物质文化遗产原生态民族舞蹈传承与推广
昆明冶金高等专科学校	第五届	铜奖	化工废渣磷石膏的变废为宝——环保型磷石膏砖生产技术及产品推广
陕西国防工业职业技术学院	第五届	铜奖	HQ 室内软装设计工厂
西安航空职业技术学院	第五届	铜奖	新型风机机舱罩
陕西国防工业职业技术学院	第五届	铜奖	"空气杰克"军用级赛车电控空气悬架调校系统——做赛车安全稳定的守护者
杨凌职业技术学院	第五届	铜奖	"枣"用早健康
陕西职业技术学院	第五届	铜奖	上下文化
陕西铁路工程职业技术学院	第五届	铜奖	加固材料与修复领跑者
陕西工业职业技术学院	第五届	铜奖	低功耗深度制冷技术
甘肃建筑职业技术学院	第五届	铜奖	陶最——行走在互联网上的马家窑
甘肃畜牧工程职业技术学院	第五届	铜奖	等滑切角锯齿型切割刀片仿垄形马铃薯杀秧机
青海卫生职业技术学院	第五届	铜奖	"互联网+"居家养老服务新模式
宁夏职业技术学院	第五届	铜奖	土锤网（建筑云数据信息平台）项目
宁夏建设职业技术学院	第五届	铜奖	天王盖地虎最专业的井盖提供与服务商
新疆农业职业技术学院	第五届	铜奖	大漠疆途定制旅游

高校名称	批次	奖项	参赛项目
新疆农业职业技术学院	第五届	铜奖	维度智家颠覆视觉的定制灯光音乐控制系统
新疆交通职业技术学院	第五届	铜奖	新石头记
芜湖职业技术学院	第六届	铜奖	德尔塔——小轴承里的大世界
安徽机电职业技术学院	第六届	铜奖	德米科技——全球精密模具产品供应商
南京工业职业技术大学	第六届	入围总决赛	苏青汇——基于大数据智慧商业的青创与科创服务生态平台
义乌工商职业技术学院	第六届	入围总决赛	NASEA暖心海：年销售电子蜡烛超千万件
山东畜牧兽医职业学院	第六届	银奖	草原牛事致力国际领先的高端肉牛养殖助力牧区脱贫攻坚
重庆电子工程职业学院	第六届	银奖	扶"苏"YU（渝）黔——紫苏全株产业链扶贫模式引领者
新疆农业职业技术学院	第六届	银奖	圆梦之蜜——引领黑蜂产业·共筑天山生态
邢台职业技术学院	第六届	铜奖	太行小院——太行山贫困家庭女性就业梦的托起者
南京铁道职业技术学院	第六届	铜奖	佐邻佑里·青竹林
扬州工业职业技术学院	第六届	铜奖	千村万品直播助农满天星计划——助力乡村振兴"播"种美好生活
安徽财贸职业学院	第六届	铜奖	鱼欢水——原生态泉水鱼养殖技术精准扶贫引领者
江西外语外贸职业学院	第六届	铜奖	语山行
江西外语外贸职业学院	第六届	铜奖	销升客
江西生物科技职业学院	第六届	铜奖	农佬表——"鸡蛋超人"和他的鸡蛋帝国
漯河医学高等专科学校	第六届	铜奖	红色老区的黑菇"靓"
怀化职业技术学院	第六届	铜奖	粮盛民安——粮满仓、天下安
中山火炬职业技术学院	第六届	铜奖	菌临乡下——打造高品质食用菌产业扶贫新模式
重庆水利电力职业技术学院	第六届	铜奖	苗妹香香——以水稻产业打造苗族土家族精准扶贫新模式
西藏职业技术学院	第六届	铜奖	净土芳菲

续表

高校名称	批次	奖项	参赛项目
陇南师范高等专科学校	第六届	铜奖	陇南义乌携手直播带货
宁夏工商职业技术学院	第六届	铜奖	离离原上草——优质饲草种植助力精准扶贫
宁夏警官职业学院	第六届	铜奖	豆之梦创之心
新疆农业职业技术学院	第六届	铜奖	杏扶助农——新疆色买提杏全产业扶贫项目
吉安职业技术学院	第六届	最具人气奖	晨醉诚品/致力成为世界木叶盏领航者
天津市职业大学	第六届	金奖	黑材料——氮杂化介孔碳
上海城建职业学院	第六届	金奖	缮瓷——文物修复领军者,技术转移带路人
南京工业职业技术大学	第六届	金奖	无损检测——承压设备安全守护先锋
常州信息职业技术学院	第六届	金奖	第七感应——国内领先的钢铁渗碳层检测专家
苏州经贸职业技术学院	第六届	金奖	享用——后刷脸时代的哆啦A梦
无锡商业职业技术学院	第六届	金奖	光而不耀——无主灯自然之光先行者
无锡商业职业技术学院	第六届	金奖	大国小酱——中国裹酱炸鸡领导者
扬州工业职业技术学院	第六届	金奖	汇智文化传媒——国内顶级新媒体服务商
扬州工业职业技术学院	第六届	金奖	雪域高原黑珍珠——优质高产有机黑青稞种植及产业化
金华职业技术学院	第六届	金奖	春润药材——中国百强药企最值得信赖的中药材供应商
安徽机电职业技术学院	第六届	金奖	飞翼航空——无人直升机飞控设备的领跑者
江西环境工程职业学院	第六届	金奖	金草科技——金线莲生态产业引领者
青岛职业技术学院	第六届	金奖	王小枸鲜控枸杞——鲜控干燥技术赋能、助推产业升级
潍坊职业学院	第六届	金奖	针织大师——针织簇绒行业智能赋能者
济南职业学院	第六届	金奖	电子感知皮肤基于多模态柔性技术的集成应用
河南农业职业学院	第六届	金奖	"肉丸"计划——推广纯血犬的养育理念,打造世界级柯基品牌

续表

高校名称	批次	奖项	参赛项目
襄阳职业技术学院	第六届	金奖	Youth 独食俱乐部——中国独食餐饮新业态的开创者
广东轻工职业技术学院	第六届	金奖	印萌，让高校文印不止于文印
深圳职业技术学院	第六届	金奖	绿水卫士——重金属废水处理专家
深圳职业技术学院	第六届	金奖	靶向降压肽
广东科贸职业学院	第六届	金奖	无际魅力——全球竞技无人机行业破壁者
西藏职业技术学院	第六届	金奖	玛旁雍措·莲华之宝
陕西工业职业技术学院	第六届	金奖	折叠显示用超薄柔性玻璃智造
北京经济管理职业学院	第六届	银奖	冰山数据
天津市职业大学	第六届	银奖	为水穿衣——绿康生物质循环水处理药剂
河北工业职业技术学院	第六届	银奖	全电通——全品牌电动汽车换电行业定义者
邢台职业技术学院	第六届	银奖	车上云销——汽车新媒体人才培养基地
山西铁道职业技术学院	第六届	银奖	炉前重机枪铁口氧枪
锡林郭勒职业学院	第六届	银奖	火眼精精——肉乳真实性分析服务提供商
大连职业技术学院	第六届	银奖	辽宁锐箭网络科技有限公司
哈尔滨职业技术学院	第六届	银奖	猎客科技——超强阻碍温度传导材料应用产业领军者
上海出版印刷高等专科学校	第六届	银奖	童研无际——优秀儿童读物与研发平台
苏州经贸职业技术学院	第六届	银奖	胜傲科技——新一代高性能运动地板缔造者
常州工业职业技术学院	第六届	银奖	潜力无限——国内专业水下机器人零部件供应商
浙江交通职业技术学院	第六届	银奖	iSpider 飞机检查机器人——为安全飞行保驾护航
金华职业技术学院	第六届	银奖	超体科技——国内首创高能量、超稳定、可循环电子元件纳米新材料
金华职业技术学院	第六届	银奖	续航科技——新能源电动汽车集成电控技术领航者
温州科技职业学院	第六届	银奖	大卖客——打造第一云创业生态

续表

高校名称	批次	奖项	参赛项目
安徽财贸职业学院	第六届	银奖	蒜我狠——中国工业蒜概念定义者
厦门城市职业学院	第六届	银奖	YESEP水源卫士——中国水质监测与治理智能化原创技术探索者
江西现代职业技术学院	第六届	银奖	远华智造——专注智能制造行业人才成长全流程
江西外语外贸职业学院	第六届	银奖	神机料用
江西外语外贸职业学院	第六届	银奖	指尖魔术——国内穿戴美甲背胶工艺领跑者
吉安职业技术学院	第六届	银奖	晨醉诚品/致力成为世界木叶盏领航者
济南职业学院	第六届	银奖	海智云——让天下没有难做的芯片
黄河水利职业技术学院	第六届	银奖	慧匠锐锋——国内一流的超高精密超硬金刚石工具提供商
湖北工业职业技术学院	第六届	银奖	产创融合点石成金——引领绿松石产业转型升级
武汉软件工程职业学院	第六届	银奖	LM网红梦工场
武汉软件工程职业学院	第六届	银奖	梦商云——私域商业生态圈的领航者
咸宁职业技术学院	第六届	银奖	鸡住别墅，满地生金——咸宁大山里走出来的"肯得鸡"
长沙环境保护职业技术学院	第六届	银奖	天下无臭——基于高效复合菌剂的恶臭治理技术
顺德职业技术学院	第六届	银奖	搞搞镇——乡镇产业地标品牌建设赋能者
广东轻工职业技术学院	第六届	银奖	"蜂王"——助力国家复工复产保就业的主力军
广东轻工职业技术学院	第六届	银奖	高端塑料加工领域的中国突破——首创同向差速非对称双螺杆挤出机
广州番禺职业技术学院	第六届	银奖	绿魔方——基于AI技术及环保新材的展装定制专家
广州番禺职业技术学院	第六届	银奖	英赛特智能慧眼——医药工业在线检测国产领航者
深圳信息职业技术学院	第六届	银奖	激光高速抛光——中国抛光工艺革新与行业引领
中山火炬职业技术学院	第六届	银奖	环球一模——模特艺人界的淘宝平台

续表

高校名称	批次	奖项	参赛项目
广州铁路职业技术学院	第六届	银奖	动车组车底智能检测机器人——高铁安全卫士
中山职业技术学院	第六届	银奖	领航新材——引领5G通讯基材的创新者
柳州职业技术学院	第六届	银奖	旭至——国内领先的工业机器人夹具提供商
柳州职业技术学院	第六届	银奖	信荣服装——牛仔装环保水洗工艺革新领先者
广西国际商务职业技术学院	第六届	银奖	混沌数据
海南经贸职业技术学院	第六届	银奖	琉璃海工坊
重庆电子工程职业学院	第六届	银奖	管道卫士——管道故障快速定位检测机器人
重庆工程职业学院	第六届	银奖	优多多数字云课堂
重庆水利电力职业技术学院	第六届	银奖	益农行者——巴山老坛——致力于中国风干型陈咸菜行业引领者
重庆财经职业学院	第六届	银奖	智源蜂箱——养蜂业的未来方程式
成都职业技术学院	第六届	银奖	中弘围挡——城市环保建设先行者
成都职业技术学院	第六届	银奖	微小卫星便携站的大梦想
贵州交通职业技术学院	第六届	银奖	智能副刹——机电耦合式副制动装置
杨凌职业技术学院	第六届	银奖	鑫睿源建设
西安航空职业技术学院	第六届	银奖	简声功放打造至简至美的天籁之音
兰州石化职业技术学院	第六届	银奖	康怡诗华，贴身灭菌小卫士
西宁城市职业技术学院	第六届	银奖	校园快递帮手——一种快递投放装置
宁夏工商职业技术学院	第六届	银奖	李老鼠说车
新疆农业职业学院	第六届	银奖	油你最优——国内首创低温冷榨核桃油及副产品综合利用
北京工业职业技术学院	第六届	铜奖	高楼玻璃幕墙清洗机器人
北京电子科技职业学院	第六届	铜奖	"莓"清目秀——树莓改善视力功能饮品
北京经济管理职业学院	第六届	铜奖	万腾艺创——新时代美丽乡村建设的实创者
天津轻工职业技术学院	第六届	铜奖	国内领先的基于自主研发MES系统的智能制造整体解决方案

续表

高校名称	批次	奖项	参赛项目
天津轻工职业技术学院	第六届	铜奖	亿家未来——新型的"互联网＋"鞋类洗护方案
天津铁道职业技术学院	第六届	铜奖	路安工具智能管家2.0
河北工业职业技术学院	第六届	铜奖	真空悬坊——未来金属新材料制备先行者
邢台职业技术学院	第六届	铜奖	"饰"事"裘"是——皮草饰品产业转型升级的领跑者
唐山工业职业技术学院	第六届	铜奖	伯莱智建——地下空陆异构预警救援一体化的智慧领航者
河北交通职业技术学院	第六届	铜奖	护"砼"工匠——桥梁延寿的保护神
山西药科职业学院	第六届	铜奖	致富虫——黄粉虫的综合开发与利用
山西机电职业技术学院	第六届	铜奖	大数据云森林防灾
临汾职业技术学院	第六届	铜奖	BreathingWall 绿化墙
内蒙古建筑职业技术学院	第六届	铜奖	举世瞩木——速生材活立木干燥及绿色改性技术
包头职业技术学院	第六届	铜奖	互联网＋机器视觉"让眼睛拥有标尺"
内蒙古机电职业技术学院	第六届	铜奖	光伏惠农——独立型光伏供电智能温室控制系统设计与改进
内蒙古机电职业技术学院	第六届	铜奖	消毒奇兵——做消毒行业的领跑者
锡林郭勒职业学院	第六届	铜奖	草原畜牧机械化——多项牧业机械设备的研发与推广
大连职业技术学院	第六届	铜奖	智能割草机器人——绿色护理专家
辽宁农业职业技术学院	第六届	铜奖	宝常农业——农资终端销售渠道创新领跑者
沈阳职业技术学院	第六届	铜奖	蚂蚁优创——东北地区领先的金属机器人 STEAM 教育创新者
辽宁机电职业技术学院	第六届	铜奖	诚云科技——安保掌上加密机装备领航者
长春汽车工业高等专科学校	第六届	铜奖	汽车服务智行管家
长春金融高等专科学校	第六届	铜奖	守农护地——有机农产品新生态领军者
黑龙江职业学院	第六届	铜奖	芝麻开门——低温萃取技术下芝麻的全产业链应用
哈尔滨职业技术学院	第六届	铜奖	铁轨表面（高速）加工及高光洁解决方案
黑龙江交通职业技术学院	第六届	铜奖	动车组专用测量尺

续表

高校名称	批次	奖项	参赛项目
上海出版印刷高等专科学校	第六届	铜奖	衣衣相链——打造绿色循环可持续的时尚产品模块化生产平台
上海科学技术职业学院	第六届	铜奖	小熊猫智能垃圾分类箱
南京工业职业技术大学	第六届	铜奖	基建鹰眼——全自动基建安全监测领跑者
苏州经贸职业技术学院	第六届	铜奖	拳击航母——中国拳击超级IP
扬州工业职业技术学院	第六届	铜奖	智紧王恒力防松螺母
浙江经济职业技术学院	第六届	铜奖	优宠智家——智能体验式宠物酒店引领者
安徽职业技术学院	第六届	铜奖	飞防智者——山林高效植保无人机系统
芜湖职业技术学院	第六届	铜奖	徽映云析——精准打击涉烟犯罪的数字网警
安徽交通职业技术学院	第六届	铜奖	捕风捉能——高速公路中央分隔带发电装置
合肥职业技术学院	第六届	铜奖	池之以衡——动力电池综合检测与优化开拓者
安徽电气工程职业技术学院	第六届	铜奖	慧演识风——重新定义风电场测风精准度
安徽财贸职业学院	第六届	铜奖	诺星科技——智能化场景一站式服务领跑者
安徽新闻出版职业技术学院	第六届	铜奖	梦小球——高品质青少年台球运动学院
福建船政交通职业学院	第六届	铜奖	船承
福建船政交通职业学院	第六届	铜奖	觅林寻宝
黎明职业大学	第六届	铜奖	极谱科技：国内领先珠宝鉴定手持式高光谱仪
福建水利电力职业技术学院	第六届	铜奖	重生——新能源汽车退役电池拆解再利用
湄洲湾职业技术学院	第六届	铜奖	格行科技——中国竞技机器人行业持续领跑者
湄洲湾职业技术学院	第六届	铜奖	闽粤第一城——打造研学小镇复合新业态
泉州幼儿师范高等专科学校	第六届	铜奖	海贝绘本馆——海丝文化推广者
闽江师范高等专科学校	第六届	铜奖	轮车碰撞防倒平衡装置
九江职业大学	第六届	铜奖	变泔为宝"天然生态链"黑水虻化解厨余垃圾新模式

续表

高校名称	批次	奖项	参赛项目
江西现代职业技术学院	第六届	铜奖	直播不"凡"妙不"可"言——凡可文化传媒
江西外语外贸职业学院	第六届	铜奖	杰"竹"先登
江西工业贸易职业技术学院	第六届	铜奖	杯中茶——匠心做好花式中国茶
江西卫生职业学院	第六届	铜奖	溢痰通
山东商业职业技术学院	第六届	铜奖	温泉县帝泊食品
潍坊职业学院	第六届	铜奖	泵站之眼——交互式智能预警监控系统
山东水利职业学院	第六届	铜奖	佳农米业
山东理工职业学院	第六届	铜奖	小滚动大乾坤——国内超耐用丝杠引领者
河南职业技术学院	第六届	铜奖	未来芯科技——基于精准控制的无人驾驶作业系统领跑者
黄河水利职业技术学院	第六届	铜奖	屋封天球
许昌职业技术学院	第六届	铜奖	开卷文化——新技术驱动下的传统文化教育开创者
许昌职业技术学院	第六届	铜奖	让智慧车驶向幸福路——基于5G和V2X的智能驾驶纯电动环卫车
济源职业技术学院	第六届	铜奖	泡乐多——大山里飞出的金泡泡
河南工业职业技术学院	第六届	铜奖	裸眼3D全息炫屏广告机——商业广告炫彩视觉开创者
河南经贸职业学院	第六届	铜奖	守艺人——守护洛阳传统手艺鉴证洛阳历史文明
河南经贸职业学院	第六届	铜奖	咿呦说——一秒让漫画变动画
武汉职业技术学院	第六届	铜奖	启点圈——社区数字化管理先行者
湖北职业技术学院	第六届	铜奖	基于资源整合的规模化现代农业生产基地
武汉电力职业技术学院	第六届	铜奖	翱翔银线，翼揽电网——特高压输变电巡检工程领航者
武汉工业职业技术学院	第六届	铜奖	星池文化——自媒体内容IP孵化MCN
湖南工业职业技术学院	第六届	铜奖	捉影布风——中央空调智能调控系统
湖南工业职业技术学院	第六届	铜奖	紫外线高精度室内物流导航系统
长沙航空职业技术学院	第六届	铜奖	微力把脉者——高精度微推力微冲量光电测量平台

续表

高校名称	批次	奖项	参赛项目
湖南铁道职业技术学院	第六届	铜奖	快速救援精准投送无人机
湖南生物机电职业技术学院	第六届	铜奖	农道——土地石漠化治理
湖南环境生物职业技术学院	第六届	铜奖	"犇鱻蠱"本草牛
湖南铁路科技职业技术学院	第六届	铜奖	智慧物联云网系统——用电安全守护者
湖南铁路科技职业技术学院	第六届	铜奖	灵犀智检——时刻守护机车"心"的运行安全
广西机电职业技术学院	第六届	铜奖	智"烘"科技——木材刨烘一体化模式的引领者
南宁职业技术学院	第六届	铜奖	新一代切削液——国内首创制造切削液新技术工艺服务商
桂林师范高等专科学校	第六届	铜奖	趣玩吧弦丝画手工材料包
广西交通职业技术学院	第六届	铜奖	"绿色、节能、环保"——可移动便捷智能喷漆系统
海南职业技术学院	第六届	铜奖	智慧溯源
三亚航空旅游职业学院	第六届	铜奖	快递自动存取机
三亚中瑞酒店管理职业学院	第六届	铜奖	海南抱罗粉航空食品配餐项目
重庆工业职业技术学院	第六届	铜奖	新砼科技——混凝土微生物修复先行者
四川工程职业技术学院	第六届	铜奖	宏新科技——丘陵山区农用多功能全地形车开创者
泸州职业技术学院	第六届	铜奖	火引智造——国内唯一航天火工品智能生产设备提供商
四川现代职业学院	第六届	铜奖	智造健康家
四川三河职业学院	第六届	铜奖	走进3D"新食代"——新型3D食品打印机研发及运用
成都工业职业技术学院	第六届	铜奖	安夹——高效地铁车门安全检测卫士
贵州交通职业技术学院	第六届	铜奖	月乡苗伊
贵州轻工职业技术学院	第六届	铜奖	金刺猬
贵州轻工职业技术学院	第六届	铜奖	"小菇大梦"——新鲜食用菌健康消费引领者
昆明冶金高等专科学校	第六届	铜奖	昆明纳科光热能源科技有限公司——太阳能纳米流体光热高效利用的驱动者

续表

高校名称	批次	奖项	参赛项目
云南林业职业技术学院	第六届	铜奖	森野虫研——云南省昆虫研学资源开发
云南医药健康职业学院	第六届	铜奖	蜜月传说
杨凌职业技术学院	第六届	铜奖	火龙鲜生
陕西国防工业职业技术学院	第六届	铜奖	点石成金——矿业废弃物高效利用的领航者
陕西铁路工程职业技术学院	第六届	铜奖	镁水泥抗水剂——镁水泥应用推广助力者
陕西艺术职业学院	第六届	铜奖	古调新声——戏曲现代化推广的践行者
甘肃畜牧工程职业技术学院	第六届	铜奖	铲筛激振式马铃薯振动挖掘机
甘肃畜牧工程职业技术学院	第六届	铜奖	"康乐森"生态鸡养殖与品牌推广
兰州现代职业学院	第六届	铜奖	抗击疫情安全签到系统平台
西宁城市职业技术学院	第六届	铜奖	基于IAP15F2K60S4的语音分类智能垃圾桶
宁夏职业技术学院	第六届	铜奖	村民致富"软黄金"——宁夏乳品深加工
宁夏职业技术学院	第六届	铜奖	双月农场——绿色生态养殖，精准扶贫"吃鸡"
宁夏建设职业技术学院	第六届	铜奖	青山绿隧——新型装配式地下支护工程成套解决方案
新疆农业职业技术学院	第六届	铜奖	悦马生鲜——绿色生鲜果品的传送站
新疆轻工职业技术学院	第六届	铜奖	破茧而出——艾德莱斯原创设计
新疆石河子职业技术学院	第六届	铜奖	智农物联——基于深度学习和LoRa无线传输技术的农业物联网生态系统
新疆石河子职业技术学院	第六届	铜奖	i车（爱车）
邢台职业技术学院	第六届	入围总决赛	一触即发——汽车发电装置的引领者
上海旅游高等专科学校	第六届	入围总决赛	HTMP易旅游代言者
上海工商职业技术学院	第六届	入围总决赛	上海丞联中医药科技有限公司
上海城建职业学院	第六届	入围总决赛	RuWork乡创云——打造国内首个双生态创业服务站

续表

高校名称	批次	奖项	参赛项目
上海中侨职业技术大学	第六届	入围总决赛	臻心果匠
江苏海事职业技术学院	第六届	入围总决赛	变废为宝——移动式建筑固废处理系统
南京铁道职业技术学院	第六届	入围总决赛	育林军——园林行业服务领军者
徐州工业职业技术学院	第六届	入围总决赛	德沃科技——海外整体传动方案解决专家
浙江经济职业技术学院	第六届	入围总决赛	豌豆直播——新零售电商产业服务商
浙江旅游职业学院	第六届	入围总决赛	蛋屋蛋世界
芜湖职业技术学院	第六届	入围总决赛	小淘共创工厂——大学生就创业一体化服务领航者
黎明职业大学	第六届	入围总决赛	工程塑料 ASA3D 打印材料
江西外语外贸职业学院	第六届	入围总决赛	不期而"浴"
山东水利职业学院	第六届	入围总决赛	氢生细宇——干细胞技术研究的领航者
黄河水利职业技术学院	第六届	入围总决赛	生态文明领航员——牧欧土壤固化剂道路施工点土成金
河南工业职业技术学院	第六届	入围总决赛	天空之眼——北斗高精度桥梁监测系统
广东水利电力职业技术学院	第六届	入围总决赛	智测科技——基坑云端智能检测服务开创者
深圳职业技术学院	第六届	入围总决赛	军中强"芯"——UHD75 编解码芯片
深圳信息职业技术学院	第六届	入围总决赛	海蓝之钥——清澄科技
广东文艺职业学院	第六届	入围总决赛	粤善随行——国家非遗·广州玉雕文创产品的先行者
广州铁路职业技术学院	第六届	入围总决赛	津津有味——高铁智能中央厨房设备系统集成开拓者

续表

高校名称	批次	奖项	参赛项目
广州城建职业学院	第六届	入围总决赛	蜜月人生——中国生命孕育健康管理引领者
重庆机电职业技术大学	第六届	入围总决赛	重新定义灭火器——全球首个商用级声波灭火器供应商
黄河水利职业技术学院	第七届	银奖	互联网＋破烂王
河南工业职业技术学院	第七届	银奖	乡村规划小飞侠——无人机智能实景三维建模设计
广西金融职业技术学院	第七届	银奖	叮当环保——您身边的智能垃圾分类护航者
浙江交通职业技术学院	第七届	铜奖	安全之盾——毫米波雷达智能监测与预警系统
金华职业技术学院	第七届	铜奖	富镧科技——国内首创抗辐射、耐老化、高韧性富镧记忆树脂新助剂
浙江经济职业技术学院	第七届	铜奖	鼎立"芯"助——致力于提供芯片检测智慧解决方案
丽水职业技术学院	第七届	铜奖	农业科技共富——山区耕地"非粮化"下的增收解决方案服务商
安徽职业技术学院	第七届	铜奖	浮生未凉原创传统服装
淮北职业技术学院	第七届	铜奖	"梦之路"可再生建筑材料——建筑废弃物的资源化利用
安徽商贸职业技术学院	第七届	铜奖	"诚石"徽州石雕——传统技艺与智能技术融合的引领者
河南职业技术学院	第七届	铜奖	超级玛丽——港口集装箱搬运专家
黄河水利职业技术学院	第七届	铜奖	启底路霸——筑路硬化材料行业引领者
湖南机电职业技术学院	第七届	铜奖	相"浮"相"承"——高速浮动轴承技术开拓者
湖南机电职业技术学院	第七届	铜奖	自行走焊接平台——高质量焊缝的守护者
广西农业职业技术大学	第七届	铜奖	桂车记东盟汽车拉力赛文化旅游领航者
海南科技职业大学	第七届	铜奖	野果千计划
重庆工程职业技术学院	第七届	铜奖	信创网盾——国内首家OTA信息安全解决方案
重庆工程职业技术学院	第七届	铜奖	桩有服——国内领先的标准化桩服务提供者

续表

高校名称	批次	奖项	参赛项目
重庆工程职业技术学院	第七届	铜奖	匠心独具——机器人夹具领跑者
重庆工程职业技术学院	第七届	铜奖	刚柔并进——国内首家隧道灌浆技术引领者
青海交通职业技术学院	第七届	铜奖	农产达——赋能式农业产业智慧平台
重庆机电职业技术大学	第七届	入围总决赛	守护天使——创造零风险的绝对安全领域
江苏农林职业技术学院	第七届	金奖	金色庄园——用小草建托起农民致富梦
深圳职业技术学院	第七届	金奖	乡味U选——致力于成为乡村产业振兴的领跑者
河北科技工程职业技术大学	第七届	银奖	净水益农
宁波卫生职业技术学院	第七届	银奖	爱撒无声——智慧康复助力1500万言语障碍儿童
安徽财贸职业学院	第七届	银奖	红印记——挖掘红色文化传承红色基因
江西师范高等专科学校	第七届	银奖	菌行军行——振兴乡村的排头兵
郑州铁路职业技术学院	第七届	银奖	万针千层——红色健康之履
襄阳职业技术学院	第七届	银奖	启慧阳光——鄂豫陕地区最大智力障碍儿童教育康复公益组织
西藏职业技术学院	第七届	银奖	阿玛的胸膛，雪域的依傍
西宁城市职业技术学院	第七届	银奖	青海小高陵红色旅游村落乡村振兴实践
宁夏工商职业技术学院	第七届	银奖	贺兰山之眼——智能监测助力生态振兴的守护者
天津市职业大学	第七届	铜奖	爱智邻——中国社区居家养老一站式服务
天津医学高等专科学校	第七届	铜奖	助力基层惠民益齿
河北科技工程职业技术大学	第七届	铜奖	核乐而不为——麻核桃产业一体化解决方案
唐山职业技术学院	第七届	铜奖	甜桃润心——大创精神引航护桃使者科技惠农筑梦乡村振兴
唐山工业职业技术学院	第七届	铜奖	同心协"栗"——国内板栗产业链振兴模式领航者
石家庄信息工程职业学院	第七届	铜奖	山路·心路·支教路——大学生创新支教公益项目
廊坊职业技术学院	第七届	铜奖	一薪多用，发"粪"图强——农牧废弃物多级循环利用助力乡村振兴

续表

高校名称	批次	奖项	参赛项目
包头职业技术学院	第七届	铜奖	北疆传茂——助力北疆黄茂生态种植产业化
上海工艺美术职业学院	第七届	铜奖	让妈妈回家——以非遗技艺帮助女性返乡就业
南京铁道职业技术学院	第七届	铜奖	亲邻里·青竹林——全国首创过渡型社区治理品牌
合肥职业技术学院	第七届	铜奖	茶展益农——助力"新农人"，助推茶产业
宣城职业技术学院	第七届	铜奖	爱心3030303——中国志愿服务活动的引领者
安徽机电职业技术学院	第七届	铜奖	院南小镇——打造土鸡产业链转型升级与乡村振兴新模式
安徽财贸职业学院	第七届	铜奖	乡村云账房
院西卫生职业学院	第七届	铜奖	青团公益——脑卒中预防及康复服务的践行者
福建农业职业技术学院	第七届	铜奖	展承红——拓展乌兔产业链助力乡村振兴
江西旅游商贸职业学院	第七届	铜奖	振兴之"鹿"——开辟农民长久致富新模式
江西电力职业技术学院	第七届	铜奖	宇航员——中国青年"朋辈互励"网络社区
江西外语外贸职业学院	第七届	铜奖	玲我瓷——助力景德镇陶瓷振兴的"富裕瓷"
江西生物科技职业学院	第七届	铜奖	女蛙娘娘——黑斑蛙稻田生态养殖引领乡村振兴
山东经贸职业学院	第七届	铜奖	桃不言——蜜桃产业振兴的赋能者
河南职业技术学院	第七届	铜奖	复原九千年前的华夏初音——贾湖骨笛公益守护者与传承者
漯河医学高等专科学校	第七届	铜奖	桂梗在田，心更甜
襄阳职业技术学院	第七届	铜奖	带美丽乡村上云路——打造一村一品网红村、助力乡村振兴
长沙民政职业技术学院	第七届	铜奖	"雷锋少年薪火计划"星城学雷锋志愿服务发展中心——青少年志愿服务公益活动提供商

续表

高校名称	批次	奖项	参赛项目
湖南生物机电职业技术学院	第七届	铜奖	"稻田+"：助力乡村振兴的好"稻"路
湖南铁路科技职业技术学院	第七届	铜奖	顶天栗地——锥栗"菌根化"育苗技术助力乡村振兴
广东农工商职业技术学院	第七届	铜奖	甜蜜蜜——颠覆传统凤梨产品的垦院金果
广东岭南职业技术学院	第七届	铜奖	萤光兴农——水果应季才好吃
海南经贸职业技术学院	第七届	铜奖	乡农振兴圈
重庆工业职业技术学院	第七届	铜奖	奉节党参
重庆水利电力职业技术学院	第七届	铜奖	黔椒香——助理贵州乡村致富新计划
重庆医药高等专科学校	第七届	铜奖	药回安全
成都农业科技职业学院	第七届	铜奖	公益为媒青春同行——筑构三州地区儿童健康成长的阶梯
黔东南民族职业技术学院	第七届	铜奖	"勿忘我"关爱乡村老人——践行初心使命，共筑幸福"老"家
黔南民族职业技术学院	第七届	铜奖	黔之翼无人机植保——黔地农作的"翼"份责
黔南民族职业技术学院	第七届	铜奖	联动"有爱"，创造"无碍"——农机维修及技术服务的公益先锋
杨凌职业技术学院	第七届	铜奖	"建"不胜收助振兴
西安航空职业技术学院	第七届	铜奖	"蒲公英"——个性化支教助力西藏教育发展
咸阳职业技术学院	第七届	铜奖	相伴成长共筑未来——三秦儿童"阳光计划"
宁夏职业技术学院	第七届	铜奖	向阳花绽放团——留守儿童关爱之家
宁夏工商职业技术学院	第七届	铜奖	云上绿源影视传媒
宁夏工商职业技术学院	第七届	铜奖	柿锦人家
宁夏警官职业学院	第七届	铜奖	警徽向党徽献礼：禁毒志愿服务团在行动
宁夏警官职业学院	第七届	铜奖	云端"六盘山红梅杏"体验式庄园
宁夏建设职业技术学院	第七届	铜奖	宁夏红——"实景三维"让宁夏更红的践行者
新疆农业职业技术学院	第七届	铜奖	麦麦提朋友——新疆色买提杏全产业兴农项目

续表

高校名称	批次	奖项	参赛项目
新疆农业职业技术学院	第七届	铜奖	护花始者
新疆农业职业技术学院	第七届	铜奖	暖疆行——助力乡村振兴
乌鲁木齐职业大学	第七届	铜奖	石榴花开，声润边疆
克拉玛依职业技术学院	第七届	铜奖	携手玛依姑娘——筑梦小拐乡的青春力量
襄阳职业技术学院	第七届	最具人气奖	郎牧羊——小单元马头山羊繁育推广
北京财贸职业学院	第七届	金奖	"逆行守护者"森林消防员应急逃生装置
河北石油职业技术大学	第七届	金奖	醒山环保——工业废水零排放专家
石家庄邮电职业技术学院	第七届	金奖	"汉锦梦"——喳喳织机进万家
南京工业职业技术大学	第七届	金奖	数字化柔性制造鞋底——4D打印可编程材料的应用
南京工业职业技术大学	第七届	金奖	智风——高性能风机散热设备先行者
常州信息职业技术学院	第七届	金奖	慧眼——刀具全生命周期管理专家
苏州经贸职业技术学院	第七届	金奖	拳击航母——中国拳击领航者
苏州经贸职业技术学院	第七届	金奖	全锐科技
无锡商业职业技术学院	第七届	金奖	超能鹿战队——中国外卖餐饮品牌缔造者
江苏航运职业技术学院	第七届	金奖	铁甲战衣——高端零件修复涂层
常州工程职业技术学院	第七届	金奖	"蜘蛛一号"小型智能焊接机器人
江苏农林职业技术学院	第七届	金奖	黄金财鳍——黑鱼产业转型升级的领跑者
江苏农林职业技术学院	第七届	金奖	草坪梦工厂
南京铁道职业技术学院	第七届	金奖	新心点灯——培养中国灯彩艺术国际传播先行者
南京铁道职业技术学院	第七届	金奖	轨道卫士，油润有度——基于物联网监控的分动外锁闭道岔智能油润装置
江苏信息职业技术学院	第七届	金奖	棕相青年——"一带一路"上的奋进者
扬州工业职业技术学院	第七届	金奖	改"革"创新做中国高端超纤革的引领者
扬州工业职业技术学院	第七届	金奖	智紧王——中国恒力防松螺母的开拓者
温州职业技术学院	第七届	金奖	研创科技——厘米级物联定位领航者
浙江交通职业技术学院	第七届	金奖	"柔芯"助造中国桥——桥梁施工抗裂技术引领者
江西环境工程职业学院	第七届	金奖	超茄科技——茄子种植模式颠覆者

续表

高校名称	批次	奖项	参赛项目
江西环境工程职业学院	第七届	金奖	芬清科技——现代养猪废水碧水工程引领者
江西应用技术职业学院	第七届	金奖	灭蚁先锋——白蚁智能监测灭杀服务的领航者
江西外语外贸职业学院	第七届	金奖	竹光伞色
江西外语外贸职业学院	第七届	金奖	乔制白青花小盏茶
济南职业学院	第七届	金奖	柔性驱动
济南职业学院	第七届	金奖	星辰数通
河南职业技术学院	第七届	金奖	蔓乐盗——中国领先的元宇宙国潮动漫IP服务商
黄河水利职业技术学院	第七届	金奖	阀密科技——高温高压阀门密封面技术革新引领者
襄阳职业技术学院	第七届	金奖	襄湘辣：种出红火的日子
广东轻工职业技术学院	第七届	金奖	环塑科技——终结不可降解一次性塑料餐具的先行者
广东轻工职业技术学院	第七届	金奖	"绿塑科技"——全生物可降解包材的领跑者
深圳职业技术学院	第七届	金奖	靶向抗栓脒——脑梗治疗的中国力量
深圳职业技术学院	第七届	金奖	环球优宠——全球智能宠物用品领导者
深圳职业技术学院	第七届	金奖	声微智测——开创声波智能诊断及故障预测新时代
广州城建职业学院	第七届	金奖	活影科技——品牌全球化字库定制供应商
广州卫生职业技术学院	第七届	金奖	抗疫方舟——致力"一带一路"经济复苏的践行者
广西建设职业技术学院	第七届	金奖	白色森林儿童美术
重庆电子工程职业学院	第七届	金奖	山光水膜——专注污水再生利用的稀土杂化高分子超滤膜
成都职业技术学院	第七届	金奖	小小弥雾机，大国工匠造
贵州交通职业技术学院	第七届	金奖	月乡苗伊——月亮山下加勉苗绣与牙舟陶的古艺新生
杨凌职业技术学院	第七届	金奖	臭味克星——高效微生物除臭技术专家

续表

高校名称	批次	奖项	参赛项目
西安航空职业技术学院	第七届	金奖	万邦农业——农为邦本，本固则邦宁
甘肃工业职业技术学院	第七届	金奖	"陇"韵非遗花语"绣"坊
新疆石河子职业技术学院	第七届	金奖	喜易——可折叠的双频供电洗衣机
天津市职业大学	第七届	银奖	城市掘锣王牌——锣离子筛
山西林业职业技术学院	第七届	银奖	视通导盲眼镜
太原旅游职业学院	第七届	银奖	心槐天下情系百家——大槐树下百家姓系列文创
内蒙古建筑职业技术学院	第七届	银奖	虚怀若古——国内领先的古建筑修缮一体化解决方案提供商
包头职业技术学院	第七届	银奖	新材万象——全球稀土抑菌称料开拓者
包头职业技术学院	第七届	银奖	精睿视觉——基于机器视觉的机械零部件检测系统
内蒙古商贸职业学院	第七届	银奖	油缘相聚——打造中国亚麻籽油第一品牌
长春汽车工业高等专科学校	第七届	银奖	榷港天瞰
白城医学高等专科学校	第七届	银奖	支为你——手术室脚支架领航者
黑龙江农业经济职业学院	第七届	银奖	利民本草——北药生态产业引领者
黑龙江冰雪体育职业学院	第七届	银奖	ESKI——滑雪技术监测器
上海工艺美术职业学院	第七届	银奖	星火匠心
上海工艺美术职业学院	第七届	银奖	称里藏金——世界顶级称金融合工艺传承艺术品供应商
南京工业职业技术大学	第七届	银奖	弈赫节能——领先的综合能源方案服务商
无锡职业技术学院	第七届	银奖	聚芯神匠——新能源电池单体均衡控制系统（BMS）
无锡商业职业技术学院	第七届	银奖	百变空间——中国钢结构建筑集成服务引领者
苏州农业职业技术学院	第七届	银奖	优双翼——农业精准灌溉微喷带
南京科技职业学院	第七届	银奖	"粕"在眉礁——HP070S 改性芳纶浆粕
常州工业职业技术学院	第七届	银奖	突飞科技——高精准便携式线束端子检测仪
江苏农林职业技术学院	第七届	银奖	西红柿首富

高校名称	批次	奖项	参赛项目
南京铁道职业技术学院	第七届	银奖	绿色匠心——园林行业服务领军者
南京信息职业技术学院	第七届	银奖	千村千品——多品类地标产品零售商
常州机电职业技术学院	第七届	银奖	神机秒算——工业机器人集成创新及智能运维服务商
常州机电职业技术学院	第七届	银奖	"池"聘千里——新能源汽车动力电池管理系统开拓者
金华职业技术学院	第七届	银奖	喜果——中国无花果第一品牌
金华职业技术学院	第七届	银奖	推"陈"出新——国内首创中药微生物陈化技术
衢州职业技术学院	第七届	银奖	白鹤东南"非"——最懂非洲的研产销一体日化行业新星
义乌工商职业技术学院	第七届	银奖	百凝茉香，与茶相恋——年销售额超3亿的茉莉花茶领导品牌
浙江纺织服装职业技术学院	第七届	银奖	电纺科技：柔性织物电极锻造体联网时代的"中国芯"
温州科技职业学院	第七届	银奖	"样"样精彩——特色田园综合体"EPC+O&M"模式的领航者
合肥职业技术学院	第七届	银奖	安循科技——国内首家退役动力电池检测设备提供商
宣城职业技术学院	第七届	银奖	节能降耗急先锋——脱硫脱硝离心泵的创新研发与应用
安徽财贸职业学院	第七届	银奖	精准检测，做汽车检测领域产业化发展领跑者
福建船政交通职业学院	第七届	银奖	河卫士——中国河流数字信息服务提供商
黎明职业大学	第七届	银奖	光影大师——基于AI识别比对技术的智能影像修复与升级系统
黎明职业大学	第七届	银奖	抒研科技——基于AI识别的速检系统先行者
江西环境工程职业学院	第七届	银奖	鹅鹅鹅——让吮咪卤鹅成为非物质文化遗产的百年老字号
江西交通职业技术学院	第七届	银奖	"顶力箱助"——预制构件静载检测机器人
江西机电职业技术学院	第七届	银奖	拨云见日——光伏电站智能运维先行者

续表

高校名称	批次	奖项	参赛项目
江西师范高等专科学校	第七届	银奖	酥香门第——开创膳食桃酥，复兴中式糕点
潍坊职业学院	第七届	银奖	净化大师——全新工业级油雾治理服务领航者
山东水利职业学院	第七届	银奖	孔府印阁——手工繁刻治印技艺的传承者
山东畜牧兽医职业学院	第七届	银奖	滞苔多糖——畜禽无抗饲料添加剂颠覆者
河南职业技术学院	第七届	银奖	小集优选——壹站式生鲜供应服务商
郑州铁路职业技术学院	第七届	银奖	高铁电管家
襄阳职业技术学院	第七届	银奖	郎牧羊——小单元马头山羊繁育推广
长沙航空职业技术学院	第七届	银奖	风电、水电机组螺栓安全守护者——"端+云"高强度螺栓智能监测系统
湖南生物机电职业技术学院	第七届	银奖	微藻异养——工业化生产微藻的解决方案
顺德职业技术学院	第七届	银奖	微藻渔塘——国内领先的鱼藻共生水循环解决方案
顺德职业技术学院	第七届	银奖	蛏杰——中国刺身生蛏的领导者
深圳职业技术学院	第七届	银奖	艾肺——肺炎支原体快速定量检测专家
广东农工商职业技术学院	第七届	银奖	芯赋能——国内超高频 RFID 标签识别技术领航者
深圳信息职业技术学院	第七届	银奖	"致净"激光抛光装备——铝合金加工利器
深圳信息职业技术学院	第七届	银奖	吸油宝——新型三维仿生吸油材料
中山火炬职业技术学院	第七届	银奖	中安云服——中国周界安防智能诊断技术领军者
广州铁路职业技术学院	第七届	银奖	钢铁战衣——硬质耐磨涂层引领者
广州铁路职业技术学院	第七届	银奖	优耐簧——高铁扭簧增材制造的中国突破者
广州城建职业学院	第七届	银奖	精通匠造——中国建筑产业工人培训第一品牌
广西水利电力职业技术学院	第七届	银奖	水压助力如厕辅助起身座椅
柳州职业技术学院	第七届	银奖	焊匠——一站式工业机器人焊接引领者
柳州职业技术学院	第七届	银奖	跃展香蕉——香蕉科技产业振兴者
海南经贸职业技术学院	第七届	银奖	融媒课工坊

续表

高校名称	批次	奖项	参赛项目
海南经贸职业技术学院	第七届	银奖	俩琅文化——区域人文IP创新淬炼与传播
重庆工业职业技术学院	第七届	银奖	夜游神——全球沉浸式互动光影乐园引领者
重庆工业职业技术学院	第七届	银奖	中华慧眼——汽车行业顶级5G机器视觉焊点飞溅控制系统
重庆工贸职业技术学院	第七届	银奖	向科技要警力，用数据强战力——公共安全时空大数据解决方案
重庆电子工程职业学院	第七届	银奖	余空小火箭——航天强国梦想的助推器
重庆电子工程职业学院	第七届	银奖	云控千里——国内领先的发电机组安全智能管家
重庆工程职业技术学院	第七届	银奖	智在臂得机械臂末端执行器领航者
重庆工程职业技术学院	第七届	银奖	火眼金睛中国信创产业安全领域零信任破壁者
重庆水利电力职业技术学院	第七届	银奖	灭火卫士——国内首创智能低频声波灭火器
重庆水利电力职业技术学院	第七届	银奖	金豆豆食品——创新供应链整体托管运营，助力品牌突破式连锁发展
重庆财经职业学院	第七届	银奖	沐心——老年人一站式助浴服务助力社会治理
重庆能源职业学院	第七届	银奖	梯控物联——电梯后市场智慧服务生态圈开创者
重庆能源职业学院	第七届	银奖	合约锁——全国首创原笔迹生物特征电子签名平台
成都纺织高等专科学校	第七届	银奖	主题民宿家——让天下民宿，独宿一致
贵州电子科技职业学院	第七届	银奖	毒来毒往
西藏职业技术学院	第七届	银奖	雪域珍品——源于世界屋脊的纯天然神秘馈赠
西藏职业技术学院	第七届	银奖	吉丹蓄德——高原智慧有机农业的先行者
陕西国防工业职业技术学院	第七届	银奖	盾安科技——5G基站电磁屏蔽防护引领者
陕西铁路工程职业技术学院	第七届	银奖	"遇塑而达"——一种高性能建筑塑料模板
陕西铁路工程职业技术学院	第七届	银奖	固化先锋——地铁渣土固废利用领航者

续表

高校名称	批次	奖项	参赛项目
咸阳职业技术学院	第七届	银奖	泰县智慧水务——水厂数字化转型专家
甘肃畜牧工程职业技术学院	第七届	银奖	"播"大精深——智能农业机械先行者
西宁城市职业技术学院	第七届	银奖	厕指—— 一款基于非接触式指纹识别的厕机
西宁城市职业技术学院	第七届	银奖	"智造"方便——厕所革命视域下公厕小便器智慧化管理的领跑者
宁夏职业技术学院	第七届	银奖	追牧人——智慧牧场种养一体化生态养殖模式领跑者
宁夏工商职业技术学院	第七届	银奖	智空科技——全频段技术标准引领无人机防控的首倡者
新疆农业职业技术学院	第七届	银奖	优蒜有你
新疆农业职业技术学院	第七届	银奖	节源开流，水润九州——智能灌溉控制系统，赋能新疆大田农业
新疆石河子职业技术学院	第七届	银奖	哈萨克非遗手工艺品阿帕的手艺之黑肥皂
北京工业职业技术学院	第七届	铜奖	"飞檐走壁蜘蛛侠"——超级爬壁机器人
北京电子科技职业学院	第七届	铜奖	新球战疫：PCR核酸检测试剂新型冻干微球
北京经济管理职业学院	第七届	铜奖	万腾艺创——新时代美丽乡村建设的践行者
北京经济管理职业学院	第七届	铜奖	粤蒙粗粮——内蒙古哲里木地区农产品新地标开创者
北京经济管理职业学院	第七届	铜奖	镜月轩——打造中国的"皮克斯"
天津市职业大学	第七届	铜奖	守护厨房洁净、践行垃圾分类新时尚
天津市职业大学	第七届	铜奖	基于电磁场数据库远程智能控制的卤虫卵孵化系统
天津滨海职业学院	第七届	铜奖	交通"生命线"，桥梁检测专家——基于探地雷达的无人机桥梁探测系统
天津渤海职业技术学院	第七届	铜奖	Smart Room 慧室
天津电子信息职业技术学院	第七届	铜奖	壹壹科技——三维数字化"智造"综合解决方案
天津电子信息职业技术	第七届	铜奖	恭学网校——打造在线教育领先品
天津机电职业技术学院	第七届	铜奖	芯远控——电气预警国内领航者

续表

高校名称	批次	奖项	参赛项目
天津轻工职业技术学院	第七届	铜奖	溯——古瓷首饰设计与工艺
天津交通职业学院	第七届	铜奖	"金凤凰"——支撑中国轨道交通发展的脊梁
天津铁道职业技术学院	第七届	铜奖	智教·启乘
天津铁道职业技术学院	第七届	铜奖	AI信号工
天津铁道职业技术学院	第七届	铜奖	"火眼金睛"——铁路信号微机监测曲线智能分析系统
河北工业职业技术大学	第七届	铜奖	粉体注射成型仪——未来高精密微型零部件制备领跑者
河北工业职业技术大学	第七届	铜奖	电教易通——全过程智能电动教练汽车引领者
河北科技工程职业技术大学	第七届	铜奖	内外夹击——中国阀门智能工装夹具一站式解决方案引领者
河北科技工程职业技术大学	第七届	铜奖	风云速变
河北科技工程职业技术大学	第七届	铜奖	网眼——AI视界
石家庄铁路职业技术学院	第七届	铜奖	智慧"视界"——MR混合现实轨道交通车辆检修系统引领者
河北艺术职业学院	第七届	铜奖	顾之音二胡教学平台整体解决方案
河北交通职业技术学院	第七届	铜奖	强"浆"护"於"——开创混凝土桥梁加固的新纪元
河北交通职业技术学院	第七届	铜奖	乘车保：车载生命探测预警脱险引领者
河北化工医药职业技术学院	第七届	铜奖	以"媒"振乡：一体化新媒体服务乡村振兴的企业陪跑者
河北化工医药职业技术学院	第七届	铜奖	加剂净气——一种新型火电厂烟气脱硫增效剂
石家庄邮电职业技术学院	第七届	铜奖	拂手智能分拣——打造中国区县级智能分拣领航者
宣化科技职业学院	第七届	铜奖	音你而美——母婴音乐治疗的开拓者
山西林业职业技术学院	第七届	铜奖	"天眼+AI"让动物调查智能化
临汾职业技术学院	第七届	铜奖	致橡树——扎根足下热土，建设生态文明乡村

续表

高校名称	批次	奖项	参赛项目
山西铁道职业技术学院	第七届	铜奖	火眼金睛——全国领先的高炉机炮智能测控
山西工程职业学院	第七届	铜奖	三晋菌草——菌草生态工程技术研发与应用
山西工程职业学院	第七届	铜奖	抗水抗张纸张的研发与应用
山西工程职业学院	第七届	铜奖	虫振旗鼓——致富黄粉虫养殖新篇章
内蒙古建筑职业技术学院	第七届	铜奖	板式换热器物理除垢
内蒙古建筑职业技术学院	第七届	铜奖	绿望城镇污水处理专家
包头职业技术学院	第七届	铜奖	"追风者"——PLC控制风电机组液压变桨距系统
包头轻工职业技术学院	第七届	铜奖	数据神游——国家公共卫生老年人辅助体检系统
内蒙古电子信息职业技术学院	第七届	铜奖	团客触碰名片
内蒙古机电职业技术学院	第七届	铜奖	"御"见机域——超长滞空航空测绘多领域无人机开拓者
内蒙古机电职业技术学院	第七届	铜奖	风泽游牧——便携风力发电装置领跑者
内蒙古商贸职业学院	第七届	铜奖	"椒"傲自大——产业化育苗的定义者
锡林郭勒职业学院	第七届	铜奖	鼻清气爽——过敏性鼻炎茶疗引领者
锡林郭勒职业学院	第七届	铜奖	蒙源生态——中(蒙)药种苗繁育技术研发与推广实践者
大连职业技术学院	第七届	铜奖	汽车制冷贴膜
大连职业技术学院	第七届	铜奖	锐豪科技——打造模拟家装新体验
大连职业技术学院	第七届	铜奖	智电自动割草机
辽宁农业职业技术学院	第七届	铜奖	立宁牧业——国内首创西门塔尔母牛繁殖与培育的引领者
辽宁农业职业技术学院	第七届	铜奖	惠心兰海——养一方幽兰惠一方百姓
辽宁农业职业技术学院	第七届	铜奖	朋朋犬业——警犬驯导行业的引领者宠物犬驯导行业标准的缔造者
辽宁省交通高等专科学校	第七届	铜奖	轨道"破冰"专家——接触网复合除冰设备

续表

高校名称	批次	奖项	参赛项目
辽宁装备制造职业技术学院	第七届	铜奖	两只老虎——带你进入全新的媒体联结时代
辽宁装备制造职业技术学院	第七届	铜奖	云之道网络——为互联网企业提供源码私有化部署
辽宁装备制造职业技术学院	第七届	铜奖	华冶新材料制备——高真空非自耗电弧熔炼设备
辽宁铁道职业技术学院	第七届	铜奖	糯团青仓工作室
辽宁医药职业学院	第七届	铜奖	药引潮流
辽宁医药职业学院	第七届	铜奖	肝蛹康
辽宁轻工职业学院	第七届	铜奖	"利民惠农情系民生"板蓝根种销一体化项目
长春汽车工业高等专科学校	第七届	铜奖	刀克特——数控切削刀具智能监测专家
长春汽车工业高等专科学校	第七届	铜奖	领智工艺装备——柔性制造系统集成专家
长春金融高等专科学校	第七届	铜奖	秸能环筷子——一种植物高分子与秸秆复合材料可降解餐具
长春金融高等专科学校	第七届	铜奖	守农护地——农业有机生产供应链整合新生态
吉林电子信息职业技术学院	第七届	铜奖	智强科技——国内首创的变频脉冲电液磨料射流数控机床
长春职业技术学院	第七届	铜奖	泽望教育
黑龙江职业学院	第七届	铜奖	自跟随垃圾清洁车——清洁道路的美容师
黑龙江建筑职业技术学院	第七届	铜奖	基于BIM技术的可拆解装配式建筑模型
黑龙江农业工程职业学院	第七届	铜奖	多功能智慧清理装置
黑龙江农垦职业学院	第七届	铜奖	魔术手互联网新媒体企业联合推广
哈尔滨铁道职业技术学院	第七届	铜奖	"熊爪破冰"——基于智能感应技术的新型城市路面除冰机
黑龙江农业经济职业学院	第七届	铜奖	科技兴瓜——走向世界的兰岗瓜产业
哈尔滨职业技术学院	第七届	铜奖	期顾设计——适老化活动桌椅市场开创者
黑龙江生物科技职业学院	第七届	铜奖	龙生教装——微型液体制剂配液系统
黑龙江生物科技职业学院	第七届	铜奖	FAST溶液速配助手
上海中侨职业技术大学	第七届	铜奖	金山农民画文创设计——Z时代乡村振兴的奋斗者

续表

高校名称	批次	奖项	参赛项目
上海工商职业技术学院	第七届	铜奖	黔之驴：中国全程化驴产业链突破者
上海出版印刷高等专科学校	第七届	铜奖	变"沸"为宝——开创印刷废水净化新纪元
上海城建职业学院	第七届	铜奖	RuWork 乡创云——中国首个"乡野硅谷"的提案者
上海电子信息职业技术学院	第七届	铜奖	ESE 异色科技——专业工学教具开拓者
上海思博职业技术学院	第七届	铜奖	库兹马世家
上海科学技术职业学院	第七届	铜奖	LC 节能板——智能生态屋顶建设者
上海农林职业技术学院	第七届	铜奖	Q 宠乐——犬猫关节病、泌尿疾病营养饲喂解决方案
上海民航职业技术学院	第七届	铜奖	"Geckos"——航空器顶部蒙皮探检机器车
江苏工程职业技术学院	第七届	铜奖	精控分毫——北斗高精度卫星测控系统
常州信息职业技术学院	第七届	铜奖	光影——户外照明智慧控制专家
江苏海事职业技术学院	第七届	铜奖	智焊大师——握在手心里的焊接机器人
南京信息职业技术学院	第七届	铜奖	美玩趣动——中华传统文化 IP 精准化运营领跑者
扬州工业职业技术学院	第七届	铜奖	冰溃神速——高压线缆破冰先锋
扬州工业职业技术学院	第七届	铜奖	流沙科技——赋能直播基地的领导者
宁波职业技术学院	第七届	铜奖	纤回新生——废旧化纤材料创新改性应用
金华职业技术学院	第七届	铜奖	百变"摩"换——国内首个摩擦片生产设备自动化升级方案
浙江机电职业技术学院	第七届	铜奖	逸享科技——智能可爬楼梯清洁设备研发与产业化先行者
浙江经济职业技术学院	第七届	铜奖	酣来耳机——软硬内容一体助眠概念首创者
浙江旅游职业学院	第七届	铜奖	旅邦科技——中小旅行社数字化革新引领者
义乌工商职业技术学院	第七届	铜奖	敲糖帮——红糖国家级非遗的传承与创新者
安徽职业技术学院	第七届	铜奖	基于物联网生态——一生万物，万物归一
芜湖职业技术学院	第七届	铜奖	徽映云析——精确打击涉烟犯罪的数字网警

续表

高校名称	批次	奖项	参赛项目
芜湖职业技术学院	第七届	铜奖	星火燎原，壹玖贰零
安徽商贸职业技术学院	第七届	铜奖	熟知——便携式水果成熟度无损检测仪
安徽商贸职业技术学院	第七届	铜奖	秘境锡兰——全球高标准精切彩色宝石供应商
安徽医学高等专科学校	第七届	铜奖	光明行动——精准数据驱动的近视防控智慧系统
合肥职业技术学院	第七届	铜奖	以雷露击碎黑暗——基于多模态感知与霍尔元件电流检测的智慧安防系统
合肥职业技术学院	第七届	铜奖	"红土地"上的牧羊人——生态养殖农创电商新模式推动乡村振兴
滁州职业技术学院	第七届	铜奖	城市绿衣——速生式无土基质草毯引领者
安徽电气工程职业技术学院	第七届	铜奖	速捷云控——压板校验仪
安徽机电职业技术学院	第七届	铜奖	无"屑"可积——先进制造清屑AI机器人
安徽国防科技职业学院	第七届	铜奖	"温"文尔雅，"湿"意盎然——智能网联汽车温湿度控制系统
安徽财贸职业学院	第七届	铜奖	"心"新葡萄——培育中国鲜食葡萄新品种
安徽财贸职业学院	第七届	铜奖	瑞经堂——您的健康之家
安徽新闻出版职业技术学院	第七届	铜奖	铭匠柳编——传统非遗技艺传承者
院西卫生职业学院	第七届	铜奖	髓治臼安——髋关节的拯救者
院西卫生职业学院	第七届	铜奖	左膀右臂——新型铰链组合式肩峰锁骨解剖板
福建船政交通职业学院	第七届	铜奖	激光晶体保护神——全国首创激光晶体保护材料
福建船政交通职业学院	第七届	铜奖	以"退"为"劲"——退役动力电池梯次综合应用服务商
黎明职业大学	第七届	铜奖	船载卫星通信系统
福州职业技术学院	第七届	铜奖	精刻蛋雕——无声世界有梦人生
福建信息职业技术学院	第七届	铜奖	"植物曙光"为植物生长提供智能解决方案
福建信息职业技术学院	第七届	铜奖	光明农韵——智能频振式太阳能杀虫灯革新者
福建水利电力职业技术学院	第七届	铜奖	e配电

续表

高校名称	批次	奖项	参赛项目
厦门海洋职业技术学院	第七届	铜奖	智慧渔业"全国首创无人化水产养殖管理系统"
厦门海洋职业技术学院	第七届	铜奖	小黄帽——全国首创多层水质在线监测仪
厦门海洋职业技术学院	第七届	铜奖	养生糖——全国氨基含量最高的壳寡糖
福建农业职业技术学院	第七届	铜奖	心有灵嘶
湄洲湾职业技术学院	第七届	铜奖	"纸"有乾坤——打造纸吸管行业领航者
湄洲湾职业技术学院	第七届	铜奖	国胎民安——中国高性能全钢巨胎引领者
湄洲湾职业技术学院	第七届	铜奖	一乐研学——一站式研学旅行服务专家
福建生物工程职业技术学院	第七届	铜奖	一叶芳华——蓝靛果叶休闲养颜食品革新者
九江职业技术学院	第七届	铜奖	新视界——智慧玻璃光电屏
江西交通职业技术学院	第七届	铜奖	"能拔"——锚杆拉拔黑科技产品
江西交通职业技术学院	第七届	铜奖	桥索蜘蛛侠——缆索智能检测专家
江西现代职业技术学院	第七届	铜奖	硒锌育粮——专注绿色有机水稻种植
江西外语外贸职业学院	第七届	铜奖	心"慢"意"煮"
宜春职业技术学院	第七届	铜奖	老有所"依"——居家康养服务践行者
宜春职业技术学院	第七届	铜奖	麻匠——非遗苎麻文化推广者
宜春职业技术学院	第七届	铜奖	夯玖百年好合
江西生物科技职业学院	第七届	铜奖	骥森农业——百姓身边的安全营养蛋
江西生物科技职业学院	第七届	铜奖	宠护有们——急重症患宠专业健康管理守卫者
江西卫生职业学院	第七届	铜奖	AI髓芯——骨髓细胞病理诊断系统
江西师范高等专科学校	第七届	铜奖	方圆变换，精于5G——精密技术在5G光通产品的应用
江西师范高等专科学校	第七届	铜奖	稻继轩新南昌拌粉
威海职业学院	第七届	铜奖	匠新智维——智能化造船设备安全生产保障方案提供商
潍坊职业学院	第七届	铜奖	点石成金——大理石锯泥高附加值处理利用的开创者
山东水利职业学院	第七届	铜奖	氢生细宇——致力于干细胞存储技术
山东畜牧兽医职业学院	第七届	铜奖	宠物鼠电商打造宠物界新蓝海

续表

高校名称	批次	奖项	参赛项目
淄博职业学院	第七届	铜奖	六五 AI 绘画——国内人工智能绘画系统开创者
青岛酒店管理职业技术学院	第七届	铜奖	军旅融通：盘活军产资源打造青岛首家海军主题酒店
青岛酒店管理职业技术学院	第七届	铜奖	"鱼"你有约——中国高档观赏鱼行业赋能者
济南职业学院	第七届	铜奖	山创普惠——基于人工智能技术的创客教育普惠解决方案
泰山职业技术学院	第七届	铜奖	WISDoM 分布式电控智能维护终端
烟台汽车工程职业学院	第七届	铜奖	万顺达信息科技——软件安全的护航专家
山东理工职业学院	第七届	铜奖	小葫芦大乾坤——文玩葫芦种植和加工技艺传承与创新
河南职业技术学院	第七届	铜奖	益农乐·智能农机——基于智能化改造的现代农机领航者
三门峡职业技术学院	第七届	铜奖	即塑——国内造型设计领域纤维基制作材料开拓者
三门峡职业技术学院	第七届	铜奖	千里眼——智能巡检系统
郑州铁路职业技术学院	第七届	铜奖	钢轨在线医生——基于 AI 的铁路轨道健康动态检测系统
濮阳职业技术学院	第七届	铜奖	河南新封金银花——助力乡村振兴的奋斗者
郑州电力高等专科学校	第七届	铜奖	钢轨"CT"探伤机器人——全球首创智慧铁路安全云
郑州电力高等专科学校	第七届	铜奖	秒供电——国内首创 5G 配电系统智慧云管家
黄河水利职业技术学院	第七届	铜奖	玫玫以球——结构球体先进制造装备提供者
黄河水利职业技术学院	第七届	铜奖	中淮桩测——国内首创多管分布式抗浮桩检测设备提供商
许昌职业技术学院	第七届	铜奖	柿柿如意
许昌职业技术学院	第七届	铜奖	"梦潮花"三国剧场
焦作师范高等专科学校	第七届	铜奖	泥火柔情——绞胎艺术陶瓷技艺传承创新，助力豫西北地区乡村振兴

续表

高校名称	批次	奖项	参赛项目
郑州信息科技职业学院	第七届	铜奖	飞晨电商——运动健康国货跨境电商先锋
河南经贸职业学院	第七届	铜奖	精"芯"传音——基于多形态非线性蓝牙降噪技术的扩声生态
河南经贸职业学院	第七届	铜奖	窑变大师——钧瓷窑变技术智能可控的开创者
河南经贸职业学院	第七届	铜奖	啼吻说——让人人打造自己的动漫IP
河南农业职业学院	第七届	铜奖	猫匠——稀有英短血统再造者，猫咪关爱守护专家
开封文化艺术职业学院	第七届	铜奖	宋式美学的国货复兴——《宋物集》文创品牌创业计划
河南推拿职业学院	第七届	铜奖	寻路者——视障人士独立出行好伴侣
武汉职业技术学院	第七届	铜奖	雅恩科博——光电缆复合阻水材料专家
湖北工业职业技术学院	第七届	铜奖	万物皆可漆——复兴生漆产业，助力乡村振兴
武汉城市职业学院	第七届	铜奖	开辉科技：双脉冲增程式静电发生器
武汉城市职业学院	第七届	铜奖	龙卷风——致力于民族品牌价值提升的新媒体运营专家
武汉城市职业学院	第七届	铜奖	"水到药成"智能配药机器人——精准专业，守护健康
武汉船舶职业技术学院	第七届	铜奖	十农九收——甘薯地标红安荟全产业链综合服务平台
襄阳职业技术学院	第七届	铜奖	"优行"智能仿生爬梯型多功能轮椅——专注老人出行服务
湖北交通职业技术学院	第七届	铜奖	飞盒
武汉铁路职业技术学院	第七届	铜奖	基于物联网的便携式智能化车钩检测装置
武汉软件工程职业学院	第七届	铜奖	精密超薄压延铜箔生产技术应用及其产业化
武汉软件工程职业学院	第七届	铜奖	独家键客
武汉电力职业技术学院	第七届	铜奖	智联云桩——科技赋能充电桩第三方运维
湖北城市建设职业技术学院	第七届	铜奖	匠心造艺——从工匠到创业英雄
咸宁职业技术学院	第七届	铜奖	草药喂养，致富好鸡——咸宁百草鸡的乡村振兴之路

高校名称	批次	奖项	参赛项目
咸宁职业技术学院	第七届	铜奖	振兴"梨"量——九宫山下砂梨姑娘的"闯"业故事
长江工程职业技术学院	第七届	铜奖	安时净多功能智能清洗机——洗衣洗鞋一体化设计
湖北科技职业学院	第七届	铜奖	天下无"贼"——基于太赫Ü技术的全球邮件侦测系统领航员
湖南交通职业技术学院	第七届	铜奖	路桥隧坡智能防灾感知系统
长沙商贸旅游职业技术学院	第七届	铜奖	益生"菌"——科技助农的砥砺践行者
长沙商贸旅游职业技术学院	第七届	铜奖	守艺人擂茶——舌尖上的非遗文化
湖南环境生物职业技术学院	第七届	铜奖	天然生物表面活性剂——化工表面活性剂的挑战者
湖南环境生物职业技术学院	第七届	铜奖	"静世界"——高强度木塑吸隔声材料开拓者
湖南环境生物职业技术学院	第七届	铜奖	除酪卫士——中草药立体除酪开拓者
湘潭医卫职业技术学院	第七届	铜奖	百安宁心——百合皂诗的提取与产业化
湖南机电职业技术学院	第七届	铜奖	噪无忧——高铁动车组高强度"铝"型新材
湖南机电职业技术学院	第七届	铜奖	农之友——丘陵山区收获机械逐梦乡村振兴
湖南机电职业技术学院	第七届	铜奖	爆卫者——散装炸药输送减阻器
怀化职业技术学院	第七届	铜奖	药济民兴——推动中草药产业发展，助力新农村全面振兴
怀化职业技术学院	第七届	铜奖	光电杀手·新型杀虫神器——为农富民强保驾护航
湖南现代物流职业技术学院	第七届	铜奖	舞动智芯——体育舞蹈智能化生态开创者
湖南铁路科技职业技术学院	第七届	铜奖	电力机车变压器智能诊断预警系统——已守护中欧班列10000小时
湖南三一工业职业技术学院	第七届	铜奖	汽车线束智能检测平台——汽车的内科医生
湖南劳动人事职业学院	第七届	铜奖	品牌助乡村振兴，聚力圆百年梦想——"红小方"湖南麻阳富硒古法红糖项目

续表

高校名称	批次	奖项	参赛项目
顺德职业技术学院	第七届	铜奖	卡贝斯——新需求下多维复合现代快餐品牌的开创运营者
广东轻工职业技术学院	第七届	铜奖	云购——全球流量达 Top60 跨境电商独立站
广州番禺职业技术学院	第七届	铜奖	威云税康——中小企业税务健康小管家
广东职业技术学院	第七届	铜奖	匠心"纱"场——"筒纱绸"开拓香云纱非遗产业新时代
广东职业技术学院	第七届	铜奖	贴心宝——全球首款微流控技术护理产品
中山火炬职业技术学院	第七届	铜奖	精图通算——洞见商机,为复杂的大数据画像
广州南洋理工职业学院	第七届	铜奖	钻探卫士——石油钻井循环系统安全守护者
广州南洋理工职业学院	第七届	铜奖	云鸽科技——无人机农业飞防服务专家
广东科贸职业学院	第七届	铜奖	汪达——宠物新生态的引领者
广州城建职业学院	第七届	铜奖	邻里农园——水果无人零售的领军者
广西机电职业技术学院	第七届	铜奖	智"烘"科技——打造智能高端烘干设备品牌,助力木材加工产业转型升级
南宁职业技术学院	第七届	铜奖	新一代金属加工切削液
柳州职业技术学院	第七届	铜奖	新疆尼雅:国家非物质文化遗产"艾特莱斯"传承和创新
广西交通职业技术学院	第七届	铜奖	地铁线路的革命——高分子合成轨枕
广西工业职业技术学院	第七届	铜奖	降噪科技——追求声音品质引领者
柳州铁道职业技术学院	第七届	铜奖	实汇制造——米粉自动化生产设备产业领航者
广西电力职业技术学院	第七届	铜奖	蚕燃一新——智能蚕茧烤房
广西电力职业技术学院	第七届	铜奖	智慧 Twins——基于北斗时空信息平台的数字李生云服务
柳州城市职业学院	第七届	铜奖	冲泡新煮意,嗦粉真便利!城之螺食品科技,做大学生自己的螺蛳粉
广西理工职业技术学院	第七届	铜奖	水垢处理专家——多场景智能除垢防垢系统

续表

高校名称	批次	奖项	参赛项目
广西理工职业技术学院	第七届	铜奖	新型自修复绿色建材领先者——微生物诱导自修复超轻泡沫混凝土
广西卫生职业技术学院	第七届	铜奖	飞灵兽——DIY 手绘国朝服饰第一品牌
海南职业技术学院	第七届	铜奖	畜牧业运输车辆智能消杀系统
海南经贸职业技术学院	第七届	铜奖	柜在生活
海南工商职业学院	第七届	铜奖	风力发电机及风电场发电功率预测系统
三亚航空旅游职业学院	第七届	铜奖	电动自行车智能安全头盔
海南健康管理职业技术学院	第七届	铜奖	"苗乡之香"原生态美食加工推广与应用
重庆工业职业技术学院	第七届	铜奖	钱电之魂——可充钱电池电解液供应商
重庆电子工程职业学院	第七届	铜奖	智扭护航——轨枕螺栓智能拧紧机动扳手
重庆工程职业技术学院	第七届	铜奖	芝麻家居——新一代花艺美学开创者
重庆建筑工程职业学院	第七届	铜奖	把轴问诊——全国首创不停机滚动轴承故障智能诊断技术
成都职业技术学院	第七届	铜奖	向已科技——人工智能企业数据服务商
成都职业技术学院	第七届	铜奖	云影科探——全息影像大数据诊断平台的开拓者 pro
四川水利职业技术学院	第七届	铜奖	承再——西部农家
四川水利职业技术学院	第七届	铜奖	纳米卫士·纳米功能材料——国内领先的污水处理供应商
四川交通职业技术学院	第七届	铜奖	拓道智通——国内首创全向移动机器人底盘制造商
四川交通职业技术学院	第七届	铜奖	景行未来——面向未来的个性化智慧学习系统
四川交通职业技术学院	第七届	铜奖	智行弯——一种用于中、低等级公路弯道的安全警示装置及配套云平台
四川工程职业技术学院	第七届	铜奖	电源卫士——车用动力电池智能动态安全技术开创者
成都农业科技职业学院	第七届	铜奖	稳糖有稻
宜宾职业技术学院	第七届	铜奖	乡土再造——新型优质晚熟荔枝
泸州职业技术学院	第七届	铜奖	穿针引线——为全国酒类智能包装"穿出"黄金万两

续表

高校名称	批次	奖项	参赛项目
泸州职业技术学院	第七届	铜奖	车清新——改善车内空气质量的自供能智能控制系统
四川中医药高等专科学校	第七届	铜奖	楼至呵护——基于MHA开创科技母婴功效型护、用系列产品新征程
四川护理职业学院	第七届	铜奖	脑瘫儿童智能踝足矫形器
成都工业职业技术学院	第七届	铜奖	麦克斯丰——新能源汽车防护装备缔造者
成都工贸职业技术学院	第七届	铜奖	腾运科技——开创智慧循环城配新时代
贵州交通职业技术学院	第七届	铜奖	汽车先锋——基于山区运输增扭降耗辅助换挡装置
贵州轻工职业技术学院	第七届	铜奖	面纱女郎安居记——破解红托竹苏连作障碍，共创高端黔菌新未来
贵州轻工职业技术学院	第七届	铜奖	踱电科创——让你走的每一步更有意义
遵义医药高等专科学校	第七届	铜奖	"忍冬"
贵州工商职业学院	第七届	铜奖	黔货出山——打造一县一品一网红的一剂良方
贵州电子科技职业学院	第七届	铜奖	校园网络诈骗反欺诈平台（校园清）
贵州电子科技职业学院	第七届	铜奖	I语言——国内首款图形化编程语言的开拓者
昆明冶金高等专科学校	第七届	铜奖	智能蛇零——水质监测机器人领航者
云南文化艺术职业学院	第七届	铜奖	热巴文创
玉溪农业职业技术学院	第七届	铜奖	玉农菇优选
云南国防工业职业技术学院	第七届	铜奖	凤雅龙吟——邮家再创
云南经贸外事职业学院	第七届	铜奖	天外天虎头蜂养殖
云南经贸外事职业学院	第七届	铜奖	象也文化——打造45天销售50万支的国潮文创冰激凌第一品牌
云南三鑫职业技术学院	第七届	铜奖	"石漠"花开——助力于推动石漠化地区产业链发展的排头兵
曲靖职业技术学院	第七届	铜奖	花鲜生——打破欧美鲜花保鲜剂垄断生力军
西藏职业技术学院	第七届	铜奖	茶马古道上的高原茶谷——林芝易贡茶场茶乡振兴团队

高校名称	批次	奖项	参赛项目
陕西工业职业技术学院	第七届	铜奖	金属的新衣
陕西工业职业技术学院	第七届	铜奖	轻控未来——航空发动机用高端钛铝材料领跑者
杨凌职业技术学院	第七届	铜奖	农城生科——生物高分子聚合材料 Y—PGA 制备技术及产业化引领者
陕西国防工业职业技术学院	第七届	铜奖	深海探"冰"者—— 一种基于红外及激光技术的可燃冰浓度探测装置
陕西国防工业职业技术学院	第七届	铜奖	发现者——地球物理勘探仪
西安航空职业技术学院	第七届	铜奖	常州三合汇祥检测科技有限公司——国内领先便携式精准超声波探伤仪
陕西财经职业技术学院	第七届	铜奖	麦秆生画
陕西交通职业技术学院	第七届	铜奖	精准预判智感养护——西北地区隧道的数字 AI 守护者
陕西交通职业技术学院	第七届	铜奖	悦动畅行——践行"工匠精神",服务智慧交通
陕西铁路工程职业技术学院	第七届	铜奖	"匠心平台"——新型多功能拱桥式隧道作业台车
咸阳职业技术学院	第七届	铜奖	筑时代"墙"音
兰州职业技术学院	第七届	铜奖	棘不可失——沙棘产业开发推广
甘肃财贸职业学院	第七届	铜奖	那个核桃——三代人接续助力乡村振兴新模式
兰州石化职业技术学院	第七届	铜奖	智能化巡检监控系统
兰州石化职业技术学院	第七届	铜奖	抗霸——环境友好型丁腈橡胶复配抗氧剂技术
兰州石化职业技术学院	第七届	铜奖	高原夏菜赋能者——功能性螯合肥
青海卫生职业技术学院	第七届	铜奖	青海医疗废弃物回收追溯监管云平台
青海卫生职业技术学院	第七届	铜奖	卡加藏药浴
西宁城市职业技术学院	第七届	铜奖	安行——安全骑行守护者
宁夏职业技术学院	第七届	铜奖	心随纸动——匠心剪纸的传承者
宁夏职业技术学院	第七届	铜奖	浓妆淡抹总相宜——葡萄酒泥洁面皂
宁夏工商职业技术学院	第七届	铜奖	镜师——线上优质课程资源制作的领跑者

续表

高校名称	批次	奖项	参赛项目
宁夏工商职业技术学院	第七届	铜奖	顺郎出海
宁夏财经职业技术学院	第七届	铜奖	忆夏本草，丝蕴祈遇——宁夏"忆润"妆美技研工作室
宁夏警官职业学院	第七届	铜奖	AI图像分析——农作物生长生物防治技术
宁夏建设职业技术学院	第七届	铜奖	市道植交——新型生态混凝土的开拓者
新疆农业职业技术学院	第七届	铜奖	勤"粪"兴农——做国内领先的循环农业解决商
乌鲁木齐职业大学	第七届	铜奖	君子一言，千里难追——国内速度赛马的领跑者
乌鲁木齐职业大学	第七届	铜奖	鲜见——高端冷链综合鲜控解决方案提供商
巴音郭楞职业技术学院	第七届	铜奖	椒柔易采——红色产业辣椒机械化获技术领导者
新疆建设职业技术学院	第七届	铜奖	吸铁成罩——桥梁支座的便捷守护者
新疆交通职业技术学院	第七届	铜奖	挂滴燃烧系统研制
新疆石河子职业技术学院	第七届	铜奖	多元化智能安全井盖
新疆生产建设兵团兴新职业技术学院	第七届	铜奖	喀什市卡钥汽车保养服务中心
北京财贸职业学院	第七届	入围总决赛	"农艺"工作室
河北科技工程职业技术大学	第七届	入围总决赛	防患未"燃"——物联网消防应急灯践行者
上海工商职业技术学院	第七届	入围总决赛	绘乡古韵——用艺术打造新时代乡村风貌
上海出版印刷高等专科学校	第七届	入围总决赛	零碳科技——包装碳足迹数字化服务平台
上海城建职业学院	第七届	入围总决赛	海绵城市校园先行者——智慧海绵校园建设
上海电子信息职业技术学院	第七届	入围总决赛	"沙漠黄金"
上海工艺美术职业学院	第七届	入围总决赛	星翼VR——艺术教育数字化转型引领者

续表

高校名称	批次	奖项	参赛项目
硅湖职业技术学院	第七届	入围总决赛	净油源——中国油田环境净化修复先行者
江苏海事职业技术学院	第七届	入围总决赛	境善净美——智能物联建筑固废处理开创者
无锡商业职业技术学院	第七届	入围总决赛	灿旺达——中国品牌境外服务领航者
江苏航运职业技术学院	第七届	入围总决赛	海上清肺——远洋船舶废气环保方案供应商
南京交通职业技术学院	第七届	入围总决赛	龍腾运动家——青少年体育素质教育的引领者
徐州工业职业技术学院	第七届	入围总决赛	绿色高性能防火保温板的践行者
宁波职业技术学院	第七届	入围总决赛	国内首创——不锈钢蚀刻液回收再利用整体解决方案
浙江同济科技职业学院	第七届	入围总决赛	若水思源——国内镶嵌式护坡引领者
浙江旅游职业学院	第七届	入围总决赛	蛋屋宜宿——国内移动式共享住宿服务引领者
江西环境工程职业学院	第七届	入围总决赛	本草清粹——敏感肌肤抑菌消毒产品引领者
江西水利职业学院	第七届	入围总决赛	甲子木球——国际木球产业开发领航者
威海职业学院	第七届	入围总决赛	春风"画输"
潍坊职业学院	第七届	入围总决赛	多维安控——泵站智能监控技术领航者
潍坊职业学院	第七届	入围总决赛	都大胖——果蔬产销领域的贯通者
山东水利职业学院	第七届	入围总决赛	云中锦书——高速安全芯片加密传输者
黄河水利职业技术学院	第七届	入围总决赛	智造未来——国内领先小型五轴数控机床设备制造商

续表

高校名称	批次	奖项	参赛项目
广东轻工职业技术学院	第七届	入围总决赛	显荣五金"匠"心"智"造让家具"活"起来
广州番禺职业技术学院	第七届	入围总决赛	永泽消防——双向奔赴的智慧火灾救援系统
广东职业技术学院	第七届	入围总决赛	"快乐脚Y"抗菌袜——"烁心"呵护脚健康
深圳信息职业技术学院	第七届	入围总决赛	空芯光子晶体光纤创新制备技术
广州铁路职业技术学院	第七届	入围总决赛	地铁隧道安全守护者——基于无线传感器网络的地铁隧道安全监测系统
广西国际商务职业技术学院	第七届	入围总决赛	奇桩易服——充电桩后市场服务领跑者
广西建设职业技术学院	第七届	入围总决赛	秘境——潜旅特色潜点开发与服务商
重庆城市管理职业学院	第七届	入围总决赛	校园极修军——高校3C维修领域的行业领军者
重庆财经职业学院	第七届	入围总决赛	智引农机——科技助推乡村振兴
深圳职业技术学院	第七届	银奖	柔性显示电路设计方案
湖南汽车工程职业学院	第七届	铜奖	AI+新能源汽车——智能网联汽车综合解决方案
深圳职业技术学院	第七届	铜奖	高容量动力锣电池用氧化铁基负极材料制备
石家庄铁路职业技术学院	第七届	入围总决赛	建筑产业互联网创新与实践
河北化工医药职业技术学院	第七届	入围总决赛	螺钉错漏装视觉检测
兴安职业技术学院	第七届	入围总决赛	攻克数字财经硬核科技，创新企业营商和乡村振兴数字生态基础设施
辽宁轻工职业学院	第七届	入围总决赛	AI+智慧水利——洪涝灾害风险分析及预防
吉林电子信息职业技术学院	第七届	入围总决赛	"AI+大数据"赋能下的电力全业务数字化解决方案

高校名称	批次	奖项	参赛项目
吉林电子信息职业技术学院	第七届	入围总决赛	攻克数字财经硬核科技，创新企业营商和乡村振兴数字生态基础设施
长春职业技术学院	第七届	入围总决赛	攻克数字财经硬核科技，创新企业营商和乡村振兴数字生态基础设施
哈尔滨职业技术学院	第七届	入围总决赛	装配式建筑与防水材料的结合
福建船政交通职业学院	第七届	入围总决赛	智慧水务方向
黎明职业大学	第七届	入围总决赛	通过新媒体手段打造乡村与产品品牌，助力乡村振兴
黎明职业大学	第七届	入围总决赛	污水处理提质增效方向
厦门海洋职业技术学院	第七届	入围总决赛	污水资源化
九江职业技术学院	第七届	入围总决赛	基于华为云 EI 能力构建"医疗 +AI"解决方案
黄河水利职业技术学院	第七届	入围总决赛	改善西北地区土壤沙化的解决方案
黄河水利职业技术学院	第七届	入围总决赛	天然气管道泄漏探测预警方案
许昌职业技术学院	第七届	入围总决赛	工业大脑 APP
河南工业职业技术学院	第七届	入围总决赛	市政管网方向
湖南汽车工程职业学院	第七届	入围总决赛	AI+ 智慧交通——城市智慧交通解决方案
湖南外国语职业学院	第七届	入围总决赛	智慧校园——WeLink 小程序（We 码）
广州番禺职业技术学院	第七届	入围总决赛	基于 Niagara 技术的云边协同智慧城市管控平台
广东文艺职业学院	第七届	入围总决赛	"互联网 +"全彩 3D 打印潮玩创新创业设计
广州城建职业学院	第七届	入围总决赛	大数据分析技术在互联网电商秒杀活动中的应用
广西国际商务职业技术学院	第七届	入围总决赛	区块链应用场景探索
重庆航天职业技术学院	第七届	入围总决赛	AI+ 智能语音——智能语音交互在全场景下的创新应用
重庆工程职业技术学院	第七届	入围总决赛	假肢接受腔 3D 建模合成处理技术
成都航空职业技术学院	第七届	入围总决赛	嵌入式通信设备
成都职业技术学院	第七届	入围总决赛	计算机云外设实现方案

高校名称	批次	奖项	参赛项目
四川工程职业技术学院	第七届	入围总决赛	AI+公益——智能产品适老化应用
贵州轻工职业技术学院	第七届	入围总决赛	智慧校园——WeLink 小程序（We 码）
兰州石化职业技术学院	第七届	入围总决赛	天然气管道泄漏探测预警方案
乌鲁木齐职业大学	第七届	入围总决赛	国潮艺术在文化振兴中的传承与升维设计

表4-8　历届中国"挑战杯"大学生创业计划竞赛获奖情况（高职院校）

高校名称（现在）	批次	奖项	项目名
职业训练局香港专业教育学院	第五届	金奖	酷秀（Kool Show）
天津职业技术师范大学	第八届	银奖	天津魔立方纸箱贸易有限责任公司
湘潭医卫职业技术学院	第八届	铜奖	湖南无忧汽车绿色护理有限责任公司
西藏职业技术学院	第八届	铜奖	"书程小驿"二手书店
乌鲁木齐职业大学	第八届	铜奖	"沙宝堡"有限责任公司创业计划书
义乌工商职业技术学院	第十一届	金奖	蹭范趣——专注城乡家宴服务
潍坊职业学院	第十二届	金奖	针织大师——双机协同 AI 智能机器人
常州信息职业技术学院	第十二届	金奖	"灵"波微"探"——钢铁件渗碳层无损检测专家
扬州工业职业技术学院	第十二届	金奖	"智紧王"中国恒力防松螺母
北京财贸职业学院	第十二届	金奖	"逆行守护者"森林消防员应急逃生装置
南京信息职业技术学院	第十二届	金奖	管道卫士——城市地下管道的守护者
河南职业技术学院	第十二届	金奖	贴身守护　专注心肺健康——便携式心肺监护仪
河北工业职业技术大学	第十二届	金奖	微胶囊科技——未来相变材料塑形定义者
广西建设职业技术学院	第十二届	金奖	稳就业　促振兴——后疫情时代广西贫困地区建筑农民工技能服务站
重庆电子工程职业学院	第十二届	金奖	万红千"紫"——紫苏全株产业链扶贫模式引领者
江苏建筑职业技术学院	第十二届	金奖	董家大院——打造非遗 IP，助力乡村振兴

续表

高校名称（现在）	批次	奖项	项目名
西安航空职业技术学院	第十二届	金奖	匠心筑梦　非遗传承——创新打造非遗扶贫产业助力西北乡村振兴
天津交通职业学院	第十二届	金奖	共享水下智能装备——全球首个"共享＋水下智能"项目
南京铁道职业技术学院	第十二届	金奖	高铁电商、箱得益彰——高铁冷链快递箱
北京财贸职业学院	第十二届	金奖	安之诺适老化改造室内设计工作室
江西环境工程职业学院	第十二届	金奖	亲青工程
江苏安全技术职业学院	第十二届	金奖	工业级无人机专业实训及综合应用解决方案
浙江金融职业学院	第十二届	金奖	打赢绿水青山保卫战——国内首款漂浮式太阳能生态循环净水系统
南京科技职业学院	第十二届	金奖	铈在必行——柴油降烟纳米添加剂
金华职业技术学院	第十二届	金奖	续航科技——金华市续航汽车零部件有限责任公司
徐州工业职业技术学院	第十二届	金奖	地膜功能化循环利用新方案
广西建设职业技术学院	第十二届	金奖	"童画·文遗"真人AI课程
义乌工商职业技术学院	第十二届	金奖	海骏科技：年产电子蜡烛超千万件
广州城建职业学院	第十二届	金奖	AI智能造字——中国智能造字领航者
苏州工艺美术职业技术学院	第十二届	金奖	吴地拾遗——非遗文化研发活化平台的开拓者
福州墨尔本理工职业学院	第十二届	金奖	会蚁国际——打造专业化领域的中小型国际会议第一品牌
四川工程职业技术学院	第十二届	银奖	电池神盾——新能源汽车动力电池智能安全技术开拓者
南京工业职业技术大学	第十二届	银奖	新型复合式高精度检测系统——承压设备无损检测
重庆电子工程职业学院	第十二届	银奖	智"马"卫康——卫士神器进家里　健康预警全开启
陕西工业职业技术学院	第十二届	银奖	"和畅"一种医用防护服配套穿戴式智能新风防护系统

续表

高校名称（现在）	批次	奖项	项目名
广东轻工职业技术学院	第十二届	银奖	智充：基于移动仿蛇机器人的新能源汽车充电新模式
徐州工业职业技术学院	第十二届	银奖	绿色高性能防火材料的推广及应用
河北工业职业技术大学	第十二届	银奖	真空悬坊——未来金属新材料制备先行者
重庆工业职业技术学院	第十二届	银奖	新砼科技——混凝土微生物修复先行者
广西机电职业技术学院	第十二届	银奖	智"烘"科技——木材刨烘一体化模式的引领者
武汉职业技术学院	第十二届	银奖	新冠病毒核衣壳蛋白（N蛋白）的表达纯化及血清学快速检测试纸卡的制备
天津渤海职业技术学院	第十二届	银奖	"凸凹互补"策略开发HDAC8特异性小分子探针
苏州工业职业技术学院	第十二届	银奖	汽车空气滤清器智能装配与检测设备
金华职业技术学院	第十二届	银奖	"渔民孩子"的渔村振兴路——浙江东部农业发展有限公司
青岛酒店管理职业技术学院	第十二届	银奖	益旅阳光——研学教育公平的捍卫者
安徽财贸职业学院	第十二届	银奖	蒜我狠——中国工业蒜概念定义者
江西工业贸易职业技术学院	第十二届	银奖	粮心
江西环境工程职业学院	第十二届	银奖	匠心木艺项目——"剩余木料"助力原中央苏区区域经济振兴的领跑者
四川航天职业技术学院	第十二届	银奖	云播千顷——水稻精量条直播无人机
日照职业技术学院	第十二届	银奖	四零八乡工作坊
湖南机电职业技术学院	第十二届	银奖	微智农机——丘陵山区微型智能农机引领者
四川航天职业技术学院	第十二届	银奖	云收成——农业大数据一体化服务云平台
四川交通职业技术学院	第十二届	银奖	公交优先系统
苏州建设交通高等职业技术学校	第十二届	银奖	古建数字化保护与传承
江西工业贸易职业技术学院	第十二届	银奖	粮啊粮——中国粮食文化教育研学领跑者

续表

高校名称（现在）	批次	奖项	项目名
武汉软件工程职业学院	第十二届	银奖	Re-build家用康复器械开发与服务
湖南工业职业技术学院	第十二届	银奖	逆向工程与3D打印技术服务
安徽中澳科技职业学院	第十二届	银奖	基于超声波测距和光控原理的智能路灯与减速带项目
天津铁道职业技术学院	第十二届	银奖	高铁智控实训平台
吉林铁道职业技术学院	第十二届	银奖	小型快递智能自动分拣机
山东水利职业学院	第十二届	银奖	小社区、大民生——信息赋能社区治理，服务助力民生改善
黑龙江农垦职业学院	第十二届	银奖	痛风饮——痛风病人的专属饮料
上海工商职业技术学院	第十二届	银奖	竹编工艺非物质文化遗产现代化解决方案
西安航空职业技术学院	第十二届	银奖	风电之盾——机舱罩玻璃钢工艺革新
武汉电力职业技术学院	第十二届	银奖	云桩互联——充电桩第三方运维监控平台
吉林工业职业技术学院	第十二届	银奖	绿源——新型生物基环保橡胶
新疆农业职业技术学院	第十二届	银奖	勤"粪"兴农——国内领先的循环农业解决商
潍坊职业学院	第十二届	银奖	大自然的化妆师——盐碱地的价值开发及综合治理
柳州职业技术学院	第十二届	银奖	信荣服装——牛仔服装环保水洗工艺革新领先者
金华职业技术学院	第十二届	银奖	FOMO球鞋定制——金华市泛墨文化传媒有限公司
重庆电子工程职业学院	第十二届	银奖	声声驼铃——开启后疫情时代"一带一路"电商新模式
西藏职业技术学院	第十二届	银奖	谱囿文化
芜湖职业技术学院	第十二届	银奖	冬蝉创绘——校园外宣定制的领跑者
黎明职业大学	第十二届	银奖	极谱科技：国内领先珠宝鉴定手持式高光谱仪
广州铁路职业技术学院	第十二届	银奖	铁智咨询——"一带一路"铁路职业教育咨询引领者
四川工程职业技术学院	第十二届	银奖	塞高智绘——手绘文创的开拓者

续表

高校名称（现在）	批次	奖项	项目名
东莞职业技术学院	第十二届	银奖	深紫外 LED 杀菌宝
职业训练局 & 才晋高等教育学院	第十二届	铜奖	人工智能跑步训练系统
重庆工程职业技术学院	第十二届	铜奖	优多多数字云课堂
黑龙江职业学院	第十二届	铜奖	自跟随垃圾清洁车
贵州交通职业技术学院	第十二届	铜奖	半自动变速——西部山区道路条件下货车副变速辅助换挡装置
常州市高级职业技术学校	第十二届	铜奖	"酣然入梦"智能甜梦午睡枕
南京工业职业技术大学	第十二届	铜奖	变形监测新利器——全自动基建安全监测机器人
山东电子职业技术学院	第十二届	铜奖	基于人工智能技术的无障碍导盲出行系统
黑龙江职业学院	第十二届	铜奖	小型除冰机器人
天津市职业大学	第十二届	铜奖	水沐梁缘——梁场智能喷淋车
广东省外语艺术职业学院	第十二届	铜奖	XR 技术模块化输出与传统产业升级融合——以游艺行业为切入点
北京工业职业技术学院	第十二届	铜奖	玻璃幕墙清洗机器人
重庆电子工程职业学院	第十二届	铜奖	余空航天——模型火箭
山西机电职业技术学院	第十二届	铜奖	矿用供水施救减压装置
辽宁机电职业技术学院	第十二届	铜奖	安可人——数据安全加密装备领航者
重庆机电职业技术大学	第十二届	铜奖	领煤克科技——信号全覆盖打造生命的纽带
安庆职业技术学院	第十二届	铜奖	"节"空调——新能源汽车空调节能革新者
武汉交通职业学院	第十二届	铜奖	防疫机甲——AI激光雷达智能消毒机器人创新者
云南国防工业职业技术学院	第十二届	铜奖	"雕刻大师"数控精雕研发、制造、销售一体化项目
苏州职业大学	第十二届	铜奖	思沃科技——机用虎钳行业的领跑者
江苏信息职业技术学院	第十二届	铜奖	探成自动化——智能充绒行业先行者
湖南现代物流职业技术学院	第十二届	铜奖	便捷物联智能托盘
上海中侨职业技术大学	第十二届	铜奖	"轻食"蛋糕预拌粉的开发与营销

续表

高校名称（现在）	批次	奖项	项目名
温州职业技术学院	第十二届	铜奖	研创物联——UWB 高精度室内定位领航者
聊城职业技术学院	第十二届	铜奖	智能工匠——多功能越障爬杆机器人
柳州职业技术学院	第十二届	铜奖	工业机器人夹具及技术产业化
北京工业职业技术学院	第十二届	铜奖	无人驾驶舱
贵州交通职业技术学院	第十二届	铜奖	电池监护宝——电动自行车动力电池安全监测预警装置
吉林电子信息职业技术学院	第十二届	铜奖	鸿蒙——环境监测
江西应用工程职业学院	第十二届	铜奖	高速公路预警机器人
武汉职业技术学院	第十二届	铜奖	雅恩科博——光电缆阻水材料专家
新疆石河子职业技术学院	第十二届	铜奖	智享浴桶
湖南电气职业技术学院	第十二届	铜奖	光固化 3D 打印用智能材料及微纳设备
南京交通职业技术学院	第十二届	铜奖	安全唯"稳"，危化无形
西宁城市职业技术学院	第十二届	铜奖	开放式实验室模块化电源插座
四川工程职业技术学院	第十二届	铜奖	时代铠磨——大型铸锻件表面智能加工探路者
上海城建职业学院	第十二届	铜奖	绿芒快搭：基于SOP的生态型展台快速布展系统
甘肃交通职业技术学院	第十二届	铜奖	有效延长癌症病人一倍的生存期——"抗癌宝"
广东交通职业技术学院	第十二届	铜奖	智能破壁引领者——纯绿色非接触式磁力驱动厨师机
广东水利电力职业技术学院	第十二届	铜奖	清凉卫士—— 一种高效的汽车智能降温设备
北京财贸职业学院	第十二届	铜奖	多人协同 VR 装饰设计工作室
安徽交通职业技术学院	第十二届	铜奖	捕风捉能——高速公路中央分隔带发电装置
福建生物工程职业技术学院	第十二届	铜奖	益微视——共享智能视力检测服务
陕西职业技术学院	第十二届	铜奖	SVTC 赛车俱乐部
保定电力职业技术学院	第十二届	铜奖	焊畅淋漓——便携式电焊机接地装置

续表

高校名称（现在）	批次	奖项	项目名
厦门城市职业学院	第十二届	铜奖	点点通——小微企业电梯视频投播数据化模式开拓者
辽宁机电职业技术学院	第十二届	铜奖	非接触式手掌测温仪
黑龙江建筑职业技术学院	第十二届	铜奖	GRC 轻集料混凝土隔墙板代替砖胎膜施工
海南工商职业学院	第十二届	铜奖	鼎睿集团
黑龙江建筑职业技术学院	第十二届	铜奖	面向地域的物联网升级改造解决方案
辽宁轨道交通职业学院	第十二届	铜奖	断管取出器
内蒙古电子信息职业技术学院	第十二届	铜奖	品课 er
安徽职业技术学院	第十二届	铜奖	菁益饲料添加剂
重庆工程职业技术学院	第十二届	铜奖	枯木逢春——废枝资源化循环利用模式
江苏农林职业技术学院	第十二届	铜奖	鳢业安邦
山东水利职业学院	第十二届	铜奖	母亲的艺术——乡村传统手工技艺产业化振兴解决方案
长沙环境保护职业技术学院	第十二届	铜奖	"菓然"系列特色果酒——科技助力，打造"一地一品"果酒生态
重庆水利电力职业技术学院	第十二届	铜奖	农行伴侣·巴山老坛——致力于中国风干型陈咸菜行业引领者
永州职业技术学院	第十二届	铜奖	新菊粉计划——新型水溶性膳食纤维
石家庄铁路职业技术学院	第十二届	铜奖	助农无忧——智慧农业全周期定制帮扶方案开拓者（以 *** 市 *** 村为例）
贵州城市职业学院	第十二届	铜奖	衣承布染——贵州麻江非遗"枫香印染"联结的万家灯火
新疆农业职业技术学院	第十二届	铜奖	"挑战杯"杏扶助农——新疆色买提杏全产业扶贫项目
新疆生产建设兵团兴新职业技术学院	第十二届	铜奖	玉林云农庄
山东畜牧兽医职业学院	第十二届	铜奖	宠君宠物——引领宠物生产经营标准化，助力乡村振兴
青海卫生职业技术学院	第十二届	铜奖	中药饲料
甘肃畜牧工程职业技术学院	第十二届	铜奖	2KF-30-B 一垄双行开沟施肥一体机

续表

高校名称（现在）	批次	奖项	项目名
江西环境工程职业学院	第十二届	铜奖	虔橙似锦——国内首创柑橘黄龙病（果木癌症）的特效防控系统
辽宁铁道职业技术学院	第十二届	铜奖	温室行间采摘智能运输车
德宏职业学院	第十二届	铜奖	日恩途——梅普氏景颇民族医药的披荆斩棘
内蒙古建筑职业技术学院	第十二届	铜奖	点"薯"成金
郑州旅游职业学院	第十二届	铜奖	豫味 APP——河南韵味，皆汇于此
湖北三峡职业技术学院	第十二届	铜奖	蜗牛宝宝心养计划
金华职业技术学院	第十二届	铜奖	马兰开花——创建现代化放心菜园
江苏信息职业技术学院	第十二届	铜奖	"品虾论稻"奔小康
云南林业职业技术学院	第十二届	铜奖	精准扶贫国家级贫困县——澜沧拉祜族自治县"茶鸡共生"种养殖领域的扶贫先锋·有机生态普洱茶林下立体循环养鸡脱贫合作社
山南市第二中等职业技术学校	第十二届	铜奖	皖藏情缘
黑龙江农业经济职业学院	第十二届	铜奖	"知农、爱农、助农"农业研学旅行产品研发与实践——乡韵旅游文化有限公司创业计划
咸宁职业技术学院	第十二届	铜奖	住"别墅"的鸡——"135"放养模式打造乡村产业振兴"摇钱树"
辽宁城市建设职业技术学院	第十二届	铜奖	"青山稷"红谷小米助农振兴项目
黑龙江生物科技职业学院	第十二届	铜奖	北方有鱼——龙江观赏鱼人工繁殖与销售领跑者
陕西机电职业技术学院	第十二届	铜奖	靖远枸杞——筑梦新农商
北京经贸职业学院	第十二届	铜奖	北京潭柘缘古道客栈改建
三亚航空旅游职业学院	第十二届	铜奖	茶花点工坊
山东理工职业学院	第十二届	铜奖	"云"游四方
新疆交通职业技术学院	第十二届	铜奖	十全"石"美
石家庄铁路职业技术学院	第十二届	铜奖	智铁创客——中国高铁教育培训资源领跑者
吉林电子信息职业技术学院	第十二届	铜奖	"追日"光伏光导照明系统

续表

高校名称（现在）	批次	奖项	项目名
青岛港湾职业技术学院	第十二届	铜奖	犁牛之子——留守儿童健康成长服务平台
浙江机电职业技术学院	第十二届	铜奖	实训大师兄——职教电子信息大类智慧实训平台开发者
西安铁路职业技术学院	第十二届	铜奖	水落归槽——地铁自动防倒灌设备
沈阳职业技术学院	第十二届	铜奖	蚂蚁优创——东北地区领先的全金属机器人STEAM教育创新者
金华职业技术学院	第十二届	铜奖	魔法型智力教程来了——让科学知识真正"活"起来
佛山职业技术学院	第十二届	铜奖	喜憨之家——心智障碍人士就业、增能的梦想成就平台
山东特殊教育职业学院	第十二届	铜奖	盲手道
河北交通职业技术学院	第十二届	铜奖	芯相连&光闪耀——引领集成照明管理新风尚
黑龙江职业学院	第十二届	铜奖	芝麻开门——低温萃取技术下芝麻的全产业链应用
上海城建职业学院	第十二届	铜奖	基于数据融合技术的电梯安全监控系统
湖南工业职业技术学院	第十二届	铜奖	超眼环保控能——助力织牢公共卫生安全网
广东轻工职业技术学院	第十二届	铜奖	舞动科技——国内首个采用TOF技术的舞蹈在线互动教学平台
北京财贸职业学院	第十二届	铜奖	残疾人就业助力
内蒙古机电职业技术学院	第十二届	铜奖	防疫智能消毒机器人
襄阳职业技术学院	第十二届	铜奖	汽车智慧消防开拓者
漳州卫生职业学院	第十二届	铜奖	暖爱她——中医女性经期治疗AI模式开拓者
大连职业技术学院	第十二届	铜奖	臻及味方便营养菜
四川护理职业学院	第十二届	铜奖	脑瘫儿童智能踝足矫形器
北京卫生职业学院	第十二届	铜奖	解决高龄老人多科室联合用药的家庭摆药终端和药学技术服务
内蒙古机电职业技术学院	第十二届	铜奖	优客云——专注于职场新人的就业与成长平台

高校名称（现在）	批次	奖项	项目名
山西财贸职业技术学院	第十二届	铜奖	星语星程——"大学生社群＋公益"精准关怀自闭症儿童
江苏农林职业技术学院	第十二届	铜奖	"智园荟"匠心工坊
河南经贸职业学院	第十二届	铜奖	夜鹰联盟云服务商赋能地摊经济创业计划
海南健康管理职业技术学院	第十二届	铜奖	澄江"虾稻共作"食品加工应用与推广
江西外语外贸职业学院	第十二届	铜奖	石全石美——解决白色污染问题，打造绿色环保地球
四川化工职业技术学院	第十二届	铜奖	家居板材环保胶
云南医药健康职业学院	第十二届	铜奖	蜜月传说
长沙民政职业技术学院	第十二届	铜奖	监厕灵——智慧厕所公共卫生服务商
苏州农业职业技术学院	第十二届	铜奖	一种基于涂层钛阳极电催化特性的杀菌消毒仪
内蒙古机电职业技术学院	第十二届	铜奖	光伏生态——独立型光伏供电温室控制系统
广东轻工职业技术学院	第十二届	铜奖	"智慧眼"重金属在线监测仪
宁夏建设职业技术学院	第十二届	铜奖	青山绿隧——新型装配式地下支护工程成套解决方案
陕西工业职业技术学院	第十二届	铜奖	农业废弃玉米芯——持续利用制电极
襄阳职业技术学院	第十二届	铜奖	环保油烟检测及净化系统
上海城建职业学院	第十二届	铜奖	智慧海绵校园建设方案设计与实施
贵州轻工职业技术学院	第十二届	铜奖	大数据＋梯次利用
滁州职业技术学院	第十二届	铜奖	生态移动式无土基质草毯培育与产业化
兰州石化职业技术大学	第十二届	铜奖	绿色环保草坪修剪机器人
天津市职业大学	第十二届	铜奖	BioReencle 微生物厨余垃圾处理机
浙江交通职业技术学院	第十二届	铜奖	SmartBin 智能垃圾桶机器人——让垃圾分类更简单
甘肃畜牧工程职业技术学院	第十二届	铜奖	"微生物＋环境昆虫"联合介导有机废弃物循环利用
辽宁石化职业技术学院	第十二届	铜奖	绿色环保完全生物降解塑料项目创业计划

续表

高校名称（现在）	批次	奖项	项目名
山西工程职业学院	第十二届	铜奖	睿宝——您随时随地的 AI 智能垃圾分类管家
大连职业技术学院	第十二届	铜奖	新型高效羊药浴设备
河南应用技术职业学院	第十二届	铜奖	爬壁虎——"2+2"爬壁机器人
辽宁石化职业技术学院	第十二届	铜奖	废旧洗衣机外壳塑料回收及改性利用项目创业计划
许昌职业技术学院	第十二届	铜奖	一种免清洗型静电式油烟净化器
石家庄邮电职业技术学院	第十二届	铜奖	石家庄驿邮科技有限责任公司——免胶带快递包装箱
宁夏职业技术学院	第十二届	铜奖	葡泥膏——酒泥面膜的开拓者
北京财贸职业学院	第十二届	铜奖	林取过滤水瓶
江西外语外贸职业学院	第十二届	铜奖	甲颜悦色——国内穿戴美甲工艺领跑者
常州机电职业技术学院	第十二届	铜奖	星锐汇智——新媒体赋能区域文商旅融合发展的开拓者
北京经济管理职业学院	第十二届	铜奖	e 书童——专为"海二代"打造的趣味性汉语学习云学堂
四川交通职业技术学院	第十二届	铜奖	中景交联——交旅融合人工智能新方案
湖南大众传媒职业技术学院	第十二届	铜奖	CUEA 高校电竞联赛——打造国内高校电竞赛事第一品牌
武汉职业技术学院	第十二届	铜奖	倾星杯
宁波职业技术学院	第十二届	铜奖	思懿甬品——做服务"一带一路"大学生创业的贴心管家
陕西工业职业技术学院	第十二届	铜奖	小雅芳斋传统文化新媒体平台
上海中侨职业技术大学	第十二届	铜奖	非遗金山农民画衍生品开发设计平台
江汉艺术职业学院	第十二届	铜奖	"潜江龙虾"品牌文创IP
无锡商业职业技术学院	第十二届	铜奖	塑江南形象 讲中国故事——"惠山泥人"文创推广项目
陕西国防工业职业技术学院	第十二届	铜奖	红传文化
天津市职业大学	第十二届	铜奖	灵眸卫士——国内首款应急救援类智能护目镜

· 141 ·

续表

高校名称（现在）	批次	奖项	项目名
福建船政交通职业学院	第十二届	铜奖	"船"承
芜湖职业技术学院	第十二届	铜奖	华沐文化强国玩具——传承红色基因、厚植爱国情怀
山西药科职业学院	第十二届	铜奖	时闻药草香——"颐馥令"传承千年的药香文化
上海城建职业学院	第十二届	铜奖	微拨科技——打造数字建造的沉浸式智能服务平台
兰州石化职业技术大学	第十二届	铜奖	"一带一路"战略下——中国传统文化国际化创业计划
江西工业职业技术学院	第十二届	铜奖	呦呦艺夏——国内夏布童装的领航者
开封文化艺术职业学院	第十二届	铜奖	"文化 家～家 文化""一带一路"汴绣文创工艺品
湖北三峡职业技术学院	第十二届	铜奖	昭君簪花坊·对话千年的时尚
滁州职业技术学院	第十二届	铜奖	醉翁亭"技"文创产品工坊
江门职业技术学院	第十二届	铜奖	C&C背包式伞椅一体化用具——致力于提高市民外出幸福便捷指数
秦皇岛职业技术学院	第十二届	铜奖	"二十四节气"非遗国际文化传播项目——京津冀文化旅游协同共促
北京电子科技职业学院	第十二届	铜奖	REGEEF农村自然生态体验教育活动园
大连职业技术学院	第十二届	铜奖	大连望乡茶文化传播有限公司
北京交通运输职业学院	第十二届	铜奖	便携式伸缩行李箱
北京信息职业技术学院	第十二届	铜奖	寻非记艺非遗云平台
北京信息职业技术学院	第十二届	铜奖	京韵文化体验馆

表4-9　全国深化创新创业教育改革示范高校（全国200所，其中高职院校23所）

序号	学校	序号	学校	序号	学校
1	北京大学	4	北京航空航天大学	7	河北大学
2	清华大学	5	北京邮电大学	8	河北农业大学
3	北京工业大学	6	天津大学	9	河北师范大学

续表

序号	学校	序号	学校	序号	学校
10	燕山大学	40	中国科学技术大学	70	华南理工大学
11	山西大学	41	合肥工业大学	71	华南师范大学
12	太原理工大学	42	安徽工业大学	72	深圳大学
13	山西农业大学	43	安徽理工大学	73	广东工业大学
14	内蒙古大学	44	厦门大学	74	广西大学
15	大连理工大学	45	福州大学	75	桂林电子科技大学
16	沈阳工业大学	46	厦门理工学院	76	广西财经学院
17	东北大学	47	南昌大学	77	海南大学
18	辽宁工程技术大学	48	江西师范大学	78	重庆大学
19	大连东软信息学院	49	江西财经大学	79	重庆邮电大学
20	吉林大学	50	山东大学	80	四川大学
21	吉林建筑大学	51	济南大学	81	西南交通大学
22	吉林农业大学	52	青岛理工大学	82	电子科技大学
23	黑龙江大学	53	山东师范大学	83	西南石油大学
24	哈尔滨工业大学	54	山东协和学院	84	贵州师范大学
25	哈尔滨工程大学	55	郑州大学	85	贵州理工学院
26	复旦大学	56	河南大学	86	云南大学
27	同济大学	57	黄淮学院	87	昆明理工大学
28	上海交通大学	58	黄河科技学院	88	云南财经大学
29	南京大学	59	武汉大学	89	西藏大学
30	东南大学	60	华中科技大学	90	西北大学
31	南京理工大学	61	武汉理工大学	91	西安交通大学
32	南京工业大学	62	湖北工业大学	92	西安电子科技大学
33	南京信息工程大学	63	湖北大学	93	西北工业大学
34	扬州大学	64	武汉生物工程学院	94	兰州大学
35	浙江大学	65	湘潭大学	95	兰州理工大学
36	杭州师范大学	66	湖南大学	96	青海大学
37	温州大学	67	中南大学	97	北方民族大学
38	中国美术学院	68	湖南工商大学	98	石河子大学
39	宁波大学	69	暨南大学	99	新疆财经大学

续表

序号	学校	序号	学校	序号	学校
100	中国人民大学	128	上海理工大学	156	河南科技大学
101	北京理工大学	129	上海财经大学	157	中原工学院
102	北京服装学院	130	苏州大学	158	河南农业大学
103	北京中医药大学	131	南京航空航天大学	159	黄河水利职业技术学院
104	北京财贸职业学院	132	常州大学	160	武汉科技大学
105	南开大学	133	江南大学	161	长江大学
106	天津工业大学	134	南京工业职业技术大学	162	华中农业大学
107	河北工业大学	135	江苏农林职业技术学院	163	中南民族大学
108	河北科技大学	136	浙江工业大学	164	武汉工商学院
109	河北科技工程职业技术大学	137	浙江工商大学	165	武汉职业技术学院
110	唐山工业职业技术学院	138	浙江万里学院	166	长沙理工大学
111	河北化工医药职业技术学院	139	宁波职业技术学院	167	湖南师范大学
112	太原科技大学	140	浙江工贸职业技术学院	168	长沙民政职业技术学院
113	中北大学	141	安徽大学	169	湖南铁道职业技术学院
114	山西工程职业学院	142	滁州学院	170	中山大学
115	包头轻工职业技术学院	143	合肥学院	171	汕头大学
116	辽宁大学	144	芜湖职业技术学院	172	华南农业大学
117	沈阳化工大学	145	华侨大学	173	广州中医药大学
118	沈阳师范大学	146	武夷学院	174	深圳职业技术学院
119	辽宁农业职业技术学院	147	福州职业技术学院	175	桂林理工大学
120	辽宁机电职业技术学院	148	华东交通大学	176	广西师范大学
121	长春大学	149	景德镇陶瓷大学	177	南宁师范大学
122	吉林动画学院	150	江西中医药大学	178	海南师范大学
123	长春金融高等专科学校	151	中国石油大学（华东）	179	四川美术学院
124	东北农业大学	152	曲阜师范大学	180	重庆科技学院
125	东北林业大学	153	青岛大学	181	成都理工大学
126	黑龙江职业学院	154	山东商业职业技术学院	182	四川师范大学
127	华东理工大学	155	日照职业技术学院	183	西南财经大学

序号	学校	序号	学校	序号	学校
184	成都职业技术学院	190	西藏民族大学	196	兰州财经大学
185	贵州大学	191	西安理工大学	197	青海师范大学
186	贵州财经大学	192	西安建筑科技大学	198	宁夏大学
187	云南农业大学	193	西北农林科技大学	199	新疆大学
188	云南师范大学	194	陕西师范大学	200	塔里木大学
189	云南大学滇池学院	195	兰州交通大学		

表 4-10　2016 年全国创新创业典型经验高校 50 强（其中高职院校 6 所）

序号	学校	序号	学校	序号	学校
1	北京大学	18	西南交通大学	35	黄河科技学院
2	清华大学	19	电子科技大学	36	湖南科技大学
3	中国人民大学	20	北京工业大学	37	长沙理工大学
4	北京交通大学	21	河北科技大学	38	广东工业大学
5	天津大学	22	沈阳工业大学	39	广西大学
6	大连理工大学	23	大连东软信息学院	40	海口经济学院
7	吉林大学	24	吉林农业大学	41	重庆交通大学
8	哈尔滨工业大学	25	黑龙江大学	42	重庆文理学院
9	复旦大学	26	上海大学	43	云南农业大学
10	上海交通大学	27	杭州师范大学	44	西安外事学院
11	上海财经大学	28	温州大学	45	包头轻工职业技术学院
12	南京大学	29	安徽理工大学	46	江苏农牧科技职业学院
13	南京理工大学	30	福建农林大学	47	浙江工贸职业技术学院
14	中国矿业大学	31	华东交通大学	48	山东商业职业技术学院
15	浙江大学	32	青岛理工大学	49	深圳职业技术学院
16	武汉大学	33	山东协和学院	50	黔东南民族职业技术学院
17	中南大学	34	黄淮学院		

表4-11　2017年全国创新创业典型经验高校50强（其中高职院校7所）

序号	学校	序号	学校	序号	学校
1	北京航空航天大学	18	吉林建筑大学	35	广西医科大学
2	北京理工大学	19	上海理工大学	36	三亚学院
3	哈尔滨工程大学	20	江苏大学	37	四川美术学院
4	同济大学	21	中国计量大学	38	四川农业大学
5	东南大学	22	安徽工业大学	39	昆明理工大学
6	江南大学	23	滁州学院	40	西安培华学院
7	山东大学	24	福州外语外贸学院	41	西安邮电大学
8	武汉理工大学	25	江西理工大学	42	宁夏大学
9	湖南大学	26	江西财经大学	43	山西大学
10	暨南大学	27	山东农业大学	44	北京财贸职业学院
11	四川大学	28	鲁东大学	45	上海工艺美术职业学院
12	西南民族大学	29	河南大学	46	江苏农林职业技术学院
13	西安交通大学	30	许昌学院	47	温州职业技术学院
14	北京服装学院	31	武汉生物工程学院	48	德州职业技术学院
15	河北大学	32	湖南商学院	49	湖南交通职业技术学院
16	内蒙古财经大学	33	华南农业大学	50	重庆电子工程职业学院
17	辽宁工程技术大学	34	华南师范大学		

表4-12　2018年全国创新创业典型经验高校50强（其中高职院校8所）

序号	学校	序号	学校	序号	学校
1	北京化工大学	7	华中科技大学	13	沈阳工程学院
2	中国农业大学	8	华中师范大学	14	大连艺术学院
3	东北大学	9	华南理工大学	15	吉林动画学院
4	东华大学	10	北京联合大学	16	东北农业大学
5	南京航空航天大学	11	天津商业大学	17	扬州大学
6	合肥工业大学	12	内蒙古大学	18	浙江理工大学

续表

序号	学校	序号	学校	序号	学校
19	浙江工商大学	30	周口师范学院	41	西京学院
20	合肥学院	31	南阳理工学院	42	青海大学
21	安徽科技学院	32	湖北工业大学	43	河北工业职业技术学院
22	三明学院	33	武汉工商学院	44	邢台职业技术学院
23	南昌大学	34	湖南农业大学	45	南京工业职业技术学院
24	景德镇陶瓷大学	35	南华大学	46	杭州职业技术学院
25	江西师范大学	36	肇庆学院	47	东营职业学院
26	山东科技大学	37	重庆邮电大学	48	河南职业技术学院
27	曲阜师范大学	38	重庆科技学院	49	广西职业技术学院
28	山东英才学院	39	成都理工大学	50	贵州轻工职业技术学院
29	郑州大学	40	云南大学滇池学院		

表4-13　2019年全国创新创业典型经验高校50强（其中高职院校11所）

序号	学校	序号	学校	序号	学校
1	北京科技大学	15	南京林业大学	29	湘潭大学
2	南开大学	16	南京信息工程大学	30	湖南师范大学
3	大连海事大学	17	南京师范大学	31	汕头大学
4	华东师范大学	18	浙江工业大学	32	佛山科学技术学院
5	南京农业大学	19	宁波大学	33	广西师范大学
6	中国地质大学（武汉）	20	安徽师范大学	34	西南石油大学
7	华中农业大学	21	福建师范大学	35	贵州工程应用技术学院
8	重庆大学	22	江西中医药大学	36	云南大学
9	太原理工大学	23	宜春学院	37	云南财经大学
10	辽宁工业大学	24	青岛科技大学	38	西安翻译学院
11	东北财经大学	25	山东中医药大学	39	新疆大学
12	长春理工大学	26	河南农业大学	40	河北交通职业技术学院
13	长春中医药大学	27	信阳师范学院	41	河北化工医药职业技术学院
14	上海对外经贸大学	28	湖北理工学院	42	锡林郭勒职业学院

续表

序号	学校	序号	学校	序号	学校
43	哈尔滨职业技术学院	46	济南工程职业技术学院	49	湖南工艺美术职业学院
44	义乌工商职业技术学院	47	济源职业技术学院	50	甘肃工业职业技术学院
45	江西外语外贸职业学院	48	咸宁职业技术学院		

表 4-14 全国大学生创新创业实践优秀案例奖

序号	高校名称（现在）	课程名称
1	云南林业职业技术学院	"互联网+"时代大学生创新创业教育新模式研究
2	广州城市职业学院	"互联网+"时代高职院校双创人才培养模式研究
3	黑龙江能源职业学院	"互联网+"时代景下高职院校创新创业教育改革探析
4	锡林郭勒职业学院	"90后"牛倌勇当牧民致富领路人——记锡林郭勒职业学院畜牧兽医专业毕业生刘志强
5	金华职业技术学院	"赛教融合"时域下高职院校创业型人才培养路径研究
6	烟台职业学院	"双创"背景下大学生创业孵化基地建设探索与实践
7	温州科技职业学院	"样"样精彩——浙江小样园艺有限公司创业案例
8	辽宁铁道职业技术学院	"一体两翼，三融四维"铁路工匠育人模式创新与实践
9	江西旅游商贸职业学院	兵哥送菜——打造社区最后一公里就创业新模式
10	锡林郭勒职业学院	草原发明家牧民贴心人——记锡林郭勒职业学院汽车专业学生那日苏
11	温州科技职业学院	传工茶业——茶十代的推陈出"新"之路
12	广州城市职业学院	创客张东成长之路
13	锡林郭勒职业学院	创新创业大赛引领下的创新创业教育实践探索——以锡林郭勒职业学院创新创业教育实践为例
14	浙江东方职业技术学院	创新创业教育实践项目特点分析——以温州四所50强高校为例
15	内蒙古化工职业学院	创新创业校企共建孵化基地模式探索——大学城网红孵化基地创业案例
16	黑龙江能源职业学院	创新人才培养打造特色专业

续表

序号	高校名称（现在）	课程名称
17	辽宁铁道职业技术学院	创新设计思维工具对培养高职学生跨学科专创融合创新能力的研究
18	辽宁机电职业技术学院	创新引领，创业实践——高职院校创新创业教育实践与探索
19	金华职业技术学院	创业实验班人才培养模式的改革与探索——以金职院为例
20	温州科技职业学院	大卖客——打造第一云创业生态
21	浙江东方职业技术学院	大学生创新创业政策的有效性评估和优化研究
22	南京工业职业技术大学	法国创新创业教育的改革经验和启示
23	云南林业职业技术学院	高校如何借模拟求职大赛促进就业创业指导工作
24	黑龙江能源职业学院	高职创新创业课程体系的建设方式
25	南京工业职业技术大学	高职双创教育师资队伍建设"共效应"实践机制的探索
26	广州城市职业学院	高职院校"专创"结合育人模式的构建思考
27	黑龙江能源职业学院	高职院校创新创业教学模式改革与研究
28	黑龙江能源职业学院	高职院校创新创业课程的改革探讨
29	江西旅游商贸职业学院	高职院校创新创业课程思政"三教"革新
30	四川信息职业技术学院	高职院校创新创业育人模式的探索与实践——以四川信息职业技术学院为例
31	云南林业职业技术学院	高职院校创新实践育人模式研究——以云南林业职业技术学院电子商务专业现代学徒制为例
32	青岛职业技术学院	高职院校科技类社团开展创新创业教育的路径研究
33	云南林业职业技术学院	高职院校团学组织如何服务于大学生就业创业
34	南京工业职业技术大学	高质量发展背景下乡村民宿发展瓶颈问题与对策研究
35	南京工业职业技术大学	供给侧改革下本科职业教育"双创"人才培养研究
36	黎明职业大学	海峡两岸高职院校创新创业教育交流现状及对策研究
37	黑龙江能源职业学院	盒子堆成的金山——"金东物流"创业案例
38	黑龙江林业职业技术学院	黑龙江尚轩木业有限公司
39	黎明职业大学	厚积薄发，锐不可挡——泉州禾逸电子有限公司创业案例
40	上海电子信息职业技术学院	"互联网+"高职英汉口译校企融合教研创新研究

序号	高校名称（现在）	课程名称
41	黑龙江能源职业学院	积极心理学视域下大学生"双创"心理品质培育探究
42	青岛职业技术学院	基于高职院校大学生创业与会计技术融合途径之探索
43	青岛职业技术学院	基于工匠精神的创新创业人才培养质量提升研究与实践
44	湖南工艺美术职业学院	基于立德树人的创新创业教育"三融合"体系实践
45	湖南工艺美术职业学院	基于立德树人的红色文化融入创新创业教育研究——以红船精神为例
46	广州城市职业学院	基于拼装理论的创业模式理论框架构建
47	顺德职业技术学院	基于设计思维的创客课程建设——顺德职业技术学院"SDPTMAKER"创客训练营实践案例
48	云南林业职业技术学院	基于协同创新视域下的大学生创新创业教育研究
49	浙江东方职业技术学院	基于营商环境视角的退役军人创业行为研究——基于温州的调查
50	青岛职业技术学院	基于专创融合的创新创业教育体系构建与实践——以某高职院校旅游类专业为例
51	辽宁铁道职业技术学院	集青年智慧，创无限可能，促农村发展
52	辽宁机电职业技术学院	教育大数据的应用模式与政策建议
53	浙江金融职业学院	精准扶贫战略下高职院校创新创业教育改革策略——基于浙江金融职业学院的分析
54	青岛职业技术学院	聚焦疫情下"云端健身指导双创教育"
55	广州城市职业学院	论高职院校创新创业教育"生态系统"的构建
56	广州城市职业学院	论工科类高校创新创业教育课程体系的构建
57	江西旅游商贸职业学院	缅怀先烈，致爱军属——致家公益创业案例
58	黑龙江林业职业技术学院	牡丹江创源科技公司创业案例
59	黑龙江林业职业技术学院	牡丹江信盈会计代理记账有限公司创业案例
60	黑龙江能源职业学院	千鹤冷冻食品直营部创业案例
61	黑龙江林业职业技术学院	浅谈如何建立高职院校创新创业培养体系
62	辽宁机电职业技术学院	浅析"政校企"协同创新视域下高职创新创业教育体系构建
63	云南林业职业技术学院	浅议高职大学生创新思维培养的途径
64	金华职业技术学院	忍冬守"初心"，春润创"品牌"——平邑县春润中药材有限公司创业案例

续表

序号	高校名称（现在）	课程名称
65	金华职业技术学院	弱势大学生创业成功的个案研究
66	云南林业职业技术学院	森野虫研——昆虫研学资源开发
67	浙江金融职业学院	深入践行"两山论"，太阳能净水促绿色发展——杭州万旭来生态建设有限公司创业案例
68	广州城市职业学院	数字经济时代高职创新创业人才培养模式构建
69	青岛职业技术学院	数字旅游背景下高职院校复合型旅游人才培养创新研究
70	广州城市职业学院	塑造大国工匠培养能工巧匠——高职院校劳动教育实施与创新
71	黑龙江能源职业学院	他与水果的故事——"一点鲜果店"创业案例
72	青岛职业技术学院	王小枸鲜控枸杞——鲜控干燥技术赋能助推产业升级
73	青岛职业技术学院	五环一体的创新创业教育指导体系的构建
74	湖南工艺美术职业学院	湘西飞出"红凤凰"助力老乡建家乡——湖南湘西凤凰滕氏朱砂有限责任公司创业案例
75	青岛职业技术学院	校内经营性实训条件下工匠型旅游类人才培养路径设计与实践
76	温州科技职业学院	校友企业家创业历程的质性研究
77	无锡商业职业技术学院	携"柚"扶老精准扶贫
78	辽宁铁道职业技术学院	新建应用型专科院校学生创新创业教育的实践与探索
79	辽宁铁道职业技术学院	新时代高职院校创新创业教育研究与探索
80	金华职业技术学院	一个"95后"男生的甜蜜事业——糖古非遗糕点传承
81	江西旅游商贸职业学院	以"双创"社团为载体的高职院校双创教育探析——以江西旅游商贸职业学院为例
82	南京工业职业技术大学	以研促创，让"双创"插上科研的翅膀——设施园艺土壤消毒卫士创业案例
83	江西旅游商贸职业学院	疫情后时代"云端双创教育"的路向
84	青岛职业技术学院	疫情下辅导员赋能高职毕业生就业创业的实施策略
85	江西旅游商贸职业学院	优秀组织单位
86	南京工业职业技术大学	云思顿智能分类垃圾箱整体系统——南京云思顿智能科技有限公司创业案例
87	江西旅游商贸职业学院	振兴之"鹿"——开辟农民长久致富新模式——桃红岭梅花鹿繁育中心创业案例

续表

序号	高校名称（现在）	课程名称
88	长春信息技术职业学院	重塑双创教育理念促进两教深度融合
89	青岛职业技术学院	主体性视角下高职创新创业教育的改革与实践
90	广州城市职业学院	纵梦校园——中国最大高校自媒体服务平台赋能大学生就业创业
91	无锡商业职业技术学院	先进工作事迹
92	浙江金融职业学院	先进工作事迹
93	黑龙江能源职业学院	先进工作事迹
94	湖南工艺美术职业学院	先进工作事迹
95	辽宁铁道职业技术学院	先进工作事迹
96	温州科技职业学院	先进工作事迹
97	锡林郭勒职业学院	先进工作事迹
98	黑龙江林业职业技术学院	先进工作事迹
99	江西旅游商贸职业学院	先进工作事迹
100	江西旅游商贸职业学院	指导教师优秀事迹
101	温州科技职业学院	指导教师优秀事迹
102	金华职业技术学院	指导教师优秀事迹
103	黑龙江能源职业学院	指导教师优秀事迹
104	四川信息职业技术学院	指导教师优秀事迹
105	顺德职业技术学院	指导教师优秀事迹
106	浙江金融职业学院	指导教师优秀事迹
107	广州城市职业学院	指导教师优秀事迹
108	青岛职业技术学院	指导教师优秀事迹
109	辽宁铁道职业技术学院	指导教师优秀事迹
110	黑龙江林业职业技术学院	指导教师优秀事迹
111	广州城市职业学院	指导教师优秀事迹
112	黑龙江林业职业技术学院	指导教师优秀事迹
113	黑龙江能源职业学院	指导教师优秀事迹
114	湖南工艺美术职业学院	指导教师优秀事迹
115	江西旅游商贸职业学院	指导教师优秀事迹
116	辽宁铁道职业技术学院	指导教师优秀事迹

序号	高校名称（现在）	课程名称
117	青岛职业技术学院	指导教师优秀事迹
118	四川信息职业技术学院	指导教师优秀事迹
119	云南林业职业技术学院	指导教师优秀事迹
120	长春信息技术职业学院	指导教师优秀事迹
121	浙江安防职业技术学院	指导教师优秀事迹

第四节　中国高职院校创新创业教育
发展评价研究结果分析

本节从不同角度对我国高职院校创新创业教育发展现状进行分析，并发现其存在的问题。在高职院校创新创业教育现状和问题中，主要研究分析我国高职院校创新创业教育整体水平；不同省域高职院校的创新创业教育水平情况；高职院校校域之间创新创业教育水平的差距；不同指标维度下的全国高职院校创新创业教育形态；创新创业教育不同指数维度的表现情况。

一、中国高职院校创新创业教育发展整体现状

按照全国高职院校创新创业教育发展总排名进行分析，其评价指数以第一名得分计为100分，则最低分为4.38分，60分以上的院校12所，仅占全国高职院校总数的0.81%，高分段院校明显偏少。从图4-2可以看出，指数在高分段处呈现出断崖式下降形态；之后呈现出相对缓和式下降形态，但总体分值较低；低分段处占比大，尤其最后200所高职院校指数已无区分度。说明全国高职院校创新创业教育不平衡，低分段高职院校创新创业教育还处于起步阶段，与国家倡导的深化高校创新创业教育改革存在较大差距。

根据全国高职院校创新创业教育发展指数排名情况，TOP200高职院校名

单如表 4-15 所示。

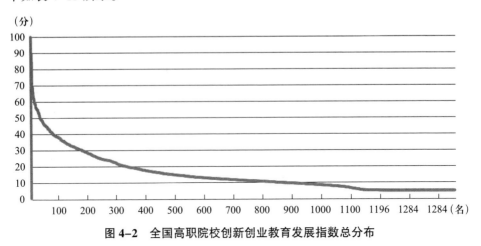

（分）

图 4-2　全国高职院校创新创业教育发展指数总分布

表 4-15　全国高职院校创新创业教育发展指数 TOP200 院校一览表

学校名称	所在省份	属性	是否为"双高计划"高职院校	指数	排名
义乌工商职业技术学院	浙江省	公办	非高职双高校	100.00	1
重庆电子工程职业学院	重庆市	公办	高水平学校建设单位（B 档）	91.36	2
金华职业技术学院	浙江省	公办	高水平学校建设单位（A 档）	89.34	3
深圳职业技术学院	广东省	公办	高水平学校建设单位（A 档）	84.24	4
广东轻工职业技术学院	广东省	公办	高水平学校建设单位（B 档）	77.56	5
山东商业职业技术学院	山东省	公办	高水平学校建设单位（A 档）	69.43	6
新疆农业职业技术学院	新疆维吾尔自治区	公办	高水平学校建设单位（C 档）	68.35	7
成都职业技术学院	四川省	公办	高水平专业群建设单位（B 档）	65.77	8
福建船政交通职业学院	福建省	公办	高水平学校建设单位（C 档）	63.50	9
江苏农林职业技术学院	江苏省	公办	高水平学校建设单位（A 档）	63.27	10
北京财贸职业学院	北京市	公办	高水平学校建设单位（C 档）	62.12	11
温州职业技术学院	浙江省	公办	高水平学校建设单位（C 档）	61.49	12
柳州职业技术学院	广西壮族自治区	公办	高水平专业群建设单位（B 档）	59.68	13
黄河水利职业技术学院	河南省	公办	高水平学校建设单位（A 档）	58.84	14
广州番禺职业技术学院	广东省	公办	高水平学校建设单位（B 档）	58.61	15

学校名称	所在省份	属性	是否为"双高计划"高职院校	指数	排名
芜湖职业技术学院	安徽省	公办	高水平学校建设单位（C档）	58.50	16
江苏农牧科技职业学院	江苏省	公办	高水平学校建设单位（B档）	58.05	17
常州信息职业技术学院	江苏省	公办	高水平学校建设单位（B档）	56.53	18
浙江工贸职业技术学院	浙江省	公办	高水平专业群建设单位（C档）	56.30	19
海南经贸职业技术学院	海南省	公办	高水平学校建设单位（C档）	56.12	20
湖南工艺美术职业学院	湖南省	公办	高水平专业群建设单位（A档）	55.44	21
浙江机电职业技术学院	浙江省	公办	高水平学校建设单位（A档）	55.43	22
河南职业技术学院	河南省	公办	高水平专业群建设单位（B档）	55.07	23
江西外语外贸职业学院	江西省	公办	高水平专业群建设单位（C档）	54.97	24
武汉职业技术学院	湖北省	公办	高水平专业群建设单位（A档）	54.96	25
黎明职业大学	福建省	公办	高水平专业群建设单位（B档）	54.08	26
江西环境工程职业学院	江西省	公办	高水平专业群建设单位（B档）	53.75	27
成都农业科技职业学院	四川省	公办	高水平专业群建设单位（C档）	53.63	28
长沙民政职业技术学院	湖南省	公办	高水平学校建设单位（B档）	52.84	29
深圳信息职业技术学院	广东省	公办	高水平学校建设单位（B档）	52.84	30
天津市职业大学	天津市	公办	高水平学校建设单位（A档）	52.72	31
湖南工业职业技术学院	湖南省	公办	高水平专业群建设单位（A档）	51.43	32
杭州职业技术学院	浙江省	公办	高水平学校建设单位（B档）	50.61	33
重庆工程职业技术学院	重庆市	公办	高水平专业群建设单位（B档）	49.65	34
陕西工业职业技术学院	陕西省	公办	高水平学校建设单位（A档）	49.32	35
山东理工职业学院	山东省	公办	非高职双高校	48.99	36
顺德职业技术学院	广东省	公办	高水平学校建设单位（B档）	48.91	37
长春职业技术学院	吉林省	公办	高水平专业群建设单位（A档）	48.91	38
唐山工业职业技术学院	河北省	公办	高水平专业群建设单位（B档）	48.78	39
徐州工业职业技术学院	江苏省	公办	高水平专业群建设单位（C档）	48.34	40
黑龙江职业学院	黑龙江省	公办	高水平专业群建设单位（B档）	48.01	41
安徽机电职业技术学院	安徽省	公办	高水平专业群建设单位（A档）	47.83	42
河北化工医药职业技术学院	河北省	公办	高水平专业群建设单位（C档）	47.54	43
安徽商贸职业技术学院	安徽省	公办	高水平专业群建设单位（A档）	47.16	44
北京交通运输职业学院	北京市	公办	高水平专业群建设单位（C档）	46.98	45

学校名称	所在省份	属性	是否为"双高计划"高职院校	指数	排名
广东科学技术职业学院	广东省	公办	高水平专业群建设单位（B档）	46.42	46
浙江商业职业技术学院	浙江省	公办	高水平专业群建设单位（C档）	46.04	47
湖南机电职业技术学院	湖南省	公办	非高职双高校	45.67	48
河北软件职业技术学院	河北省	公办	非高职双高校	45.66	49
四川交通职业技术学院	四川省	公办	高水平专业群建设单位（A档）	45.57	50
辽宁机电职业技术学院	辽宁省	公办	高水平专业群建设单位（C档）	45.20	51
常州工业职业技术学院	江苏省	公办	非高职双高校	45.08	52
广州铁路职业技术学院	广东省	公办	高水平专业群建设单位（B档）	45.03	53
重庆工商职业学院	重庆市	公办	高水平专业群建设单位（B档）	44.92	54
重庆工业职业技术学院	重庆市	公办	高水平学校建设单位（B档）	44.58	55
扬州工业职业技术学院	江苏省	公办	非高职双高校	44.50	56
辽宁农业职业技术学院	辽宁省	公办	高水平专业群建设单位（A档）	44.47	57
常州工程职业技术学院	江苏省	公办	高水平专业群建设单位（B档）	44.20	58
潍坊职业学院	山东省	公办	高水平专业群建设单位（B档）	44.15	59
无锡职业技术学院	江苏省	公办	高水平学校建设单位（A档）	44.09	60
哈尔滨职业技术学院	黑龙江省	公办	高水平学校建设单位（C档）	43.32	61
北京经济管理职业学院	北京市	公办	非高职双高校	43.20	62
浙江金融职业学院	浙江省	公办	高水平学校建设单位（B档）	42.98	63
襄阳职业技术学院	湖北省	公办	高水平专业群建设单位（B档）	42.78	64
昆明冶金高等专科学校	云南省	公办	高水平学校建设单位（C档）	42.74	65
咸宁职业技术学院	湖北省	公办	非高职双高校	42.67	66
浙江经济职业技术学院	浙江省	公办	高水平专业群建设单位（B档）	42.51	67
西藏职业技术学院	西藏自治区	公办	非高职双高校	42.27	68
日照职业技术学院	山东省	公办	高水平学校建设单位（B档）	42.04	69
北京电子科技职业学院	北京市	公办	高水平学校建设单位（A档）	41.44	70
西安航空职业技术学院	陕西省	公办	高水平学校建设单位（C档）	41.37	71
北京工业职业技术学院	北京市	公办	高水平学校建设单位（B档）	41.25	72
广州城建职业学院	广东省	民办	非高职双高校	41.07	73
温州科技职业学院	浙江省	公办	非高职双高校	41.01	74

续表

学校名称	所在省份	属性	是否为"双高计划"高职院校	指数	排名
济南职业学院	山东省	公办	高水平专业群建设单位（B档）	40.86	75
威海职业学院	山东省	公办	高水平专业群建设单位（B档）	40.81	76
淄博职业学院	山东省	公办	高水平学校建设单位（B档）	40.59	77
宁波职业技术学院	浙江省	公办	高水平学校建设单位（B档）	40.57	78
杨凌职业技术学院	陕西省	公办	高水平学校建设单位（B档）	40.21	79
江苏经贸职业技术学院	江苏省	公办	高水平学校建设单位（C档）	39.59	80
苏州经贸职业技术学院	江苏省	公办	非高职双高校	39.49	81
郑州铁路职业技术学院	河南省	公办	高水平专业群建设单位（B档）	39.47	82
无锡商业职业技术学院	江苏省	公办	高水平专业群建设单位（C档）	39.31	83
湖南汽车工程职业学院	湖南省	公办	高水平专业群建设单位（A档）	39.25	84
武汉软件工程职业学院	湖北省	公办	非高职双高校	39.02	85
陕西铁路工程职业技术学院	陕西省	公办	高水平学校建设单位（C档）	39.01	86
重庆水利电力职业技术学院	重庆市	公办	非高职双高校	38.82	87
南京科技职业学院	江苏省	公办	非高职双高校	38.78	88
江苏航运职业技术学院	江苏省	公办	高水平专业群建设单位（B档）	38.74	89
河北交通职业技术学院	河北省	公办	非高职双高校	38.39	90
济源职业技术学院	河南省	公办	非高职双高校	38.36	91
许昌职业技术学院	河南省	公办	高水平专业群建设单位（B档）	38.32	92
湖南铁道职业技术学院	湖南省	公办	高水平学校建设单位（C档）	38.26	93
河南农业职业学院	河南省	公办	高水平专业群建设单位（B档）	38.23	94
天津交通职业学院	天津市	公办	高水平专业群建设单位（B档）	38.10	95
广西交通职业技术学院	广西壮族自治区	公办	非高职双高校	37.87	96
安徽财贸职业学院	安徽省	公办	非高职双高校	37.83	97
中山职业技术学院	广东省	公办	非高职双高校	37.80	98
江西旅游商贸职业学院	江西省	公办	非高职双高校	37.77	99
东莞职业技术学院	广东省	公办	高水平专业群建设单位（C档）	37.50	100
武汉城市职业学院	湖北省	公办	非高职双高校	37.33	101

学校名称	所在省份	属性	是否为"双高计划"高职院校	指数	排名
河南工业职业技术学院	河南省	公办	高水平专业群建设单位（B档）	37.30	102
四川工程职业技术学院	四川省	公办	高水平学校建设单位（C档）	37.26	103
锡林郭勒职业学院	内蒙古自治区	公办	非高职双高校	37.25	104
陕西国防工业职业技术学院	陕西省	公办	高水平专业群建设单位（B档）	36.98	105
烟台职业学院	山东省	公办	高水平专业群建设单位（B档）	36.92	106
常州机电职业技术学院	江苏省	公办	高水平学校建设单位（C档）	36.58	107
山西工程职业学院	山西省	公办	高水平专业群建设单位（A档）	36.18	108
黄冈职业技术学院	湖北省	公办	高水平专业群建设单位（A档）	36.03	109
天津轻工职业技术学院	天津市	公办	高水平学校建设单位（C档）	35.95	110
南京交通职业技术学院	江苏省	公办	非高职双高校	35.74	111
福建信息职业技术学院	福建省	公办	高水平专业群建设单位（A档）	35.72	112
江苏建筑职业技术学院	江苏省	公办	高水平专业群建设单位（A档）	35.64	113
天津铁道职业技术学院	天津市	公办	非高职双高校	35.58	114
长春金融高等专科学校	吉林省	公办	非高职双高校	35.55	115
河南经贸职业学院	河南省	公办	非高职双高校	35.55	116
浙江交通职业技术学院	浙江省	公办	高水平专业群建设单位（B档）	35.53	117
江西应用技术职业学院	江西省	公办	高水平专业群建设单位（A档）	35.47	118
南宁职业技术学院	广西壮族自治区	公办	高水平学校建设单位（C档）	35.42	119
莱芜职业技术学院	山东省	公办	非高职双高校	35.10	120
长春汽车工业高等专科学校	吉林省	公办	高水平学校建设单位（C档）	34.77	121
广东工贸职业技术学院	广东省	公办	高水平专业群建设单位（C档）	34.77	122
湖南交通职业技术学院	湖南省	公办	高水平专业群建设单位（C档）	34.75	123
南京铁道职业技术学院	江苏省	公办	高水平专业群建设单位（C档）	34.65	124
内蒙古机电职业技术学院	内蒙古自治区	公办	高水平学校建设单位（C档）	34.40	125
贵州交通职业技术学院	贵州省	公办	高水平学校建设单位（C档）	34.29	126
苏州工业职业技术学院	江苏省	公办	高水平专业群建设单位（C档）	34.07	127

续表

学校名称	所在省份	属性	是否为"双高计划"高职院校	指数	排名
上海工艺美术职业学院	上海市	公办	高水平学校建设单位（C档）	34.05	128
广东水利电力职业技术学院	广东省	公办	高水平专业群建设单位（B档）	33.79	129
广西职业技术学院	广西壮族自治区	公办	高水平专业群建设单位（B档）	33.66	130
滁州职业技术学院	安徽省	公办	非高职双高校	33.63	131
浙江经贸职业技术学院	浙江省	公办	高水平专业群建设单位（B档）	33.55	132
苏州农业职业技术学院	江苏省	公办	高水平专业群建设单位（B档）	33.49	133
福州职业技术学院	福建省	公办	高水平专业群建设单位（B档）	33.44	134
天津医学高等专科学校	天津市	公办	高水平学校建设单位（B档）	33.44	135
宁夏工商职业技术学院	宁夏回族自治区	公办	高水平专业群建设单位（B档）	33.33	136
青岛职业技术学院	山东省	公办	高水平专业群建设单位（B档）	33.18	137
厦门城市职业学院	福建省	公办	非高职双高校	33.00	138
江西财经职业学院	江西省	公办	高水平专业群建设单位（B档）	32.95	139
长沙航空职业技术学院	湖南省	公办	高水平专业群建设单位（B档）	32.76	140
石家庄职业技术学院	河北省	公办	高水平专业群建设单位（C档）	32.72	141
广东机电职业技术学院	广东省	公办	高水平专业群建设单位（C档）	32.63	142
常州纺织服装职业技术学院	江苏省	公办	非高职双高校	32.51	143
重庆城市管理职业学院	重庆市	公办	高水平专业群建设单位（A档）	32.51	144
江苏海事职业技术学院	江苏省	公办	高水平专业群建设单位（B档）	32.43	145
贵州轻工职业技术学院	贵州省	公办	高水平专业群建设单位（C档）	32.37	146
上海城建职业学院	上海市	公办	非高职双高校	32.30	147
安徽职业技术学院	安徽省	公办	非高职双高校	32.28	148
浙江工商职业技术学院	浙江省	公办	非高职双高校	32.20	149
山东职业学院	山东省	公办	高水平专业群建设单位（C档）	32.13	150
杭州科技职业技术学院	浙江省	公办	非高职双高校	32.07	151
黑龙江农业工程职业学院	黑龙江省	公办	高水平专业群建设单位（B档）	32.06	152
广东交通职业技术学院	广东省	公办	非高职双高校	31.97	153

续表

学校名称	所在省份	属性	是否为"双高计划"高职院校	指数	排名
四川建筑职业技术学院	四川省	公办	高水平专业群建设单位（B 档）	31.84	154
西安铁路职业技术学院	陕西省	公办	非高职双高校	31.67	155
成都航空职业技术学院	四川省	公办	高水平专业群建设单位（A 档）	31.64	156
天津渤海职业技术学院	天津市	公办	高水平专业群建设单位（C 档）	31.53	157
辽宁省交通高等专科学校	辽宁省	公办	高水平学校建设单位（B 档）	31.48	158
浙江旅游职业学院	浙江省	公办	高水平专业群建设单位（B 档）	31.38	159
吉林工业职业技术学院	吉林省	公办	非高职双高校	31.34	160
宁波城市职业技术学院	浙江省	公办	非高职双高校	31.06	161
南京信息职业技术学院	江苏省	公办	高水平学校建设单位（B 档）	31.05	162
广西建设职业技术学院	广西壮族自治区	公办	高水平专业群建设单位（C 档）	31.04	163
浙江工业职业技术学院	浙江省	公办	非高职双高校	31.00	164
青岛酒店管理职业技术学院	山东省	公办	高水平专业群建设单位（C 档）	30.96	165
宁夏职业技术学院	宁夏回族自治区	公办	高水平学校建设单位（C 档）	30.83	166
台州职业技术学院	浙江省	公办	非高职双高校	30.75	167
江苏工程职业技术学院	江苏省	公办	高水平专业群建设单位（B 档）	30.62	168
新疆石河子职业技术学院	新疆维吾尔自治区	公办	非高职双高校	30.53	169
黑龙江农业经济职业学院	黑龙江省	公办	高水平专业群建设单位（A 档）	30.48	170
九江职业技术学院	江西省	公办	高水平学校建设单位（C 档）	30.41	171
湖南铁路科技职业技术学院	湖南省	公办	非高职双高校	30.33	172
河南机电职业学院	河南省	公办	非高职双高校	30.28	173
苏州工艺美术职业技术学院	江苏省	公办	高水平专业群建设单位（B 档）	30.25	174
江苏财经职业技术学院	江苏省	公办	非高职双高校	30.23	175
武汉船舶职业技术学院	湖北省	公办	高水平学校建设单位（C 档）	30.21	176
山西机电职业技术学院	山西省	公办	高水平专业群建设单位（B 档）	30.11	177

续表

学校名称	所在省份	属性	是否为"双高计划"高职院校	指数	排名
黑龙江建筑职业技术学院	黑龙江省	公办	高水平专业群建设单位（A档）	29.96	178
安徽国防科技职业学院	安徽省	公办	非高职双高校	29.95	179
天津电子信息职业技术学院	天津市	公办	高水平专业群建设单位（A档）	29.88	180
江西交通职业技术学院	江西省	公办	高水平专业群建设单位（B档）	29.87	181
包头轻工职业技术学院	内蒙古自治区	公办	非高职双高校	29.47	182
山东水利职业学院	山东省	公办	非高职双高校	29.45	183
大连职业技术学院	辽宁省	公办	非高职双高校	29.43	184
广西机电职业技术学院	广西壮族自治区	公办	非高职双高校	29.39	185
柳州铁道职业技术学院	广西壮族自治区	公办	非高职双高校	29.30	186
江苏信息职业技术学院	江苏省	公办	非高职双高校	29.20	187
酒泉职业技术学院	甘肃省	公办	高水平专业群建设单位（B档）	28.96	188
湖南财经工业职业技术学院	湖南省	公办	非高职双高校	28.96	189
湖北职业技术学院	湖北省	公办	高水平专业群建设单位（C档）	28.95	190
浙江纺织服装职业技术学院	浙江省	公办	非高职双高校	28.88	191
山东畜牧兽医职业学院	山东省	公办	高水平专业群建设单位（B档）	28.77	192
厦门海洋职业技术学院	福建省	公办	非高职双高校	28.75	193
石家庄铁路职业技术学院	河北省	公办	高水平专业群建设单位（B档）	28.68	194
长沙商贸旅游职业技术学院	湖南省	公办	高水平专业群建设单位（C档）	28.57	195
湖南城建职业技术学院	湖南省	公办	非高职双高校	28.56	196
浙江建设职业技术学院	浙江省	公办	高水平专业群建设单位（A档）	28.48	197
山西职业技术学院	山西省	公办	高水平专业群建设单位（B档）	28.46	198
广东岭南职业技术学院	广东省	民办	非高职双高校	28.13	199
云南林业职业技术学院	云南省	公办	非高职双高校	28.13	200

二、分区域高职院校创新创业教育发展情况

（一）从不同省份角度分析

全国高职院校创新创业教育发展评价指数的省域分布情况，如表4-16所示。

表4-16 不同省份高职院校创新创业教育发展分布情况　　　单位：所

所在省份	高职院校个数	TOP30	TOP100	TOP200
安徽省	75	1	4	7
北京市	25	1	5	5
福建省	50	2	2	6
甘肃省	27	0	0	1
广东省	93	4	10	15
广西壮族自治区	47	1	2	7
贵州省	46	0	0	2
海南省	13	1	1	1
河北省	63	0	4	6
河南省	99	2	6	9
黑龙江省	39	0	2	5
湖北省	62	1	4	8
湖南省	78	2	6	12
吉林省	29	0	1	4
江苏省	90	3	13	26
江西省	61	2	3	7
辽宁省	51	0	2	4
内蒙古自治区	37	0	0	3
宁夏回族自治区	12	0	0	2
青海省	8	0	0	0
山东省	83	1	7	14
山西省	48	0	0	3
陕西省	40	0	4	6
上海市	24	0	0	2

所在省份	高职院校个数	TOP30	TOP100	TOP200
四川省	81	2	3	6
天津市	26	0	2	7
西藏自治区	3	0	1	1
新疆维吾尔自治区	36	1	1	2
云南省	50	0	1	2
浙江省	49	5	11	21
重庆市	44	1	5	6

从高职院校创新创业教育发展评价指数的省域分布来看，TOP30 的高职院校覆盖全国 16 个省份，其中浙江省 5 所、广东省 4 所、江苏省 3 所，其余省份为 1~2 所。TOP100 的高职院校覆盖全国 24 个省份，其中江苏省 13 所、浙江省 11 所、广东省 10 所，其余省市均小于 10 所，且甘肃省、贵州省、内蒙古自治区、宁夏回族自治区、青海省、山西省、上海市的高职院校均没有进入 TOP100。TOP200 覆盖全国 30 个省份，其中江苏省 26 所、浙江省 21 所、广东省 15 所、山东省 14 所、湖南省 12 所，其余省份均小于 10 所，且青海省没有院校进入 TOP200（见图 4-3）。

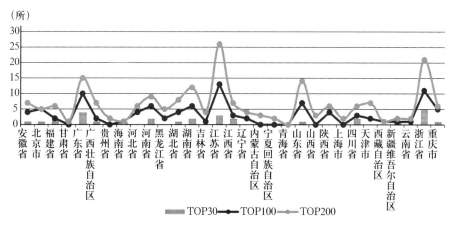

图 4-3　各省份进入 TOP30、TOP100、TOP200 高职院校数

由数据分析可见，在全国各省份范围内，江苏省、浙江省两个省份创新创业教育发展指数高分段高职院校明显多于其他省份，其中浙江省高职院校

中 10.20% 进入 TOP30，22.45% 进入 TOP100，42.86% 进入 TOP200；江苏省高职院校中 3.33% 进入 TOP30，14.44% 进入 TOP100，28.89% 进入 TOP200。此外，广东省、山东省的高职院校数进入高分段也相对较多。其中甘肃省、海南省、西藏自治区等省份进入 TOP200 仅 1 所，青海省没有一所高职院校进入高分段，高分段院校数量不足对于整个地区创新创业教育长远发展非常不利。

通过上述分析结果可见，各省份之间高职院校创新创业教育水平差异明显，呈现两极分化现象。分析其原因如下：

一是与地方经济关系密切，将 2019~2021 年各省份人均 GDP 和高职院校创新创业教育发展指数均值进行相关性分析，结果显示两者相关性显著相关（见表 4-17）。2019~2021 年江苏省、浙江省人均 GDP 均值分别为 12.93 万元、11.04 万元，而甘肃省、黑龙江省、广西壮族自治区、吉林省、贵州省、河北省、青海省、云南省、山西省、西藏自治区等地区的人均 GDP 还不足江苏省、浙江省的一半。高职院校创新创业教育水平与地方经济发展的差异有着密切关联。

表 4-17 对 2019~2021 年各省份人均 GDP 和双创指数均值进行相关性分析

斯皮尔曼 Rho	2019~2021 年各省份人均 GDP	相关系数	1.000	0.706**
		Sig.（双尾）	0	0.000
		N	31	31
	指数均值	相关系数	0.706**	1.000
		Sig.（双尾）	0.000	0
		N	31	31

注：** 表示在 0.01 级别（双尾），相关性显著。

二是与教育经费投入有关，根据 2021 年 11 月发布的《教育部国家统计局财政部关于近年全国教育经费执行情况统计公告》发现，北京市、上海市、江苏省、广东省、山东省、浙江省的 2019~2020 年高等教育经费投入高于其他省份，教育经费投入的多少也是影响高职院校创新创业教育发展水平的重要原因。

（二）从全国四大经济区角度分析

根据我国经济社会加速发展的新形势，全国分为四大经济区域：东部（北京市、天津市、河北省、上海市、江苏省、浙江省、福建省、山东省、广东省、海南省）、东北（辽宁省、吉林省、黑龙江省）、中部（山西省、安徽省、江西省、河南省、湖北省、湖南省）和西部（内蒙古自治区、广西壮族自治区、重庆市、四川省、贵州省、云南省、西藏自治区、陕西省、甘肃省、青海省、宁夏回族自治区、新疆维吾尔自治区）。各地区经济社会发展的主要内容为：西部开发、东北振兴、中部崛起、东部地区率先发展。从全国四大经济区的高职院校创新创业教育发展指数均值来看，东部地区 18.70，中部地区 13.78，东北部地区 13.07，西部地区为 12.82。可见，率先发展的东部地区高职院校的创新创业教育整体水平最优，且明显优于其他地区（见表 4–18）。

表 4–18　四大经济区高职院校创新创业教育发展指数分布

经济区	院校个数	指数均值	TOP30	TOP30占比	TOP100	TOP100占比	TOP200	TOP200占比
东部	516	18.70	17	56.67%	55	55.00%	103	51.50%
中部	423	13.78	8	26.67%	23	23.00%	46	23.00%
东北	119	13.07	0	——	5	5.00%	13	6.50%
西部	431	12.82	5	16.67%	17	17.00%	38	19.00%

从四大经济区的高职院校创新创业教育发展指数分布来看，TOP30 的高职院校分布在东部地区（17 所）、中部地区（8 所）和西部地区（5 所），分别占 56.67%、26.67% 和 16.67%。TOP100 的高职院校主要分布在东部地区 55 所，占比 55.00%，其次为中部地区 23 所和西部地区 17 所，分别占比 23.00% 和 17.00%，东北地区 5 所，仅占 5.00%。TOP200 的高职院校中，东部地区 103 所，仍占主要位置，占比 51.50%；中部地区 46 所，占比 23.00%；西部地区 38 所，占比 19.00%；东北地区 13 所，占比 6.50%。可见，四大经济区的高职院校创新创业教育较不均衡，且其分布与地区的经济发展水平有关，经济水平越发达，高职院校数量越多且创新创业教育整体水平越高，其中东部区域近三年人均 GDP 均超 10 万元，远高于其他区域，该

区高职院校创新创业教育相应优势明显。

（三）国家"双高计划"院校创新创业教育情况

根据教育部、财政部发布的中国特色高水平高职学校和专业建设计划（以下简称"双高计划"）拟建设单位名单，全国"双高计划"院校共197所，其中河北工业职业技术学院、兰州资源环境职业技术学院、邢台职业技术学院、兰州石化职业技术学院、承德石油高等专科学校5所院校升格为职业本科不在本研究分析之内。因此，本书分析的"双高计划"院校共192所，包括：第一类，高水平学校建设单位（A档）10所；第二类，高水平学校建设单位（B档）19所；第三类，高水平学校建设单位（C档）25所、高水平专业群建设单位（A档）24所、高水平专业群建设单位（B档）59所；第四类，高水平专业群建设单位（C档）55所。在高职院校创新创业教育发展指数分布中，国家"双高计划"院校分值情况如表4-19所示。

表4-19 "双高计划"院校创新创业教育发展指数情况

学校名称	所在地	高职双高校	总分值	指数	总排名
重庆电子工程职业学院	重庆市	高水平学校建设单位（B档）	36.28	91.36	2
金华职业技术学院	金华市	高水平学校建设单位（A档）	35.48	89.34	3
深圳职业技术学院	深圳市	高水平学校建设单位（A档）	33.46	84.24	4
广东轻工职业技术学院	广州市	高水平学校建设单位（B档）	30.81	77.56	5
山东商业职业技术学院	济南市	高水平学校建设单位（A档）	27.57	69.43	6
新疆农业职业技术学院	昌吉回族自治州	高水平学校建设单位（C档）	27.15	68.35	7
成都职业技术学院	成都市	高水平专业群建设单位（B档）	26.12	65.77	8
福建船政交通职业学院	福州市	高水平学校建设单位（C档）	25.22	63.50	9
江苏农林职业技术学院	镇江市	高水平学校建设单位（A档）	25.13	63.27	10
北京财贸职业学院	北京市	高水平学校建设单位（C档）	24.67	62.12	11
温州职业技术学院	温州市	高水平学校建设单位（C档）	24.42	61.49	12
柳州职业技术学院	柳州市	高水平专业群建设单位（B档）	23.70	59.68	13
黄河水利职业技术学院	开封市	高水平学校建设单位（A档）	23.37	58.84	14
广州番禺职业技术学院	广州市	高水平学校建设单位（B档）	23.28	58.61	15
芜湖职业技术学院	芜湖市	高水平学校建设单位（C档）	23.24	58.50	16

续表

学校名称	所在地	高职双高校	总分值	指数	总排名
江苏农牧科技职业学院	泰州市	高水平学校建设单位（B档）	23.06	58.05	17
常州信息职业技术学院	常州市	高水平学校建设单位（B档）	22.45	56.53	18
浙江工贸职业技术学院	温州市	高水平专业群建设单位（C档）	22.36	56.30	19
海南经贸职业技术学院	海口市	高水平学校建设单位（C档）	22.29	56.12	20
湖南工艺美术职业学院	益阳市	高水平专业群建设单位（A档）	22.02	55.44	21
浙江机电职业技术学院	杭州市	高水平学校建设单位（A档）	22.02	55.43	22
河南职业技术学院	郑州市	高水平专业群建设单位（B档）	21.87	55.07	23
江西外语外贸职业学院	南昌市	高水平专业群建设单位（C档）	21.83	54.97	24
武汉职业技术学院	武汉市	高水平专业群建设单位（A档）	21.83	54.96	25
黎明职业大学	泉州市	高水平专业群建设单位（B档）	21.48	54.08	26
江西环境工程职业学院	赣州市	高水平专业群建设单位（B档）	21.35	53.75	27
成都农业科技职业学院	成都市	高水平专业群建设单位（C档）	21.30	53.63	28
长沙民政职业技术学院	长沙市	高水平学校建设单位（B档）	20.99	52.84	29
深圳信息职业技术学院	深圳市	高水平学校建设单位（B档）	20.99	52.84	30
天津市职业大学	天津市	高水平学校建设单位（A档）	20.94	52.72	31
湖南工业职业技术学院	长沙市	高水平专业群建设单位（A档）	20.43	51.43	32
杭州职业技术学院	杭州市	高水平学校建设单位（B档）	20.10	50.61	33
重庆工程职业技术学院	重庆市	高水平专业群建设单位（B档）	19.72	49.65	34
陕西工业职业技术学院	咸阳市	高水平学校建设单位（A档）	19.59	49.32	35
顺德职业技术学院	佛山市	高水平学校建设单位（B档）	19.43	48.91	37
长春职业技术学院	长春市	高水平专业群建设单位（A档）	19.43	48.91	38
唐山工业职业技术学院	唐山市	高水平专业群建设单位（B档）	19.37	48.78	39
徐州工业职业技术学院	徐州市	高水平专业群建设单位（C档）	19.20	48.34	40
黑龙江职业学院	哈尔滨市	高水平专业群建设单位（B档）	19.07	48.01	41
安徽机电职业技术学院	芜湖市	高水平专业群建设单位（A档）	19.00	47.83	42
河北化工医药职业技术学院	石家庄市	高水平专业群建设单位（C档）	18.88	47.54	43
安徽商贸职业技术学院	芜湖市	高水平专业群建设单位（A档）	18.73	47.16	44
北京交通运输职业学院	北京市	高水平专业群建设单位（C档）	18.66	46.98	45
广东科学技术职业学院	广州市	高水平专业群建设单位（B档）	18.44	46.42	46

续表

学校名称	所在地	高职双高校	总分值	指数	总排名
浙江商业职业技术学院	杭州市	高水平专业群建设单位（C档）	18.28	46.04	47
四川交通职业技术学院	成都市	高水平专业群建设单位（A档）	18.10	45.57	50
辽宁机电职业技术学院	丹东市	高水平专业群建设单位（C档）	17.95	45.20	51
广州铁路职业技术学院	广州市	高水平专业群建设单位（B档）	17.88	45.03	53
重庆工商职业学院	重庆市	高水平专业群建设单位（B档）	17.84	44.92	54
重庆工业职业技术学院	重庆市	高水平学校建设单位（B档）	17.71	44.58	55
辽宁农业职业技术学院	营口市	高水平专业群建设单位（A档）	17.66	44.47	57
常州工程职业技术学院	常州市	高水平专业群建设单位（B档）	17.55	44.20	58
潍坊职业学院	潍坊市	高水平专业群建设单位（B档）	17.54	44.15	59
无锡职业技术学院	无锡市	高水平学校建设单位（A档）	17.51	44.09	60
哈尔滨职业技术学院	哈尔滨市	高水平学校建设单位（C档）	17.20	43.32	61
浙江金融职业学院	杭州市	高水平学校建设单位（B档）	17.07	42.98	63
襄阳职业技术学院	襄阳市	高水平专业群建设单位（B档）	16.99	42.78	64
昆明冶金高等专科学校	昆明市	高水平学校建设单位（C档）	16.98	42.74	65
浙江经济职业技术学院	杭州市	高水平专业群建设单位（B档）	16.88	42.51	67
日照职业技术学院	日照市	高水平学校建设单位（B档）	16.70	42.04	69
北京电子科技职业学院	北京市	高水平学校建设单位（A档）	16.46	41.44	70
西安航空职业技术学院	西安市	高水平学校建设单位（C档）	16.43	41.37	71
北京工业职业技术学院	北京市	高水平学校建设单位（B档）	16.38	41.25	72
济南职业学院	济南市	高水平专业群建设单位（B档）	16.23	40.86	75
威海职业学院	威海市	高水平专业群建设单位（B档）	16.21	40.81	76
淄博职业学院	淄博市	高水平学校建设单位（B档）	16.12	40.59	77
宁波职业技术学院	宁波市	高水平学校建设单位（B档）	16.11	40.57	78
杨凌职业技术学院	咸阳市	高水平学校建设单位（B档）	15.97	40.21	79
江苏经贸职业技术学院	南京市	高水平学校建设单位（C档）	15.72	39.59	80
郑州铁路职业技术学院	郑州市	高水平专业群建设单位（B档）	15.68	39.47	82
无锡商业职业技术学院	无锡市	高水平专业群建设单位（C档）	15.62	39.31	83
湖南汽车工程职业学院	株洲市	高水平专业群建设单位（A档）	15.59	39.25	84
陕西铁路工程职业技术学院	渭南市	高水平学校建设单位（C档）	15.49	39.01	86

续表

学校名称	所在地	高职双高校	总分值	指数	总排名
江苏航运职业技术学院	南通市	高水平专业群建设单位（B档）	15.39	38.74	89
许昌职业技术学院	许昌市	高水平专业群建设单位（B档）	15.22	38.32	92
湖南铁道职业技术学院	株洲市	高水平学校建设单位（C档）	15.20	38.26	93
河南农业职业学院	郑州市	高水平专业群建设单位（B档）	15.18	38.23	94
天津交通职业学院	天津市	高水平专业群建设单位（B档）	15.13	38.10	95
东莞职业技术学院	东莞市	高水平专业群建设单位（C档）	14.90	37.50	100
河南工业职业技术学院	南阳市	高水平专业群建设单位（B档）	14.82	37.30	102
四川工程职业技术学院	德阳市	高水平学校建设单位（C档）	14.80	37.26	103
陕西国防工业职业技术学院	西安市	高水平专业群建设单位（B档）	14.69	36.98	105
烟台职业学院	烟台市	高水平专业群建设单位（B档）	14.66	36.92	106
常州机电职业技术学院	常州市	高水平学校建设单位（C档）	14.53	36.58	107
山西工程职业学院	太原市	高水平专业群建设单位（A档）	14.37	36.18	108
黄冈职业技术学院	黄冈市	高水平专业群建设单位（A档）	14.31	36.03	109
天津轻工职业技术学院	天津市	高水平学校建设单位（C档）	14.28	35.95	110
福建信息职业技术学院	福州市	高水平专业群建设单位（A档）	14.19	35.72	112
江苏建筑职业技术学院	徐州市	高水平专业群建设单位（A档）	14.16	35.64	113
浙江交通职业技术学院	杭州市	高水平专业群建设单位（B档）	14.11	35.53	117
江西应用技术职业学院	赣州市	高水平专业群建设单位（A档）	14.09	35.47	118
南宁职业技术学院	南宁市	高水平学校建设单位（C档）	14.07	35.42	119
长春汽车工业高等专科学校	长春市	高水平学校建设单位（C档）	13.81	34.77	121
广东工贸职业技术学院	广州市	高水平专业群建设单位（C档）	13.81	34.77	122
湖南交通职业技术学院	长沙市	高水平专业群建设单位（C档）	13.80	34.75	123
南京铁道职业技术学院	南京市	高水平专业群建设单位（C档）	13.76	34.65	124
内蒙古机电职业技术学院	呼和浩特市	高水平学校建设单位（C档）	13.66	34.40	125
贵州交通职业技术学院	贵阳市	高水平学校建设单位（C档）	13.62	34.29	126
苏州工业职业技术学院	苏州市	高水平专业群建设单位（C档）	13.53	34.07	127
上海工艺美术职业学院	上海市	高水平学校建设单位（C档）	13.53	34.05	128

续表

学校名称	所在地	高职双高校	总分值	指数	总排名
广东水利电力职业技术学院	广州市	高水平专业群建设单位（B档）	13.42	33.79	129
广西职业技术学院	南宁市	高水平专业群建设单位（B档）	13.37	33.66	130
浙江经贸职业技术学院	杭州市	高水平专业群建设单位（B档）	13.32	33.55	132
苏州农业职业技术学院	苏州市	高水平专业群建设单位（B档）	13.30	33.49	133
福州职业技术学院	福州市	高水平专业群建设单位（B档）	13.28	33.44	134
天津医学高等专科学校	天津市	高水平学校建设单位（B档）	13.28	33.44	135
宁夏工商职业技术学院	银川市	高水平专业群建设单位（B档）	13.24	33.33	136
青岛职业技术学院	青岛市	高水平专业群建设单位（B档）	13.18	33.18	137
江西财经职业学院	九江市	高水平专业群建设单位（B档）	13.09	32.95	139
长沙航空职业技术学院	长沙市	高水平专业群建设单位（B档）	13.01	32.76	140
石家庄职业技术学院	石家庄市	高水平专业群建设单位（C档）	13.00	32.72	141
广东机电职业技术学院	广州市	高水平专业群建设单位（C档）	12.96	32.63	142
重庆城市管理职业学院	重庆市	高水平专业群建设单位（A档）	12.91	32.51	144
江苏海事职业技术学院	南京市	高水平专业群建设单位（B档）	12.88	32.43	145
贵州轻工职业技术学院	贵阳市	高水平专业群建设单位（C档）	12.86	32.37	146
山东职业学院	济南市	高水平专业群建设单位（C档）	12.76	32.13	150
黑龙江农业工程职业学院	哈尔滨市	高水平专业群建设单位（B档）	12.73	32.06	152
四川建筑职业技术学院	德阳市	高水平专业群建设单位（B档）	12.65	31.84	154
成都航空职业技术学院	成都市	高水平专业群建设单位（A档）	12.57	31.64	156
天津渤海职业技术学院	天津市	高水平专业群建设单位（C档）	12.52	31.53	157
辽宁省交通高等专科学校	沈阳市	高水平学校建设单位（B档）	12.50	31.48	158
浙江旅游职业学院	杭州市	高水平专业群建设单位（B档）	12.46	31.38	159
南京信息职业技术学院	南京市	高水平学校建设单位（B档）	12.33	31.05	162
广西建设职业技术学院	南宁市	高水平专业群建设单位（C档）	12.33	31.04	163
青岛酒店管理职业技术学院	青岛市	高水平专业群建设单位（C档）	12.30	30.96	165
宁夏职业技术学院	银川市	高水平学校建设单位（C档）	12.24	30.83	166

续表

学校名称	所在地	高职双高校	总分值	指数	总排名
江苏工程职业技术学院	南通市	高水平专业群建设单位（B档）	12.16	30.62	168
黑龙江农业经济职业学院	牡丹江市	高水平专业群建设单位（A档）	12.10	30.48	170
九江职业技术学院	九江市	高水平学校建设单位（C档）	12.08	30.41	171
苏州工艺美术职业技术学院	苏州市	高水平专业群建设单位（B档）	12.02	30.25	174
武汉船舶职业技术学院	武汉市	高水平学校建设单位（C档）	12.00	30.21	176
山西机电职业技术学院	长治市	高水平专业群建设单位（B档）	11.96	30.11	177
黑龙江建筑职业技术学院	哈尔滨市	高水平专业群建设单位（A档）	11.90	29.96	178
天津电子信息职业技术学院	天津市	高水平专业群建设单位（A档）	11.87	29.88	180
江西交通职业技术学院	南昌市	高水平专业群建设单位（B档）	11.86	29.87	181
酒泉职业技术学院	酒泉市	高水平专业群建设单位（B档）	11.50	28.96	188
湖北职业技术学院	孝感市	高水平专业群建设单位（C档）	11.50	28.95	190
山东畜牧兽医职业学院	潍坊市	高水平专业群建设单位（B档）	11.42	28.77	192
石家庄铁路职业技术学院	石家庄市	高水平专业群建设单位（B档）	11.39	28.68	194
长沙商贸旅游职业技术学院	长沙市	高水平专业群建设单位（C档）	11.35	28.57	195
浙江建设职业技术学院	杭州市	高水平专业群建设单位（A档）	11.31	28.48	197
山西职业技术学院	太原市	高水平专业群建设单位（B档）	11.30	28.46	198
江苏食品药品职业技术学院	淮安市	高水平专业群建设单位（B档）	11.11	27.98	202
沈阳职业技术学院	沈阳市	高水平专业群建设单位（C档）	11.04	27.79	203
内蒙古建筑职业技术学院	呼和浩特市	高水平专业群建设单位（C档）	11.03	27.78	205
北京信息职业技术学院	北京市	高水平专业群建设单位（A档）	10.96	27.60	209
秦皇岛职业技术学院	秦皇岛市	高水平专业群建设单位（C档）	10.95	27.56	210
东营职业学院	东营市	高水平专业群建设单位（C档）	10.93	27.51	211
武汉铁路职业技术学院	武汉市	高水平专业群建设单位（B档）	10.82	27.23	213

学校名称	所在地	高职双高校	总分值	指数	总排名
安徽医学高等专科学校	合肥市	高水平专业群建设单位（C 档）	10.73	27.02	215
吉林铁道职业技术学院	吉林市	高水平专业群建设单位（C 档）	10.52	26.49	220
天津现代职业技术学院	天津市	高水平专业群建设单位（A 档）	10.33	26.00	227
漳州职业技术学院	漳州市	高水平专业群建设单位（B 档）	10.32	25.99	228
成都纺织高等专科学校	成都市	高水平专业群建设单位（B 档）	10.27	25.86	230
北京农业职业学院	北京市	高水平专业群建设单位（A 档）	10.02	25.22	235
重庆航天职业技术学院	重庆市	高水平专业群建设单位（C 档）	9.97	25.11	236
广东食品药品职业学院	广州市	高水平专业群建设单位（C 档）	9.94	25.02	239
岳阳职业技术学院	岳阳市	高水平专业群建设单位（C 档）	9.91	24.96	240
山东科技职业学院	潍坊市	高水平专业群建设单位（A 档）	9.73	24.49	249
四川邮电职业技术学院	成都市	高水平专业群建设单位（C 档）	9.67	24.35	251
陕西职业技术学院	西安市	高水平专业群建设单位（B 档）	9.65	24.30	252
山东交通职业学院	潍坊市	高水平专业群建设单位（B 档）	9.49	23.90	261
铜仁职业技术学院	铜仁市	高水平专业群建设单位（B 档）	9.42	23.72	267
石家庄邮电职业技术学院	石家庄市	高水平专业群建设单位（C 档）	9.38	23.61	271
湖南化工职业技术学院	株洲市	高水平专业群建设单位（B 档）	9.26	23.32	280
重庆医药高等专科学校	重庆市	高水平专业群建设单位（C 档）	9.23	23.24	281
云南机电职业技术学院	昆明市	高水平专业群建设单位（C 档）	9.17	23.10	283
广州民航职业技术学院	广州市	高水平专业群建设单位（C 档）	9.12	22.97	285
滨州职业学院	滨州市	高水平学校建设单位（C 档）	9.09	22.90	286
山西省财政税务专科学校	太原市	高水平学校建设单位（C 档）	8.92	22.45	292
南通职业大学	南通市	高水平专业群建设单位（C 档）	8.83	22.24	295
武汉电力职业技术学院	武汉市	高水平专业群建设单位（C 档）	8.83	22.23	296
湖南生物机电职业技术学院	长沙市	高水平专业群建设单位（C 档）	8.60	21.64	305
北京劳动保障职业学院	北京市	高水平专业群建设单位（B 档）	8.31	20.92	311
重庆电力高等专科学校	重庆市	高水平专业群建设单位（B 档）	8.08	20.34	323
陕西能源职业技术学院	咸阳市	高水平专业群建设单位（C 档）	7.96	20.04	328

续表

学校名称	所在地	高职双高校	总分值	指数	总排名
内蒙古化工职业学院	呼和浩特市	高水平专业群建设单位（B档）	7.94	19.99	330
湖北交通职业技术学院	武汉市	高水平专业群建设单位（C档）	7.91	19.91	334
重庆三峡医药高等专科学校	重庆市	高水平专业群建设单位（C档）	7.52	18.94	359
中山火炬职业技术学院	中山市	高水平专业群建设单位（C档）	7.46	18.79	364
辽宁经济职业技术学院	沈阳市	高水平专业群建设单位（C档）	7.40	18.63	366
咸阳职业技术学院	咸阳市	高水平专业群建设单位（C档）	7.22	18.17	381
重庆三峡职业学院	重庆市	高水平专业群建设单位（C档）	6.65	16.73	419
哈尔滨铁道职业技术学院	哈尔滨市	高水平专业群建设单位（C档）	6.48	16.31	432
沧州医学高等专科学校	沧州市	高水平专业群建设单位（C档）	6.44	16.21	435
安徽水利水电职业技术学院	合肥市	高水平专业群建设单位（B档）	6.06	15.27	469
浙江艺术职业学院	杭州市	高水平专业群建设单位（C档）	5.71	14.38	509
浙江警官职业学院	杭州市	高水平专业群建设单位（C档）	5.54	13.95	530
吉林交通职业技术学院	长春市	高水平专业群建设单位（C档）	5.45	13.72	543
渤海船舶职业学院	葫芦岛市	高水平专业群建设单位（C档）	5.26	13.25	565
新疆轻工职业技术学院	乌鲁木齐市	高水平专业群建设单位（C档）	4.79	12.06	650
昆明工业职业技术学院	昆明市	高水平专业群建设单位（C档）	3.53	8.89	936

　　根据"双高计划"院校等级不同，等级越靠后其指数平均分越低，但所有"双高计划"院校平均分为42.16，非"双高计划"院校均分仅为11.60（见表4-20）。可见"双高计划"院校创新创业教育发展整体水平远高于非"双高计划"院校，优势明显。

表4-20　"双高计划"院校创新创业教育总体情况　　　　单位：所

高职（专科）院校		学校数量	指数均值1	指数均值2	指数标准差
第一类	高水平学校建设单位（A档）	10	60.81	42.16	16.08

	高职（专科）院校	学校数量	指数均值 1	指数均值 2	指数标准差
第二类	高水平学校建设单位（B 档）	19	49.24		15.14
第三类	高水平学校建设单位（C 档）	25	41.35	42.16	12.82
	高水平专业群建设单位（A 档）	24	37.51		9.64
	高水平专业群建设单位（B 档）	59	35.74		10.25
第四类	高水平专业群建设单位（C 档）	55	28.32		11.39
	非"双高计划"院校	1297	11.60	11.60	7.96

在高职院校创新创业教育发展指数的 TOP30 中"双高计划"院校 29 所，占比 96.67%；TOP100 中"双高计划"院校 79 所，占比 79.00%；TOP200 中"双高计划"院校 142 所，占比 71.00%（见表 4-21）。从总体分布来看，"双高计划"院校创新创业教育发展指数占据排行榜"头部"位置，优势明显，表现抢眼。

表 4-21　TOP30、TOP100、TOP200 中"双高计划"院校分布情况　单位：所

高职院校	TOP30	TOP100	TOP200
"双高计划"院校	29	79	142
非"双高计划"院校	1	21	58

（四）公办、民办高职院校创新创业教育发展情况

从全国公办、民办高职院校总体情况进行分析，公办院校 1136 所，创新创业教育发展指数均值为 17.18；民办院校 350 所，创新创业教育发展指数均值为 7.55。说明公办高职院校创新创业教育发展水平相对较好，且优势明显。从高职院校创新创业教育发展指数公办、民办性质进行分析，TOP30 中全为公办院校，无民办院校入列。TOP100 中公办 99 所，占比 99.00%；民办仅 1 所，占比 1.00%。TOP200 中公办 198 所，占比 99.00%；民办仅 2 所，占比 1.00%（见表 4-22）。目前，我国高等教育存在"公强民弱"现象。从数据分析可见，在全国公办、民办高职院校创新创业教育发展中，公办院校创新创业教育整体水平相对较高，且占据绝对优势，与上述现象相一致。

表4-22　不同指数维度"双高计划"院校分布情况 单位：所

院校性质	学校数量	指数均值	指数标准差	TOP30	TOP100	TOP200
公办	1136	17.18	15.03	30	99	198
民办	350	7.55	4.92	0	1	2

从高职创新创业教育发展指数不同指标维度角度分析，"双高计划"院校不同维度指数值分布不平衡，其中声誉指数均值优势明显，研究指数、成效指数均值相对优势不大（见表4-23）。说明"双高计划"院校创新创业教育综合实力较强，创新创业教育领域荣誉、创新创业教学、创新创业实践等成果较多，优势明显，但创新创业教育研究和成效平均水平相对优势不明显。

表4-23　不同指数维度"双高计划"院校分布情况

指数维度	"双高计划"院校 指数均值	全国高职院校 总体指数均值	"双高计划"院校 指数排名均值
教学指数	42.58	14.83	136
研究指数	17.79	4.31	282
实践指数	34.46	9.67	170
成效指数	17.58	10.04	287
声誉指数	12.49	1.06	83

（五）不同维度下全国高职院校创新创业教育发展情况

从全国高职院校创新创业教育发展指数五个指数维度（双创教学、双创实践、双创研究、双创成效、双创声誉）分析，创新创业教育发展指数TOP200院校不同指数维度表现情况如表4-24所示。

表4-24　创新创业教育发展指数TOP200院校不同指数维度表现情况

学校名称	总排名	教学指数 排名	研究指数 排名	实践指数 排名	成效指数 排名	声誉指数 排名
义乌工商职业技术学院	1	4	1	13	1	14
重庆电子工程职业学院	2	1	121	2	8	9
金华职业技术学院	3	5	49	1	28	92

续表

学校名称	总排名	教学指数排名	研究指数排名	实践指数排名	成效指数排名	声誉指数排名
深圳职业技术学院	4	7	58	5	25	3
广东轻工职业技术学院	5	13	10	8	57	10
山东商业职业技术学院	6	6	55	31	211	3
新疆农业职业技术学院	7	123	281	3	391	7
成都职业技术学院	8	8	110	6	139	51
福建船政交通职业学院	9	11	141	16	49	19
江苏农林职业技术学院	10	14	48	34	109	11
北京财贸职业学院	11	44	52	33	132	8
温州职业技术学院	12	2	53	58	27	70
柳州职业技术学院	13	23	174	12	129	19
黄河水利职业技术学院	14	165	130	35	138	2
广州番禺职业技术学院	15	28	5	37	39	101
芜湖职业技术学院	16	312	236	10	4	51
江苏农牧科技职业学院	17	10	3	235	110	39
常州信息职业技术学院	18	9	8	40	179	101
浙江工贸职业技术学院	19	12	25	180	58	11
海南经贸职业技术学院	20	248	106	17	36	19
湖南工艺美术职业学院	21	74	21	179	10	17
浙江机电职业技术学院	22	3	56	98	12	101
河南职业技术学院	23	165	276	26	182	6
江西外语外贸职业学院	24	96	93	9	863	41
武汉职业技术学院	25	91	6	45	168	51
黎明职业大学	26	55	138	19	56	64
江西环境工程职业学院	27	55	249	4	202	101
成都农业科技职业学院	28	270	411	43	2	75
长沙民政职业技术学院	29	17	99	39	258	51
深圳信息职业技术学院	30	25	147	11	66	101
天津市职业大学	31	32	136	7	315	101
湖南工业职业技术学院	32	123	37	42	210	19

学校名称	总排名	教学指数排名	研究指数排名	实践指数排名	成效指数排名	声誉指数排名
杭州职业技术学院	33	26	20	187	46	41
重庆工程职业技术学院	34	165	338	21	20	75
陕西工业职业技术学院	35	34	74	27	88	101
山东理工职业学院	36	38	40	36	112	101
顺德职业技术学院	37	16	69	63	84	94
长春职业技术学院	38	52	44	29	113	101
唐山工业职业技术学院	39	29	129	95	38	51
徐州工业职业技术学院	40	58	62	81	203	19
黑龙江职业学院	41	318	31	22	388	51
安徽机电职业技术学院	42	18	107	55	50	101
河北化工医药职业技术学院	43	78	411	175	98	5
安徽商贸职业技术学院	44	65	120	74	155	19
北京交通运输职业学院	45	165	721	65	3	101
广东科学技术职业学院	46	40	50	149	7	101
浙江商业职业技术学院	47	36	23	159	21	101
湖南机电职业技术学院	48	81	26	88	119	75
河北软件职业技术学院	49	154	124	111	43	19
四川交通职业技术学院	50	75	499	53	223	19
辽宁机电职业技术学院	51	62	88	87	488	40
常州工业职业技术学院	52	89	4	92	338	101
广州铁路职业技术学院	53	165	2	99	282	101
重庆工商职业学院	54	48	83	54	59	101
重庆工业职业技术学院	55	87	321	38	31	101
扬州工业职业技术学院	56	455	61	15	166	75
辽宁农业职业技术学院	57	78	81	113	447	18
常州工程职业技术学院	58	19	39	154	238	75
潍坊职业学院	59	165	130	30	185	75
无锡职业技术学院	60	53	57	135	54	75

续表

学校名称	总排名	教学指数排名	研究指数排名	实践指数排名	成效指数排名	声誉指数排名
哈尔滨职业技术学院	61	103	30	132	471	41
北京经济管理职业学院	62	116	362	226	15	19
浙江金融职业学院	63	37	65	238	576	14
襄阳职业技术学院	64	249	36	41	143	101
昆明冶金高等专科学校	65	61	368	24	230	101
咸宁职业技术学院	66	455	151	96	11	41
浙江经济职业技术学院	67	27	41	77	345	101
西藏职业技术学院	68	397	805	20	624	19
日照职业技术学院	69	154	163	60	236	51
北京电子科技职业学院	70	94	520	18	312	101
西安航空职业技术学院	71	165	148	25	172	101
北京工业职业技术学院	72	96	523	14	664	101
广州城建职业学院	73	318	24	57	65	101
温州科技职业学院	74	54	77	155	163	66
济南职业学院	75	47	140	64	107	101
威海职业学院	76	165	586	66	226	19
淄博职业学院	77	86	332	46	80	101
宁波职业技术学院	78	51	104	197	101	51
杨凌职业技术学院	79	50	92	112	52	101
江苏经贸职业技术学院	80	20	18	336	64	101
苏州经贸职业技术学院	81	75	17	162	118	101
郑州铁路职业技术学院	82	72	593	52	82	101
无锡商业职业技术学院	83	165	29	82	296	94
湖南汽车工程职业学院	84	165	91	278	48	19
武汉软件工程职业学院	85	150	73	50	433	101
陕西铁路工程职业技术学院	86	165	213	32	222	101
重庆水利电力职业技术学院	87	379	264	68	194	19

续表

学校名称	总排名	教学指数排名	研究指数排名	实践指数排名	成效指数排名	声誉指数排名
南京科技职业学院	88	35	63	102	354	101
江苏航运职业技术学院	89	69	112	225	497	19
河北交通职业技术学院	90	121	293	174	614	14
济源职业技术学院	91	421	144	276	5	41
许昌职业技术学院	92	165	504	59	29	101
湖南铁道职业技术学院	93	63	96	198	381	51
河南农业职业学院	94	165	46	205	16	101
天津交通职业学院	95	113	826	86	23	101
广西交通职业技术学院	96	165	408	129	176	19
安徽财贸职业学院	97	115	279	44	227	101
中山职业技术学院	98	143	45	137	81	101
江西旅游商贸职业学院	99	96	200	101	531	66
东莞职业技术学院	100	165	15	147	126	101
武汉城市职业学院	101	421	126	48	174	75
河南工业职业技术学院	102	75	176	80	104	101
四川工程职业技术学院	103	165	541	62	47	101
锡林郭勒职业学院	104	421	558	247	609	1
陕西国防工业职业技术学院	105	103	160	72	127	101
烟台职业学院	106	21	253	145	144	101
常州机电职业技术学院	107	68	168	94	156	101
山西工程职业学院	108	165	468	85	562	51
黄冈职业技术学院	109	123	9	236	261	101
天津轻工职业技术学院	110	31	492	116	90	101
南京交通职业技术学院	111	123	43	115	343	101
福建信息职业技术学院	112	57	472	91	133	101
江苏建筑职业技术学院	113	281	66	84	99	101
天津铁道职业技术学院	114	455	381	119	75	19
长春金融高等专科学校	115	455	51	103	896	51

续表

学校名称	总排名	教学指数排名	研究指数排名	实践指数排名	成效指数排名	声誉指数排名
河南经贸职业学院	116	165	192	51	506	101
浙江交通职业技术学院	117	59	607	67	280	101
江西应用技术职业学院	118	302	693	28	217	101
南宁职业技术学院	119	108	82	139	111	101
莱芜职业技术学院	120	123	7	284	199	101
长春汽车工业高等专科学校	121	69	352	71	635	101
广东工贸职业技术学院	122	165	34	227	51	101
湖南交通职业技术学院	123	165	111	153	389	70
南京铁道职业技术学院	124	113	158	83	284	101
内蒙古机电职业技术学院	125	165	224	56	502	101
贵州交通职业技术学院	126	165	475	49	348	101
苏州工业职业技术学院	127	42	103	176	351	101
上海工艺美术职业学院	128	147	989	97	536	70
广东水利电力职业技术学院	129	111	102	192	1008	75
广西职业技术学院	130	123	134	308	121	41
滁州职业技术学院	131	144	90	169	91	101
浙江经贸职业技术学院	132	41	87	296	63	101
苏州农业职业技术学院	133	15	117	273	495	101
福州职业技术学院	134	351	83	168	461	51
天津医学高等专科学校	135	96	289	76	910	101
宁夏工商职业技术学院	136	380	119	47	627	101
青岛职业技术学院	137	22	135	290	264	94
厦门城市职业学院	138	318	28	108	441	101
江西财经职业学院	139	318	64	73	385	101
长沙航空职业技术学院	140	117	165	121	193	101
石家庄职业技术学院	141	30	303	251	73	101

续表

学校名称	总排名	教学指数排名	研究指数排名	实践指数排名	成效指数排名	声誉指数排名
广东机电职业技术学院	142	90	133	166	164	101
常州纺织服装职业技术学院	143	280	12	224	272	101
重庆城市管理职业学院	144	165	235	140	60	101
江苏海事职业技术学院	145	117	75	188	180	101
贵州轻工职业技术学院	146	123	653	219	253	41
上海城建职业学院	147	455	832	23	615	101
安徽职业技术学院	148	285	358	61	177	101
浙江工商职业技术学院	149	33	58	407	85	101
山东职业学院	150	24	481	193	191	101
杭州科技职业技术学院	151	64	241	172	206	101
黑龙江农业工程职业学院	152	78	355	105	644	101
广东交通职业技术学院	153	45	97	261	157	101
四川建筑职业技术学院	154	121	396	204	33	101
西安铁路职业技术学院	155	67	232	151	472	101
成都航空职业技术学院	156	123	226	183	83	101
天津渤海职业技术学院	157	81	266	125	737	101
辽宁省交通高等专科学校	158	108	127	161	367	101
浙江旅游职业学院	159	105	252	163	135	101
吉林工业职业技术学院	160	150	125	127	726	101
宁波城市职业技术学院	161	66	86	444	137	75
南京信息职业技术学院	162	165	161	128	198	101
广西建设职业技术学院	163	150	304	110	268	101
浙江工业职业技术学院	164	165	162	306	18	101
青岛酒店管理职业技术学院	165	165	300	90	575	101
宁夏职业技术学院	166	150	559	78	735	101
台州职业技术学院	167	318	85	248	87	75

续表

学校名称	总排名	教学指数排名	研究指数排名	实践指数排名	成效指数排名	声誉指数排名
江苏工程职业技术学院	168	46	47	366	254	101
新疆石河子职业技术学院	169	160	653	79	498	101
黑龙江农业经济职业学院	170	48	473	158	683	101
九江职业技术学院	171	123	254	143	291	101
湖南铁路科技职业技术学院	172	123	343	133	256	101
河南机电职业学院	173	165	389	331	250	19
苏州工艺美术职业技术学院	174	42	167	240	392	101
江苏财经职业技术学院	175	318	19	210	342	101
武汉船舶职业技术学院	176	162	79	190	278	101
山西机电职业技术学院	177	123	989	93	599	101
黑龙江建筑职业技术学院	178	111	322	142	473	101
安徽国防科技职业学院	179	318	693	177	19	101
天津电子信息职业技术学院	180	123	294	131	763	101
江西交通职业技术学院	181	147	218	150	297	101
包头轻工职业技术学院	182	449	331	264	673	11
山东水利职业学院	183	165	250	126	399	101
大连职业技术学院	184	455	101	75	449	101
广西机电职业技术学院	185	162	240	148	237	101
柳州铁道职业技术学院	186	251	693	117	115	101
江苏信息职业技术学院	187	455	108	89	260	101
酒泉职业技术学院	188	96	272	181	434	101
湖南财经工业职业技术学院	189	455	27	408	17	101
湖北职业技术学院	190	123	205	191	251	101

学校名称	总排名	教学指数排名	研究指数排名	实践指数排名	成效指数排名	声誉指数排名
浙江纺织服装职业技术学院	191	259	296	114	232	101
山东畜牧兽医职业学院	192	165	358	144	209	101
厦门海洋职业技术学院	193	318	420	70	525	101
石家庄铁路职业技术学院	194	165	280	138	430	101
长沙商贸旅游职业技术学院	195	107	153	214	493	101
湖南城建职业技术学院	196	165	385	124	439	101
浙江建设职业技术学院	197	123	413	199	120	101
山西职业技术学院	198	96	828	146	595	101
广东岭南职业技术学院	199	106	33	435	212	101
云南林业职业技术学院	200	154	348	203	321	94

从区域来看，全国 31 个省份高职院校创新创业教育发展指数在各维度的均值分布情况如表 4-25 所示，其中西藏自治区仅有 3 所高职院校，院校数量偏少，虽做统计但不做具体评价。

表 4-25　不同指数维度下各省份高职院校指数情况　　　　　单位：所

所在省份	高职院校数量	教学指数均值	研究指数均值	实践指数均值	成效指数均值	声誉指数均值
安徽省	75	15.86	3.48	13.46	13.70	1.04
北京市	25	24.74	3.17	17.98	13.22	4.90
福建省	50	20.44	6.01	16.08	10.26	2.13
甘肃省	27	14.16	3.94	12.17	9.58	1.33
广东省	93	20.04	12.46	13.52	12.06	2.16
广西壮族自治区	47	18.13	3.96	11.61	9.89	2.73
贵州省	46	15.09	1.18	9.37	9.31	2.33
海南省	13	15.36	2.92	15.10	10.62	3.55
河北省	63	16.91	4.79	9.44	10.96	4.23

续表

所在省份	高职院校数量	教学指数均值	研究指数均值	实践指数均值	成效指数均值	声誉指数均值
河南省	99	14.67	3.91	9.28	12.10	2.93
黑龙江省	39	16.84	5.33	11.06	8.54	3.12
湖北省	62	17.82	7.60	12.95	10.16	1.72
湖南省	78	19.09	10.70	12.77	11.36	3.26
吉林省	29	17.82	5.76	11.00	8.56	1.11
江苏省	90	24.52	17.16	16.34	10.92	3.32
江西省	61	16.01	4.53	13.47	9.38	1.35
辽宁省	51	15.85	5.31	12.02	8.80	1.99
内蒙古自治区	37	15.09	2.84	8.57	9.20	4.49
宁夏回族自治区	12	15.04	2.64	12.76	8.94	3.85
青海省	8	14.62	0.95	15.45	8.35	4.01
山东省	83	21.36	5.55	14.36	11.14	3.99
山西省	48	14.52	1.06	10.39	9.07	0.67
陕西省	40	18.74	5.45	13.72	10.79	0.00
上海市	24	16.29	1.54	16.22	8.86	1.05
四川省	81	15.77	3.03	10.50	12.04	1.20
天津市	26	22.06	4.27	20.10	11.67	1.78
西藏自治区	3	13.09	0.61	18.93	8.28	15.38
新疆维吾尔自治区	36	19.41	1.55	9.86	9.31	2.35
云南省	50	14.40	1.31	8.80	8.92	0.18
浙江省	49	33.62	16.18	21.09	18.73	7.02
重庆市	44	20.22	4.12	15.49	13.64	3.11

　　教学指数维度方面，浙江省优势明显，为33.62，其次是北京市，为24.74；除西藏自治区外，甘肃省为最低，为14.16，其次是云南省，为14.40（见图4-4）。劣势省份与优势省份差距较大。

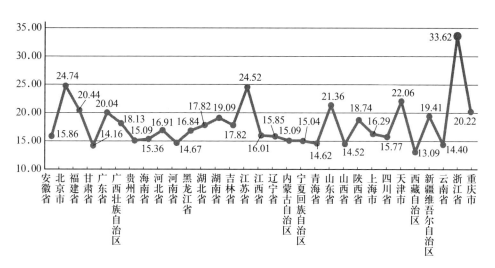

图 4-4　教学指数维度各省份高职院校指数情况

实践指数维度方面，浙江省位居第一，为 21.09，其次是天津市，为 20.10；内蒙古自治区最低，为 8.57，其次是云南省，为 8.80（见图 4-5）。劣势省份与优势省份差距较大。

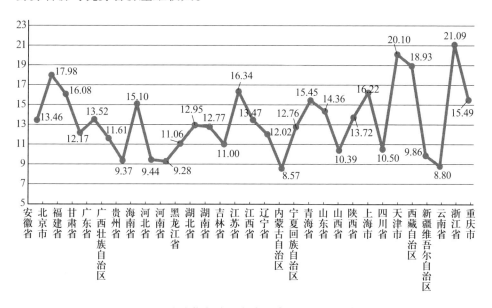

图 4-5　实践指数维度各省份高职院校指数情况

研究指数维度方面，江苏省位居第一，为 17.16，其次是浙江省，为

16.18；除西藏自治区外，青海省最低，为 0.95，其次是山西省，为 1.06（见图 4-6）。劣势省份与优势省份差距较大。

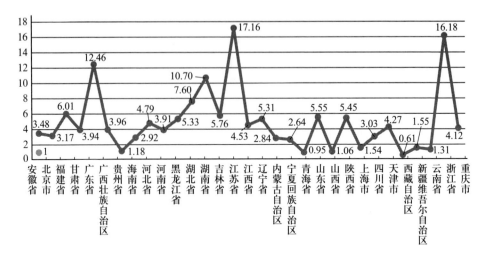

图 4-6　研究指数维度各省份高职院校指数情况

成效指数维度方面，浙江省优势明显，为 18.73，其次是安徽省，为13.70；除西藏自治区外，青海省最低，为 8.35，其次是黑龙江省，为 8.54（见图 4-7）。劣势省份与优势省份差距较大。

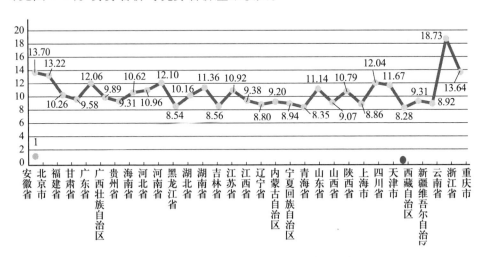

图 4-7　成效指数维度各省份高职院校指数情况

声誉指数维度方面，除西藏自治区外，浙江省位居第一，为 7.02，其次是北京市，为 4.90。陕西省最低，为 0.00，其次为云南省，为 0.18（见图 4-8）。劣势省份与优势省份差距较大。

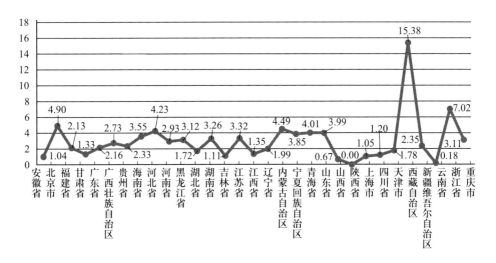

图 4-8　声誉指数维度各省份高职院校指数情况

统计 TOP30 院校 5 个维度的指数分值，并对其进行归一化处理，通过 SPSS22.0 软件进行 K 均值聚类分析，并邀请专家经过多次分类研究，最终发现 TOP30 院校的创新创业教育的表现形态可归纳为均衡型、偏向型、单向型、半开型 4 种。

（1）均衡型。该类高职院校 5 个指数维度表现较好且均衡发展，如义乌工商职业技术学院、深圳职业技术学院、广东轻工职业技术学院、江苏农林职业技术学院等。由图 4-9 可知，虽然 4 所学校都为均衡型，但各所学校之间的指数情况相差较大，且院校各自本身在不同的指数方面还存在一定的短板。

如表 4-26 所示，4 所均衡型院校在各指数维度的表现分析来看，深圳职业技术学院，其研究指数和成效指数方面相较于声誉指数和教学指数，还有进一步提高的空间。

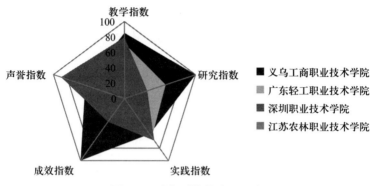

图 4-9　均衡型指数发展形态

表 4-26　均衡型学校各指数维度表现分析

学校名称	教学指数	研究指数	实践指数	成效指数	声誉指数
深圳职业技术学院	+	o+	++	+	++
广东轻工职业技术学院	o+	+	+	o+	+
义乌工商职业技术学院	++	++	o+	++	o+
江苏农林职业技术学院	o+	+	o-	o-	+

注：o-、o+、+、++ 分别代表归一分值为 ≤ 0.2~0.3、0.3~0.4、0.4~0.5、0.5。

（2）偏向型。该类高职院校 5 个指数维度中，其中某一个或者两个维度表现较好，其余指数维度表现处于弱势（见图 4-10），如芜湖职业技术学院、湖南工艺美术职业学院、江苏农牧科技职业学院、武汉职业技术学院、温州职业技术学院、江西环境工程职业学院等。该类型高职院校 5 个指数维度发展不均衡，出现单向指数表现突出的情况，其中江西环境工程职业学院在实践指数中表现较强，但在其他指数方面表现均呈现较弱。在全国高职院校 TOP30 中该类型的高职院校占据较大比例。

（3）单向型。该类高职院校在五个指数维度中仅某一个维度表现突出，其余四个维度相对处于弱势。如图 4-11 所示，河南职业技术学院、黄河水利职业技术学院、江西环境工程职业学院、成都农业科技职业学院，均偏向于某一个指数维度，且研究指数均较弱，搜索 CNKI 资源库，该类型院校创新创业相关论文数量都较少，在研究类中表现较为薄弱。

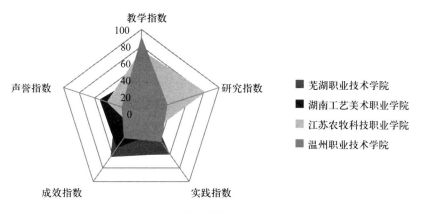

图 4-10　偏向型指数发展形态

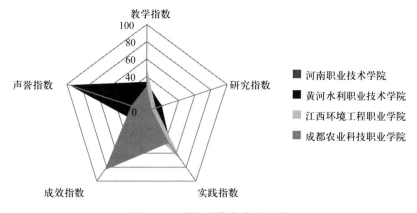

图 4-11　单向型指数发展形态

（4）半开型。该类型高职院校的 5 个指数维度中，有一半的指数维度表现较好，其他指数则还有待进一步加强，包括金华职业技术学院、湖南工艺美术职业学院、山东商业职业技术学院、常州信息职业技术学院、新疆农业职业技术学院、重庆电子工程职业学院。如图 4-12 和表 4-27 所示，不同的学校在 5 个指数方面均有各自的优势和劣势，其中金华职业技术学院的实践指数为 100%，但是在声誉指数方面却表现得较弱，需要进一步进行提高改进。而新疆农业职业技术学院在实践指数和声誉指数方面表现较好，在教学指数、研究指数和成效指数方面较弱。

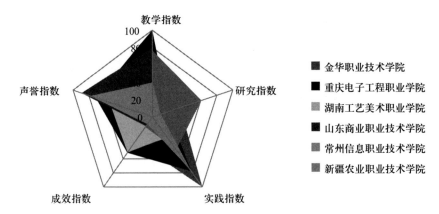

图 4-12　半开型指数发展形态

表 4-27　半开型学校指数表现分析

学校名称	教学指数	研究指数	实践指数	成效指数	声誉指数
金华职业技术学院	上	中	上	中	相对短板
重庆电子工程职业学院	上	相对短板	上	上	中
湖南工艺美术职业学院	相对短板	中	相对短板	上	下
山东商业职业技术学院	中	下	相对短板	相对短板	上
常州信息职业技术学院	中	上	相对短板	相对短板	相对短板
新疆农业职业技术学院	相对短板	相对短板	上	相对短板	上

注：发展层次"上""中""下""相对短板"分别代表五个指数维度归一分值＞0.5、0.4~0.5、0.3~0.4、≤0.3。

第五节　本章小结

本章主要对高职院校创新创业教育发展评价指标体系的设计原则、指标体系模型设计以及研究数据来源、部分数据信息、研究结果分析等进行详细介绍。本书的评价指标体系设计遵循系统性、科学性、客观性、可操作性、激励性原则。指标体系构建方法基于改进后层次分析法，采用群组 G1 法构建高职院校创新创业教育发展评价指标体系，本书所有数据均来自第三方平台，多为主管部门公布的事实数据，具有权威、客观、定量、可视的特点，以期通过可量化的指标体系全面、完整、系统地反映我国高职院校创新创业教育生态。对全国高职院校创新创业教育现状研究分析发现：全国高职院校创新创业教育整体发展不充分不均衡，总体结构欠佳；从全国四大经济区的高职院校创新创业教育发展指数均值来看，率先发展的东部地区高职院校的创新创业教育整体水平最优，且明显优于其他地区；国家"双高计划"院校明显优于非"双高计划"院校；民办院校相较于公办院校有较大差距；创新创业教育不同指数维度表现不一；等等。

第五章　高职院校创新创业教育案例分析

第一节　义乌工商职业技术学院创新创业教育案例分析

一、学校创新创业教育背景概况

　　义乌工商职业技术学院坐落在国际商贸名城义乌，是一所办学特色鲜明的公办高职院校。学校的前身是创办于 1993 年的杭州大学义乌分校，1999 年经浙江省教育厅批准独立办学，2002 年经浙江省人民政府批文同意正式建校。学校占地面积 1000 余亩，建筑面积 31.39 万平方米，自然风光秀丽，建筑风格独特。下设 9 个教学单位 33 个招生专业，全日制在校生近 13000 名，正式在编教师 653 名。

　　办学以来，学校秉承"尚德崇文、创业立身"的校训精神，结合办学实际和市场需求，走出了一条以"创"立校的特色办学之路，形成了创业教育、创意教育、国际教育三大特色教育，在培育创新创业人才、服务地方经济等方面成效显著。学校是浙江省高职高水平学校、浙江省优质高职院校、首批浙江省创业型大学建设试点院校，荣登全国创新创业典型经验高校，获评全国高校实践育人创新创业基地、国家级创新创业教育实践基地，上榜全国高职院校服务贡献典型学校 60 强、全国高职院校教师发展指数 100 所优秀院校、全国高职院校学生发展指数 100 所优秀院校。

　　学校高度重视人才队伍建设，持续加大引才用才力度。现有高级职称教师 216 人，硕士以上教师 558 人，境外留学访学三个月以上教师占比 35%，"双师"型教师占比 89%；拥有省"151 人才工程"培养人选 2 人，省级高层次 C 类人才 6 人，省教坛新秀、省优秀教师、省高职高专专业带头人共 21 人；享受国务院政府特殊津贴人员 1 人；4 位教师当选全国行业职业教育教学指导委员会委员。获批国家级职业教育教师教学创新团队 1 个、省级教学创新团队 2 个，国家级技能大师工作室 1 个、省级技能大师工作室 7 个，国家级"双师"培养培训基地 1 个。

学校持续深化教育教学改革，全面提升内涵建设水平。拥有国家骨干专业 6 个、中央财政支持建设专业 2 个，省优势专业 5 个、省特色专业 5 个、省高职高水平专业群 2 个；国家教学成果奖 4 项、国家精品课程 3 门、教育部首批国家级课程思政示范课程 1 门、国家生产性实训基地 2 个、中央财政支持实训基地建设项目 2 个；获批国家级规划教材 8 本，主编教材获评首届全国教材建设奖 1 项；主持国家职业教育专业教学资源库 1 个；荣获全国职业院校技能大赛教学能力比赛一等奖 1 项；开展"1+X"证书试点 30 个；牵头成立全国直播电商职业教育集团，开发全国首个直播电商专业教学标准和职业资格标准。

学校坚持走产教融合、校企合作之路，持续提升科研和社会服务能力。主持国家科技项目 3 项、省部级科研项目 35 项；获批省级产教融合"五个一批"项目 3 个、产教融合示范基地 1 个，是省级现代学徒制试点单位；获国务院领导及省领导肯定性批示建议 7 项。学校主动对接区域发展，组织开展各类培训，近五年受益 5 万余人次；成功援建汶川电商学院，受到时任四川、浙江两省省委书记点赞。

学校不断强化创新创业育人成效，率先在浙江省成立实体化运作的创业学院，建有 1.28 万平方米的大学生创业园，设立 30 家师徒制专创工作室。创业园青创空间成功入选国家众创空间，为浙江省唯一以高职院校为运营管理主体的国家级众创空间。"创"系列文化三次荣获教育部全国高校校园文化建设优秀成果奖；获评全国高校实践育人创新创业基地、浙江省"大众创业、万众创新"示范基地；学生创业项目连续两届获"创青春"中国大学生创业计划竞赛金奖，在第八届中国国际"互联网+"大学生创新创业大赛中斩获

1 金 2 银。应届毕业生自主创业率稳定在 12% 左右，60% 以上的毕业生留本地就业创业，成为地方创新创业的生力军。

学校不断深化创意设计服务水平，运营的义乌市创意园是全国首个以"小商品创新设计"为主要研发方向的创意文化园区。园区拥有国家旅游商品研发中心、国家林产品创意研发中心 2 个国家级研发平台，入驻文创设计机构、产品研发科技型企业 60 余家，师生共创工作室 10 余家，是中国美术学院、华东理工大学、韩国桂园艺术大学等 150 余所知名高校的设计学子实践基地，每年安排接待实习实训师生 2000 余人次。园区年均累计服务生产企业 3000 家以上，创意产值累计近 4 亿元。

学校全面提升教育国际化水平，与国（境）外 100 多所高校和机构开展交流与合作，设立 6 个海外师资培训基地，在马来西亚和西班牙分别成立"义乌丝路学院"。累计培养国际学生 10000 余人次，国际生规模位居全国同类院校前列；开设阿拉伯语、西班牙语等 9 个语种课程，语种数量居全省高职院校第一；建有全国首个县级市 HSK（汉语水平考试）考点。学校获评"浙江省高校台湾青年创业创新平台""浙台经济社会融合发展突出贡献单位""浙江省国际人文交流基地"，位居浙江省高职院校国际化总体水平前列。

义乌是世界小商品之都、国家国际贸易综合改革试验区，是享誉世界的国际商贸名城。义乌众多的战略优势和产业优势为义乌工商职业技术学院开展双创教育提供了得天独厚的条件。义乌从第一代的"马路市场"发展到第五代的"世界超市"，义乌市场 20 多年来经历了五次搬迁八次扩建，目前市场经营面积 640 余万平方米，经营商位 7.5 万个，210 余万种商品、20 万家中小企业通过义乌这个全球平台实现商品展销，全市拥有市场主体超 73 万个，位居全国县级市第一，被评为全国十大创客之城。义乌工商职业技术学院的创新创业教育也经历了不同阶段，不断改革升级。

第一阶段是试水探路（1999~2007 年）。学校在 1999 年就开始探索创业教育，明确以创新创业为导向的人才培养目标，提出了"让自己拥有市场是努力的方向，为同学创设就业岗位不应只是梦想"的培养口号。学校鼓励学生积极参加社会实践，形成"志愿者服务—勤工助学—创业活动"递进式创业训练实践体系，在与市场共舞中感知创业、体验创业。以志愿服务为平台，熟悉市场，在开展大型博览会期间，学校开设专业实践周，为学生志愿服务创造有利条件。以勤工助学为纽带，感知创业，学校每年都有近万人次的学生参加各种形式的社会兼职，60%的学生实现了生活费自理，20%的学生学费能够自理。以创业行动为抓手，体验创业。我们鼓励学生结合自身特点、专业优势开展电子商务创业、创意创业等多元化创业，学校开辟面积1.2万平方米的创业园作为学生真实创业的练兵场，在"真刀真枪"的创业过程中，历练创业本领。2003年开始鼓励学生开网店创业，选派物流、计算机信息管理等相关专业的学生尝试网店创业，并选派教师到阿里巴巴学习专业技能。这几乎与阿里巴巴淘宝的发展同步。

第二阶段是规模发展（2008~2015年）。该校成立创业学院，设创业园，依托市场资源优势，创新创业开始规模化发展。2008年学校在全国率先成立以"学生老板"为招收对象的创业学院，设立淘宝班尝试全新的教学模式和育人途径的创新创业教育实践，招收电子商务创业的在校生。出台系列鼓励政策和措施，设立最高奖"创业奖"。2009年，学校成立基本教学单位创业学院，试行创业业绩替代学分（2018年教育部令第41号推出了该规定）。在大一进校后进行二次选拔组班，招收了4个实验班。与敦煌网、eBay两大跨境电商平台合作分别开设了敦煌班、eBay班，成为全国高校跨境电商创业教育先行者。同年，学校协助浙江省教育厅草拟了适用全省普通高校的电子商务网点认定标准，该标准在2009年6月正式发文并在全省推广。2010年，学校入选浙江省创业型大学试点院校（全省唯一一所创业型大学建设试点高职院校），被阿里巴巴授予"全球最佳网商摇篮"。2013年，义乌市开始全面实施电子商务人才培养"230"行动计划：2年内培训30万电子商务人才，扎实推进"电商换市"和经济转型。学校积极响应"230"电商人才培养计划，为义乌培训电商知识和技能8000余人次。2015年起，该校注重创新创业与专业、产业、行业的有机结合，逐步推进五大工程（培养模式升级工程、创业教学建设工程、创业导师培育工程、创业项目孵化工程、创业平台协同工程），深化创新创业教育内涵。这个阶段，学校的创业形式也在不断丰富和拓展。专创工作室开始蓬勃发展，创意创业成为学校的新增长点。目前，学校有30个专创工作室，省市级研发中心6家；近三年来，学生共计实现创新成果转化 200 余个，转化产值 3.6902 亿元。

第三阶段是全校性创业发展（2016 年至今）。2016 年，学校在有实体创业学院的基础上，增设创业管理处，统筹全校创新创业教育管理。学校优质校、双高校建设期通过双创文化引领、课堂教学改革、学生自主学习，导师指导帮扶，结合双创实践，使双创教育面向全体学生，贯穿人才培养全过程。学校在省双高校建设过程中把创新创业教育作为特色板块，在"十四五"事业发展规划中把创新创业人才培养列为专项计划，围绕培养"具有社会责任感、创新精神、创业意识、创造能力的高素质人才"的目标，以创新创业人才培养为导向，以平台建设为支撑，打造创新创业实践中心。学校牵头成立全国直播电商职业教育集团，颁发全国首个《电子商务（直播电商方向）专业教学标准》，成立浙江省首家直播电商学院，开发全国首个《电商直播专项职业能力考核规范标准》和"互联网＋直播"培训标准，分别与阿里巴巴和腾讯合作成立全国首个校园直播基地，获批"浙江省商务厅首批省级直播电商基地"，青创空间入选国家级众创空间。学校牵头起草的《大学生创业认定指南》获批义乌地方标准。学校将校企合作处从合署办公到单独成立，以服务区域经济发展，以校地的共建共融共享为主旨，政校企村合作共建"三园两中心"创新创业实践基地，盘活创业园、创意园、国际创客园、大学生科创孵化中心、尚创活动中心等校内外实践基地资源，深入实施创业就业"校企行"专项行动，开展以注重公益性、强调实现社会价值、推动社会进步的创新性活动。义乌工商职业技术学院从零星培育到规模发展，再到全校性双创教育发展，双创教育不断改革升级。

二、创新创业教育主要举措

根据创新创业教育的实践性强的特点，义乌工商职业技术学院形成了具有义乌工商特色的创新创业教育体系，归纳起来就是：坚守一个理念，强化两个融合，打造三个平台，聚力四个维度。

（一）坚守一个理念

学校早在 2003 年就提出了"面向市场、面向学生、面向实践"的创新创业教育理念，将"创"基因融入师生的血脉，并在教育教学实践中从顶层设计到实践落地层面，不断地给予丰富和完善，坚持把创新创业教育作为应用型人才培养的一条重要主线，从办学定位到特色发展，从人才培养到社会服务，从学生管理到教学改革，都紧紧围绕"创新创业"做文章，求突破，构建了协同性强、富有活力的创新创业教育生态体系。

1. 创新机构协同性系统化设置

学校构建了基于责任压实的纵向管理链＋基于改革实践的横向创新链双重环链，形成通力协作的创新创业教育组织架构，由校领导主抓、各部门协作、二级学院执行的环链工作体系，将"三个面向"理念贯穿创新创业教育改革与实践。形成上下贯通的纵向管理链：一是由学校成立创新创业管理领导小组，由校领导亲自担任组长，实施创新创业教育"一把手"工程，强化创新创业教育顶层设计。二是特设创业管理处职能部门，负责统筹管理创新创业教育工作，协同教务、学工、团委、人事、科研等多部门形成灵活高效的协作机制。三是构建实体运作的"两园一院"，包括两个"院园融合"园区：创业学院（创业园）、创意设计学院（创意园）；一个义乌创新研究院，打造高层次创新创业理论研究与实践交流的新型智库；同时每个二级学院设创新创业教育工作办公室，专岗专员。打造协同育人的横向创新链：深化创业班、专创工作室、创业精英班三大创新创业教育教学载体；设立职业规划教研部，负责全校就业指导和创业通识教育；共建创新创业虚拟联合教研室，搭建赋能创新创业教育的组织平台等。

2. 推进制度变革性体系化重塑

学校立足创新创业教育改革深化的不同阶段、不同政策需求，适时完善创新创业教育相关制度，用制度建设破除体制机制"壁垒"，最大限度地释放创新创业教育内在效能，从"点"到"面"，从"针对性"到"系统性"，不断丰富、完善和创新，出台和修订创新创业教育相关制度 40 余项。

一是强化制度顶层设计，把"鼓励与扶持学生创新创业"写入《章程》，纵深推进创新创业教育发展。学校结合国家创新创业教育相关政策和要求，制定《创新创业教育实施方案》，连续出台《"十三五"创新创业教育专项发展规划》《"十四五"创新创业教育专项发展规划》，为学校创新创业教育改革发展提供了方向。学校创新创业教育制度体系同时将双创工作成效进行量化，纳入年度目标责任制考核，有效保障和推进全校创新创业教育改革。二是构建全方位系统化的创新创业制度体系，为深入推进创新创业教育打造良好生态。三是重视制度适时性更新迭代，激发创新创业教育持续性活力，释放好制度效应。

针对师资培养，出台《义乌工商职业技术学院创新创业导师管理办法（修订）》《教师离岗创业创新管理办法》等。针对竞赛管理，出台《义乌工商职业技术学院创新创业竞赛管理办法》《义乌工商职业技术学院大学生创新创业训练计划管理办法》等。针对平台打造，出台《义乌工商职业技术学院大学生创新创业孵化基地认定管理办法》《义乌工商职业技术学院协同创新平台建设管理办法》等。针对课程建设，出台《关于进一步推进学校创新创业课程建设的实施意见》《全面深化课程思政建设实施方案（试行）》等。针对考核评价，出台《义乌工商职业技术学院大学生创新创业认定办法（修订）》《义乌工商职业技术学院学生创新创业学分认定管理办法》等。

（二）强化两个融合

学校坚持以"创"立学校的特色办学之路，强化"思创融合""专创融合"，将创新创业教育与思政教育、专业教育进行深度融合，打造基于八大专业群的"专创融合"育人共同体，培育高素质高水平的"大众创业、万众创新"生力军。

1. 强化思创融合

以德为本，搭建思创融合育人平台。学校校训"尚德崇文、创业立身"是核心文化理念，是学校上下干事创业、砥砺奋进的精神引擎。学校打造2个全国党建样板支部、创业学院省级党建标杆院系及省级党建标杆支部等思政育人载体，让红色元素成为创新创业教育伟力；全面构建"三全育人"大思政格局，实施"百门课程、千分银行、万人成长"的"麦穗"计划，建立分层、分类人才培养机制，打造校本整体性、系统化思创融合育人品牌，深化创新创业人才培养；着力建设省级课程思政研究中心，开展思创融合理论研究，大力推进创新创业教育课程思政建设；建成"望道行"教学实践中心，开展"行走的课堂"实践课程，让"真理的味道"和改革开放精神等的思政元素在学生实践中深入灵魂，提升学生创新创业实战水平的同时提高学生企业家素养，构筑思创融合育人共同体，获评首批全省高校党建示范群（"一核引领　双创飘红"）等荣誉 40 余项。

以创为魂，思创融合贯穿育人过程。创业立身，寓意以"创"立校，培养师生创新精神、创业意识和创新创业能力；立言立行，把勇于创新、业成于创的文化基因融入学校和师生的血脉。

学校将思想政治教育贯通创新创业人才培养体系，用制度体系保障思创融合落实落细，先后制定《全面深化"三全育人"综合改革实施方案》《全面深化课程思政建设实施方案（试行）》《课程思政教学项目建设工作方案》《大学生"麦穗"计划实施方案》《进一步加强和改进思想政治工作的实施办法》《全面深化课程思政建设实施方案》等文件，以"思政课程"和"课程思政"为抓手，探索思创融合教育教学改革，获批省级课程思政教学改革项目 8 项，获批国家级课程思政示范课程 1 门，省级课程思政示范课程 11 门。

2. 强化专创融合

学校主动推进专业和产业全面融合。积极对接信息、金融等浙江重点发展的"八大万亿产业"和先进制造等战略性新兴产业，建设产教融合体，全面推进专创融合，形成校企合作可持续发展的长效机制，培育专业技能强的创新创业人才，打造有特色、有深度、可推广的专创融合义乌范式。持续建设浙中国际贸易和浙江义乌数字赋能 2 个示范性产教联盟；高质量建设双童商学院、商城国际会展学院、联宜电机学院和广宏建设学院 4 个产业学院；深入建设商城设计学院混合所有制学院。

学校基于大数据技术等 2 个省级高水平专业群，带动电子商务等 6 个校级高水平专业群，服务区域经济结构调整和产业快速升级对双创人才培养的新需求，由专业群单一型向多专业融合型转变，开设跨专业群的交叉融合课程，形成了"双创通识课—专创融合课—双创拓展课"递进式双创课程体系，优化创新创业人才培养水平。双创通识课，既有学校统一组织建设面向全体学生开设的《就业创业指导》《创业与创新课程》《创业法律实务》《中小企业管理》等必修课程，又有依托各学院各专业特色开设的创新意识及创业精神培育、创业案例分析等选修课，引导学生养成创意思维习惯，掌握创新创业基本理论和能力。专创融合课，鼓励以专业技术为核心的专创融合课程建设，如《新媒体运营》《跨境电商创业》《电子商务运营》等课程，将创新创业元素融入到专业基础课、专业技能课，将创新创业和专业技能知识传授相统一。双创拓展课，挖掘提升学生创新创业能力及企业家素养的拓展课程，如《创业企业财务管理》《人力资源管理》《团队建设》等选修型、方向型课程，达到拓宽学生视野，升华学生创新创业项目。

学校强化实践手段，坚持以"产"为导向、"学"为基础、"研"为手段、"创"为目标，全面推动产教融合体建设，形成校企合作可持续发展的长效机制，培育专业技能强的创新创业人才，打造有特色、有深度、可推广的专创融合义乌范式。依托全国直播电商职业教育集团等2个国家级职教集团，形成了"基础能力实训—创新创业认知""专项能力实训—创新创业模拟""综合能力实训—创新创业实战"的知识技能与双创能力双规并进的"专创融合"实训实践体系，加强专业实践和创新创业实践的综合体验。校园对接园区，园区对接市场，形成"创意作品—产品—商品"的一体化的成果孵化、创新创业人才成长链。通过项目化课程、技能大赛、工作室、导师制等措施开展实训和实战教学，优化创新创业认知、创新创业模拟、创新创业实战等方面的实训课程，丰富学生创新创业体验，提高学生创业实践能力，满足各类学生对双创能力的要求。

（三）打造三个平台

1. 打造国家级双创示范平台

学校创业园是国家级众创空间、浙江省首批直播电商基地，是学校创新创业教育的重要载体和成果展示的重要窗口。创业园服务国家、省、市发展战略，形成"院园融合、校企合作、学创结合"特色运行模式，致力于为大学生、社会青年、中小微企业等提供创业政策咨询、项目孵化、实践指导、培训服务、融资服务、技术转化、跟踪扶持等"一条龙"创业服务。园区不断建立健全运行机制，成为学校便捷开放、要素综合、互助共享的创新创业教育工作空间、网络空间、社交空间和共享空间。创业园年接待参观考察等2000余人次，近三年年均注册市场主体100余家。

院园融合：集创业学院、电子商务学院、创业园于一体，采用"有形学院、多元主体、实体运作"的特色化创业学院运行模式，依托学院的电子商务、跨境电子商务、商务数据分析与应用、网络营销与直播电商的专业布局和建设，结合创业园创新创业孵化功能，推进专创融合人才的培养。近三年，年均培养毕业生 600 余人，毕业生创业率超 35%。

校企合作：引入企业资源，与行业龙头企业共建阿里巴巴数字贸易学院、Shopee 电商学院、全国首个"1688 商 + 直播校园直播基地"、全国首个"腾讯看点校园直播基地"等，共同设计专创课程体系、共同开展项目实战、共同培育创业导师等，为学生创业实践提供与社会和产业紧密对接的配套环境，促进创新创业教育实践的开展。其中"1688 商 + 直播校园直播基地"有 550 余名中外学生获 1688"见习主播"和"优秀主播达人"证书。

学创结合：搭建创新创业育人载体，打造了创业班、创业精英班、专创工作室、创业社团等育人载体。创业班从大一入校就组班，建立了"导师 + 项目 + 学生"的培养模式，创业班特设项目实战课时（前四个学期按照 6、8、10、10 课时设置），主要用于开展创业实践，创业班学生毕业时自主创业率超 95%。创业精英班主要招收创业业绩达到一定要求的在校生，跨学院、跨专业、跨年级组班，现已累计培养 500 余名来自不同专业的优秀创业学生。根据毕业生回访调研显示，该模式培养的学生毕业后 75% 继续创业。专创工作室由导师对接项目到工作室，学生全程参与真实项目运作，构建了"教室与市场同台、教师与教练同体、实训与实战同步"的"三同"双创技能训练体系。学校先后建立了 30 家校级专创工作室，覆盖电商、计算机、文秘、印刷、建筑工程技术等专业。工作室学生自主创业率为 32%。

2. 打造国家级创新设计中心

学校创意园是全国首个以"小商品创新设计"为主要研发方向的创意文化园区，集人才培养、新产品研发、信息发布、成果转化、推广应用于一体，助推产业转型升级的开放性平台。园区拥有国家旅游商品研发中心、国家林产品创意研发中心 2 个国家级研发平台，浙江省中小企业服务平台、浙江省饰品设计与制作培训平台 2 个省级平台，金华市科技孵化器、义乌市众创空间 2 个市级平台。

协同创新：依托两大国家级研发中心在全国成立联合研发基地 28 家，成立"中国旅游商品产业联盟"；园区为中国美术学院、华中科技大学、台湾辅仁大学等 150 余所知名高校设计学子实践基地；与中国义乌商城集团成立混合所有制商城设计学院；成立巨量引擎新媒体学院、聚饰云产业学院；与浙江大学现代工业设计研究所共建"智能设计"应用技术协同创新中心；与中国小商品城集团共建"设计进市场行业单品研发中心"。引入国内外优质高校、优质资源，优质项目，每年安排接待实习实训师生 2000 余人，与全国高校、科研院所充分交流，进行项目研讨、协同创新、保持前沿性。

三元育人：园区入驻高端设计机构、产品研发科技型中小微企业、师生共创工作室等 56 家创意相关机构，与学院、企业共同构建"园校企"三元育人新模式。依托学院专业布局，结合园区创意机构对产品研发、品牌创建的深入研究，在服务市场、支持实体制造业转型升级的同时，积极反哺专业建设和课堂教学，有效解决企业需求与学校人才培养之间的衔接，形成社会服务、科技创新和人才培养可持续的开放创新生态。

专创融合：依托创意园、混合所有制商城设计学院、"商城杯"小商品城创意设计大赛、"智能设计"应用技术协同创新中心等育人平台，探索建立"企业＋设计机构＋师生团队"的专创育人模式。学校出台《创意园绩分奖励制度》，鼓励园区设计机构参与人才培养、科研和社会服务；制定学徒制、工作室、专创团队学分替代办法，实施班级公司化教学改革，培养学生创新创业意识；牵头举办"商城杯"小商品城创意设计大赛（目前已经连续举办五届），以"生产企业＋设计机构＋设计师"为基本参赛单元，让学生在参与真实项目运作中进一步提升专业能力和专业素养。

3. 打造智能制造科创实训基地

倡导科研育人，把科技创新理念融入学生管理，推进教学、科研、学生管理一体化。形成标准协同、过程协同、师资协同、资源协同的"四元协同，订单培养，一站孵化"产业人才协同育人体系。通过信息化、数字化、智能化和职场化的串联，满足了人才培养、新技术研究和产学研服务三个层次的需要。

搭建多元化创新平台：校企共建共享，搭建了以大学生科协、教师工作室、专业实验室和专业社团为主的科创平台，为科创活动提供了良好的环境。基地现有 3 个省级大师工作室，2 个市级大师工作室；共建博士后工作站

1个，校企共建省级研发机构2个，市级研发机构1个；建有4个协同创新平台，5个双创工作室。

培养多层次创新能力：倡导"以赛促练，以赛促学"，指导学生参加各类科技竞赛和技能大赛，提升学生的专业素养和实践技能；依托大师工作室、协同创新等平台载体，师生共同参与企业项目研发、技术改造、创新创业赛事、科技创新成果转化等工作，培养大学生的科研实践能力，提升创新思维和技能水平。

产出大批量创新成果：基地教师获国家重点研发计划项目1项，主持省部级科研项目8项；团队获"优秀科技创新团队"，成员获浙江省"百千万"高技能领军人才、浙江省百千万人才工程第二层次"拔尖人才"、浙江工匠、省首席技师等称号。全国职业院校技能大赛获奖6项，总成绩全省第三名；成功申请国家专利和软件著作权133项，科技成果获奖16项。

（四）聚力四个维度

1. 聚力双创导师队伍建设

学校打破"一把尺子评所有"的考核机制，对双创师资队伍进行分类评聘，在原有的职称评聘基础上，增设了双创导师竞赛指导型、实践指导型，探索教师的分层分类培养和考核，在突出教师的教学业绩的同时，注重双创导师"双师"能力的提升和个性化发展。学校出台《教师离岗创业办法》，制定《双创导师管理办法》等，导师指导创业实践折算为每周6课时，纳入教学工作量考核，并单独给予课酬补贴。遴选优秀的实战型创业导师，在职称评审中进行考核单列，突出双创人才培养成效指标。

学校现有专任创业导师113人，兼职创业导师146名。依托我们的创新创业导师，学校助力区域经济发展提档升级。承办义乌"230"电商培训计划，助力义乌产业转型升级；服务浙江共同富裕示范区建设，深入实施"山海协作"工程，推进山区26县跨越式高质量发展，年培训10000余人次；服务国家"乡村振兴"战略，承办台盟中央、团中央、国家人社部"农村电商助力精准扶贫与乡村振兴"高级研修班等高级研修班创业培训项目，面向全国，播撒创新创业火种，将电商创业知识和技能带到四川、甘肃、广西、青海等全国20多个省份，其中学校共建的汶川电商学院项目获时任浙江、四川两省省委书记点赞。

2. 聚力人才评价机制改革

以立德树人为目标，完善双创人才评价机制。以数字化赋能学生评价体系建设，分"尚德、崇文、创业、立身"四个模块构建100个精品项目并进行赋分，构建"千分银行"评价指标量化模型，以"数智大脑"为平台载体，"一屏化"展示项目信息、学生发展能力和发展趋势的动态观照，一键生成履历和H5动画报告，实现对学生学涯成果的"一张表"精准记录、"一动画"生动呈现的精准"画像"效果。深化分层分类培养，注重学习过程考核评价。针对不同的专业特性和学生的不同需求，优化完善人才培养方案，从"学中做、做中学"的创业班到"组合可跨界、学分可替代"的创业精英班，再到"专创融合、师徒传承"的专创工作室，从大一到大三把创新创业意识、创新精神、创业能力培养贯穿于人才培养全过程。

以市场需求为导向，形成全面科学评价体系。学校坚持依托义乌发展优势，以市场需求为导向，将职业教育重要理念"产教融合和精准对接"融入双创教育评价体系，强化当地行业企业参与高职院校人才培养方案的制定和实施。与企业合作，共同探索制定创新创业专创融合课程标准，创新创业导师评价标准等，形成创新创业教育标准体系。学校获评全国高职院校学生发展指数优秀学校100强，入选全省智慧思政特色应用试点校。创新创业教育评价机制入选省教育厅教育评价改革典型案例，《学生创新创业评价改革》项目入选浙江省深化新时代教育评价改革试点项目。

3. 聚力构建赛创融合体系

学校高度重视双创大赛，把双创大赛定位为"学校发展，教师成长，学生成才"的重要平台，是高校开展创新创业教育的"练兵场""试金石"。学校积极鼓励学生参与到"互联网+""挑战杯""职业生涯规划大赛"三个创新创业大赛、专业技能竞赛和学科竞赛中来。

全面鼓励师生广泛参与，广泛开展项目化创新创业通识教育。鼓励各学院将教师团队科研成果项目、毕业校友项目、学校创业基地项目、大学生创新创业训练计划项目、在校生的自发创意项目、二级学院校企合作项目等各级各类双创项目纳入项目培育库，做大项目池。每年参与双创大赛学生人数超 7000 人，达到在校生人数的 60%。重点培育优质项目，并开展个性化创新创业人才培养。修订出台《大学生创新创业训练计划项目管理办法》，从创新训练、创业训练和创业实践三个方向，通过院校两级培育孵化体系，重点培育一批种子项目，做实种子池。每年立项院级项目超 200 项，校级项目30 项。修订出台扶持政策，制定《大学生创新创业竞赛管理办法》等，精准对接"互联网 +""挑战杯"等一类双创赛事，通过校赛、省赛、国赛的层层选拔，再经过院级、校级、省级训练营的不断完善打磨，认真学习评审规则，着力培育优质双创项目。

4. 聚力国际双创教育

国际化教育是学校三大特色之一。学校多形式开展以"双创"教育为主题和载体的国际交流与合作，致力于打造双创教育国际化发展义乌工商样本。

共建国际合作平台。建设"中欧（西班牙）跨境电子商务培训学院"。学校联合新云贸易公司（Nube Nueva S.L.）、义乌市欧虎进出口有限公司西班牙分部、义乌西班牙基金会和中西电商发展协会等成立"中欧（西班牙）跨境电子商务培训学院"。成立"马来西亚义乌丝路学院"。

培育国际双创人才。学校组建"电商跨境班"，由来自马来西亚、秘鲁、危地马拉、印度 4 个国家的 10 名国际生组成。其中来自马来西亚、秘鲁和危地马拉 3 个国家的 6 名留学生获得了阿里巴巴"见习主播"证书。招收也门的阿曼学习跨境电商专业。

开展国际双创活动。学校在加拿大卡纳多学院、新西兰北方理工学院、英国伯恩茅斯大学等海外高校建立了 6 个实训基地，每年派遣 30 余位教师赴基地接受教学理念、方法培训，提升教师教学水准。依托丝路学院，至今已举办 4 期电商创业培训和相关实践活动，受益学员超过 800 人。为哥斯达黎加 60 余名企业家和政府官员提供为期 20 天、近 15 门课程的电商创业培训，培训量达到 1200 余人次。

服务区域经济发展。支持国际学生创业创新，优化国际学生在义乌落地服务，实施采购商转化工程和国际主播培育工程。建设国际创客园，为国际学生提供创业政策咨询、项目孵化、实践指导、培训服务、跟踪扶持等"一条龙"创业服务，紧密结合义乌国际化商贸城市的特色和进出口贸易、跨境电商的产业优势，承接义乌市城市国际化涉外服务十项举措中扶持孵化国际创客、培养"国际主播"、实施全球青年创业培训项目的重要任务。

三、创新创业教育发展评价角度分析

学校充分发挥义乌市场优势，形成了"市场共舞、师生同创、专创融合"双创人才培养特色，构建了与义乌产业发展深度融合，嵌入式、特色化的双创教育体系打造了高职双创教育"义乌样本"，成为义乌创新创业要素源泉。义乌工商职业技术学院创新创业教育的发展，紧紧遵循义乌市场的发展轨迹，与义乌发展一脉相承，学校以"创"文化为牵引，以培养具有创新精神和创业能力、德才兼备的学生为目标，取得了系列双创标志性成果：2010 年被阿里巴巴授予"全球最佳网商摇篮"称号；2017 年全国高校实践育人创新创业基地；2018 年浙江省示范性创业学院；2019 年全国创新创业典型经验高校；2022 年获批国家级备案众创空间、国家级创新创业教育实践基地。学生双创大赛成绩喜人：仅 2022 年度就获得"互联网＋"大赛国赛 1 金 2 银、全国创新创业大赛一等奖；2018 年、2020 年连续两届获得挑战杯总决赛金奖。

从本书高职院校创新创业教育发展评价维度分析义乌工商职业技术学院创新创业教育发展情况，在双创教学中，学校拥有大学生 KAB 创业教育基地、大学生 KAB 创业俱乐部；《创业法律实务（第 2 版）》入选职业教育国家规划教材；"以创意园为教育创新平台，设计类专业创意人才培养的改革与实践"获职教类 2014 年国家级教学成果奖二等奖。在双创研究中，在《中国高教研究》《高等工程教育研究》期刊分别发表 2 篇、1 篇创新创业教育相关论文。在双创实践中，获批国家级备案众创空间；在全国"互联网＋"大学生创新创业大赛中，"华颂文化传媒有限公司"获第四届铜奖、"蹭范趣——专注城乡家宴服务"获第五届银奖，"百凝茉香与茶相恋——年销售额超 3 亿的茉莉花茶领导品牌""敲糖帮——红糖国家级非遗的传承与创新者"分别获第七届银奖和铜奖；在全国"挑战杯"大学创业计划竞赛中，"蹭范趣——专注城乡家宴服务"项目获第十一届金奖、"海骏科技：年产电子蜡烛超千万件"项目获第十二届金奖。在双创成效中，学校毕业生（2021 届）创业率为 13.5%。在双创声誉中，学校入选了 2019 年全国创新创业典型经验高校

50 强、全国高职院校创新创业教育特色典型案例。学校在双创教学、双创研究、双创实践、双创成效、双创声誉中成果较多，在创新创业教育发展评价中名列前茅，形成了特色鲜明的创新创业教育办学特色。

第二节　江西外语外贸职业学院创新创业教育案例分析

一、学校创新创业教育背景概况

江西外语外贸职业学院创办于 1964 年，是江西省唯一一所以培养外语和外经贸应用人才为主的高职院校，现有在校生 15000 余人。学院是中国特色高水平专业建设计划建设单位、江西省人民政府与商务部共建院校、全国首批国际商务官员研修基地。经过 50 多年的建设和发展，办学质量和水平不断提高。先后被确定为国家优质高等职业院校、教育部现代学徒制试点院校、全国创新创业典型经验高校、全国职业院校教师素质提高计划优质省级基地、全国职业院校数字校园建设实验校、全国跨境电商专业人才示范校、江西省首批示范性高职院校、江西省首批应用型本科人才试点院校、江西省高水平高职院校建设项目立项单位，获得"国家节约型公共机构示范单位"，省、市"文明单位"，"全省依法治校示范校"，"全省高校平安校园示范学校"等荣誉。连续两年荣获全国职业院校"国际影响力 50 强"。

教师团队素质优秀。学院现有教职工 700 余人，副高以上 149 人，博士 30 人，外籍专任教师 18 人，留学归国教师 50 余人，硕士学历（学位）以上教师占专任教师的 75%。全国教育系统先进集体 1 个，全国优秀教师 2 人，省级教学团队 3 个，享受省政府特殊津贴专家、省级模范教师、百千万工程人选、青年井冈学者各 1 人，省级教学名师 3 人，省级中青年学科带头人 1 人，省级骨干教师 13 人。2 名外籍教师获"庐山友谊奖"。

教学设施配套完善。学院建筑面积 30.9 万平方米，图书馆纸质图书 117.3 万册，教学仪器设备总值 1.4 亿元，固定资产总值近 11 亿元。校内外实训基地 300 余个，建有 4800 平方米的校内产学园、大学生创业孵化园、悦创空间和创业就业示范基地。在省内最早组建职业教育集团，与 eBay、京东、中煤、百果园等知名企业建立校企合作关系，建有名师工作室 4 个，完全满足学校教学、实训和学生技能培养需要。

办学特色鲜明突出。学院突出"外"字办学特色，设有英、日、德、韩、法、阿、西、葡、俄、意、波斯 11 个语种课程，其中"一带一路"沿线国家官方语言 7 种，涵盖 90% 以上的国家，是全国开设外语语种课程最多的公办高职院校。现有专业 47 个，其中涉外专业 26 个，在学人数达 10000 余人，占全院学生总数近 70%。建立了"外语 +"专业特色教学体系，形成了"外语 + 电子商务""外语 + 工程管理""外语 + 旅游""外语 + 会计"等特色专业群。

技能竞赛屡创佳绩。近几年来，学院狠抓"以赛促教、以赛促学、赛教融合"。在历年全国职业院校技能大赛中共获得一等奖 9 项、二等奖 28 项、三等奖 16 项。2018 年获得"电子商务""互联网 + 国际贸易综合技能""导游服务"3 个赛项一等奖；2019 年获得"英语口语""关务技能""电子商务"3 个赛项一等奖，2021 年获得"工程测量"赛项一等奖，常规赛项一等奖获奖数量均居全省前列，为提升全省高职教育水平做出重要贡献，"双创"教育独领风骚。学院率先在全省高职院校成立实体招生的创业学院，"悦创空间"双创基地分别被省发改委、省教育厅和省科技厅评为"江西省大众创业万众创新示范基地""江西省大学生创新创业示范基地"和"江西众创"，在全省高职院校均属首批。学院在中国国际"互联网 +"大学生创新创业大赛中累计获金奖 4 枚、银奖 7 枚、铜奖 21 枚，获奖数量和获奖总成绩均位列全国高职院校第一，并荣获全国高职院校唯一的"互联网 +"大赛青年红色筑梦之旅赛道先进集体奖，2019 年，学院被教育部评为"全国创新创业典型经验高校"，为江西"双创"教育争得了荣誉。

招生就业量质双升。学院连续多年招生录取分数线位居全省前列，毕业生初次就业率稳居第一方阵，荣获 2016~2018 年度全省普通高校毕业生就业工作"优秀等级学校"和"先进单位"称号。历年毕业生初次就业率均居全省前列。海外实习就业规模不断扩大，已有近 700 名学生在美国、英国、俄罗斯、日本、韩国、西班牙、阿联酋、菲律宾等 10 余个国家实习就业。

　　国际合作深化拓展。先后与 30 余所国外高校缔结合作关系，覆盖所有语种专业。通过"2+2"专升本、"2+1+1"专升硕、短期进修等合作培养模式，在国外学习实践学生达 200 余人。积极承担国家援外培训任务，截至 2022 年 9 月，完成项目 221 期，有 134 个国家和地区的 5860 名官员参训，其中正国级 1 人，部级 45 人。2018 年 9 月首次在赤道几内亚成功举办刺绣和竹编援外培训班，2019 年 12 月在缅甸成功举办缅甸地质矿产与矿业开发海外研修班。同时借助商务部国际商务官员研修江西基地平台，推动中煤集团、江西铜业和江西赣粮实业有限公司等 20 余家赣企赴境外投资，为打造江西企业"走出去"升级版提供有力支持，较好地服务了江西省融入"一带一路"倡议。

　　服务社会积极有效。学院成立江西电子商务发展研究中心，承担国家商务部电子商务进农村示范县规划编制、评审、培训等工作，培训余干、鄱阳等地返乡青年、贫困户 8000 多人次，助力脱贫攻坚。与余干、万年、南丰等县校地合作，助推社会经济发展。学院还先后参与格鲁吉亚中国（江西）特色商品展暨经贸洽谈会、世界绿色发展投资贸易博览会、世界赣商大会以及有关国家政府和企业团组来赣访问等众多涉外活动。

　　学院始终坚持以习近平新时代中国特色社会主义思想为指导，积极响应国家创新创业教育改革号召，着力构建创新型创新创业教育教学体系，探索出一条有学院特色的以创新创业为导向的人才培养模式改革之路，形成了具有鲜明地区特色、职教特色的创新创业教育品牌。①

二、创新创业教育主要举措

（一）创新为本，理念先行，高起点构建人才培养体系

1. 形成"一条主线、两个课堂、三项工程、四条途径"的育人理念

　　学院不断深化创新创业教育改革，形成"一条主线、两个课堂、三项工程、四条途径"的独特育人理念。以培养爱国情操和担当精神的人才为主线；创新实践学校教育教学课堂和社会实践课堂；深入实施美丽邂逅工程、拔尖

---

　　① 江西外语外贸职业学院官方网站发布的学校简介。

人才提升工程、标志性成果培育工程；四条途径即以深厚的人文底蕴强化人才培养、以高质量校企合作协同人才培养、以严格的标准体系推进人才培养、以丰富的外资教育教学资源提升人才培养。

2. 构建"三层次、四阶段、五转化"的创新型人才培养体系

按照"相互反哺、过程对接、转化畅通、互为补充"的资源转化路径，依托创意类、初创类、成长类"三层次"创业项目，按照需求分析—课程设计—教学实施—综合评价"四个阶段"，将创业和竞赛的任务、方案、设备设施、行业标准和评价转化为教学资源（"五转化"），提升课堂教学供给对行业需求变化的适应性，构建与竞赛、创业协同发展的课程供给体系。开发了与行业协同发展的动态调整课程供给体系为实现"三商"（商知、商技、商德）人才培养目标，以能力本位为出发点，建立教学内容动态调整机制，每年更新10%左右，保障课程标准紧跟行业发展和企业用人要求；根据学生的不同成就动机，强化竞赛、创业在课程体系中的调整作用，始终保持课程体系与行业发展需求协同发展。

（二）定制平台，扩展空间，高标准打造双创生态系统

1. 定制"递进式"创客物理空间，形成"苗圃＋孵化器＋加速器"实践育人环境

学院根据本校学生创业特点，定制"苗圃＋孵化器＋加速器"三级递进式创客物理空间，即百优品牌运营中心：形成以"服务地方经济，打造百优品牌"为依托的江西农特产品品牌塑造创新创业模式的"苗圃"——悦创空间，学生以自主创业为主，签约企业投资引导的自主创业模式可独立运营并盈利的"孵化器"——大学生创业孵化园。以校企合作为依托，突出"外"字特色，建设跨境电商创新创业模式的"加速器"——高新双创基地。创客基地是构建创客空间线下建设的重要一环，"递进式"创客空间充分尊重学生创业项目运行规律，提供有针对性的创业物理空间及服务。它不仅能用于创新创业实践教学，对外还尽量做到开放和共享，在提高创客空间利用率的同时为广大大学生创业提供必要的实验与研究场所，为学院创客提供了良好的基础环境，学生参与创新创业活动积极性有极大提高，创新创业氛围越发浓厚。

2.成立江西省首家实体招生创业学院，形成课程教学、高频特训、深度实践相结合的闭环生态

2017 年经江西省商务厅批复同意，学院正式成立创新创业教育办公室（创业学院），并于 2018 年 5 月正式面向全院各专业招生，将有强烈创业意愿、渴望实践并提升自己的学生招收进来，首批招收学员 218 人。引进《高层次应用型人才教育体系》对创业学院学生在课程教学中认知商业运行规律，在高频特训中掌握创业技巧，在深度实践中强化创业能力。截至目前，创业学院学生在学院创客空间落地网创项目 10 个，文创项目 3 个，以"百优品牌工程"为依托打造品牌江西农特项目 2 个。构建了以"融合专业、贯穿学业、项目驱动、竞赛激励、创业孵化、服务社会"为核心的大学生创新创业生态圈。创业学院作为全校对学生开展创新创业教育的重要载体和实践平台，积极探索融入"一带一路"、大数据、移动互联网等时代需求的学校特色创新创业人才培养模式，以政策引领、立足本土、开放创新、资源聚合的思维建设系统化、多样化的培育体系。以教育、实践、竞赛和创业孵化为基石，培养具有本土思维、视野开阔、不断进取的创新创业人才。

（三）整合资源，突出特色，高水平培养创业导师团队

1.依托校友、社会资源，建立创业导师库

学院通过校友办、职教联盟、基金会等机构邀请了 30 余位知名校友、20 余位企业家、8 位创新创业评委及学院优秀创业教师组建了创业导师智库，定期召开"成长有大咖"创业经历分享活动、"瑶湖创业讲堂"主题讲座、"天使看项目"投融资会等。此外，依托万学教育"高层次创业与应用型人才教育体系"，构建学校—培训机构师资共建共享新模式。创业培训师来学院学习创新创业基础理论，学院相关教师跟随创业培训师指导学生创业项目实践，充分发挥双方师资特色，培养有创新思维，懂创业技能的创客。

2.提出"教学 +"理念，打造适应教学改革的"三能型"校内师资团队

提出"教学 +"（竞赛、创业、科研、社会服务和学生管理）的教师团队建设理念。依托"三能型"（即能上好课、能带竞赛、能创好业）师资队伍，组建矩阵式教学团队，打造"教学 +"的师资团队，突出教师关键能力优势，均衡发展团队合力，更精准地把握创业创新趋势以及行业需求。将"双师型"

教师培养升级为"三能型"师资团队建设。促进教师往"三手"（专业上的高手、对外交往的能手、内部管理的行家里手）、"三金"（金讲台、金社服、金科研）方向发展。

（四）赛创相长，产学互进，高质量服务地方经济发展

1. 以课促赛、以赛促创、赛创结合、产学互进

大学生创新创业基础课程围绕"互联网+"大赛要求开展，课程分小组及翻转课堂形式成立创业团队，分模块学习创业者素质、创业团队组建及管理、商业机会识别及商业模式、商业计划书撰写及项目路演，课程结果评价以团队路演、答辩效果综合评定。以此，形成了"人人会写BP、人人会做PPT、人人懂路演"的良好机制，人才培养质量得到进一步提升。

创业学院学生通过参加高层次应用型人才教育体系培训后，按专业特长组合到相应实践模块中进行实践锻炼，通过"互联网+"、创青春、中国创翼等大赛，一批依托"百优品牌工程"参赛项目逐步在大赛中走向成熟，吸引众多投资人关注并投资，促使竞赛的创业项目由最初的创意逐步过渡到形成完整的商业模式，一批以"缘蜜""淑媛辣酱"等为代表的比赛项目逐步实现落地。

2. 深入实施以本土品牌打造为抓手的"百优品牌工程"，助力地方脱贫攻坚

学院积极响应党中央精准扶贫战略，以农特产品为切入点，以品牌整合为抓手，充分结合江西实际打造百优品牌，助力脱贫攻坚。学院搭建了新媒体（微信、微博、移动电商平台）百优品牌孵化平台，将新媒体积累的粉丝和代理商资源共享，逐步建立电商平台和跨境电商渠道的本土品牌建设。当前，打造10余个创业品牌，其中已落地项目6个，缘蜜、淑媛辣酱、艾精隆等4个项目年销售额均超2000万元，吸引就业200余人，帮扶了50余户贫困户成功脱贫。尤其，学院还通过校地合作方式，帮扶了江西余干、进贤、新干、景德镇等地的农特产品的品牌塑造，通过电商等模式增加销售额，带动当地经济发展，助力地方精准脱贫。①

---

① 江西外语外贸职业学院2019年全国创新创业典型经验高校50强。

三、创新创业教育发展成效

从本书创新创业教育发展评价维度分析江西外语外贸职业学院创新创业教育发展情况，在双创教学中，学校拥有大学生 KAB 创业教育基地。在双创实践中，全国"互联网+"大学生创新创业大赛成绩突出，学校在历届全国"互联网+"大学生创新创业大赛中累计获得国赛金奖 4 枚、银奖 7 枚、铜奖 21 枚，奖牌总数位列全国高职院校第一，金奖数量位列江西省高职院校第一；在全国"挑战杯"大学创业计划竞赛中"石全石美——解决白色污染问题，打造绿色环保地球""甲颜悦色——国内穿戴美甲工艺领跑者"获得第十二届大赛铜奖。在双创成效中，学校毕业生（2021 届）创业率为 0.52%；在双创声誉中，学校入选了 2019 年全国创新创业典型经验高校 50 强、全国高职院校创新创业教育特色典型案例。江西外语外贸职业学院在本研究全国高职院校创新创业教育发展评价中位列 24，学校双创实践突出，尤其在创新创业竞赛方面表现优异，积累了丰富的赛创融合育人经验和优秀做法。

第三节　咸宁职业技术学院创新创业教育案例分析

一、创新创业教育背景概述

咸宁职业技术学院是由五所学校合并经湖北省人民政府批准、教育部备案的一所综合性公办高职院校。前身之一为 1976 年成立的华中农学院咸宁分院，最早开办的是 1965 年咸宁财贸工商管理学校。1999 年被省政府列为"全省首批试点高职院校"。2022 年获批立项湖北省"双高"学校。

咸宁职业技术学院位于中国香城泉都——湖北省咸宁市，是武汉、长沙、南昌三大省会城市经济区的地理中心，北距武汉 23 分钟高铁车程，三国赤壁之战和北伐战争汀泗桥战役发生于此，享有全国最宜居城市、中国森林城市、中国魅力之城、中国卫生城市、中国十大最具成长创新性城市等殊荣。

校园面积 1086 亩，南邻潜山国家森林公园，西接龙潭湿地公园，北靠武咸城际列车咸宁南站，东出潜山商业街，校内三湖伴五山，是求知治学的风水宝地。全日制在校生 21490 人，现有教职工 1100 人，其中教授、副教授310 人。

咸宁职业技术学院抢抓国家支持职业教育政策机遇，积极争取"咸宁新产业公共实训基地"和"利用外国政府贷款建设咸宁职院产教融合基地"列入国家发改委、财政部项目，投资额度达到 3.15 亿元，建成了智能制造、会计虚拟仿真、健康管理、园林园艺、学前教育等一批高水平的实训基地。现有国家级协同技术创新中心 1 个，国家级技能大师工作室 1 个，省级重点科研平台 1 个，获湖北省科技进步三等奖 2 项。学校紧密对接国家发展战略和区域新兴支柱产业，构建现代农业、智能制造、财经商贸、师范教育、医养健康、数字信息和智慧建筑 7 个专业群，开设专业 42 个，获批国家级"1+X"证书试点专业 19 个，建有国家骨干专业 5 个，省级重点特色品牌专业 10 个，湖北省新兴战略支柱性产业专业 2 个，其中大数据与会计、现代农业技术获批立项省级高水平专业群。

2016 年以来，咸宁职业技术学院牢记"服务三农"初心，坚持以培养扎根乡村的"三种人"（脱贫致富的带头人、电商创业的合伙人、基层组织建设的接班人）为己任，以产教融合为途径，以涉农专业群建设为引领，以"一村多名大学生"培养计划为抓手，建成了"理念先进、特色鲜明、基层欢迎、上级认可"的乡村振兴人才培养优质院校。近五年来，全校共为全市 905 个行政村培养农民大学生 2017 人，培训各类新型职业农民 35326 人，他们中一大批黑猪西施、黄袍农夫、孔雀公主、土鸡司令、大幕羊倌、龙虾大王、生物精灵等活跃在鄂南的山山水水上，到处演绎着乡村振兴的动人故事。

学校是教育部现代学徒制试点单位、教育部"1+X"证书试点单位、教育部第一批示范性职业教育集团（联盟）培育单位、教育部职业教育示范性虚拟仿真实训基地、教育部中外人文交流基地建设单位、全国节约型公共机构示范单位。获全国创新创业典型经验 50 强高校、全国高职院校服务贡献50 强、全国乡村振兴人才培养优质校、全国五四红旗团委、湖北省脱贫攻坚专项奖励记大功集体、省级文明单位（校园）、省级优质高职、省级园林式单位、省级平安校园、省高校心理健康教育示范中心、省级依法治校示范校等

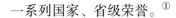

一系列国家、省级荣誉。[①]

二、创新创业教育主要举措

（一）立体化构建双创教育体系，设立班级双创委员

1. 坚持"一把手工程"，体系化构建三级联动双创机制

学校成立由党委书记和校长任组长的创新创业工作领导小组，负责全面指导学校创新创业工作，负责统筹部署全校双创工作规划、研究重大问题，组织推进双创工作开展等，建立多部门协同管理机制，形成齐抓共管的工作格局。院部成立创新创业工作领导小组，班级成立创新业训练营和创新创业委员，三级联动健全工作体制与机制。参照部队管理体制，学校学生会设立双创部长并兼任创业训练营营长，各院部学生会设立双创部长并兼任创业训练营连长，各年级设立创业训练营排长，各班级设立创业训练营班长和双创委员。

2. 坚持文化育人，制度化开展双创教育活动

根据工作职责和年度工作计划，学校制定了《双创委员创业活动管理办法》《双创委员创业动经费使用管理办法》《大学生创业实践活动考核办法和实施细则》，按照"月月有主题、周周有活动"的要求，每个月有一个二级院部组织开展"创新创业活动月"，组织创业项目路演、课题研究等特色活动。学校常态化组织"淦水之声"创业讲座、荆楚创业论坛、优秀校友讲座等双创讲座，加强创业经验交流，对校园创客场馆、创客路标、创客雕像等全面营造创业文化，并开列文化活动推进校园文化建设，营造双创氛围。

3. 坚持分段分层培养，立体化构建双创实践教育体系

学校深入开展创新创业教育改革实践，将"创新创业能力培养"作为制定人才培养方案的基本原则，全面实施创新创业通识教育，设立公共必修课、公共选修课、创新创业素质拓展学分，创设孵化效益奖励学分。开设基础、实践、孵化三级联创实践课程，建立了"三段育人、分层推进"的创新创业实践教育体系。

---

① 咸宁职业技术学院官方网站发布的学校简介。

（二）实施"一园两院"规划，推进产学研创深度融合

1. 校企联合技术研发，共建大学科技园

学校主动适应经济结构调整和产业转型升级，按照"政府引导、市场化运作、企业化管理"的原则，联合地方政府和企业，采用共建共营共享模式，吸收优质企业资源（如湖北省供销合作总社、中科院深圳先进技术研究院、阿里巴巴等）在校内打造科创小镇；鼓励院部以"专业＋创业项目"的模式，打造"立足学校、面向社会"的科技成果转化平台、初创企业孵化平台和创新创业人才培养平台。

大学科技园建设有"两院两中心"，即"鄂南先进技术研究院""万讯创新创业研究院""创业就业公共服务平台数据中心""中三角自然资源应用数据中心"。"鄂南先进技术研究院"为本地工业企业和中小企业技术改造提供服务，带动学校新工科建设，提升教师的科研能力；"万讯创新创业研究院"利用"互联网＋"提供农产品流通解决方案，开展创新创业人才培养和企业孵化，促进师生同学同创；"创业就业公共服务平台数据中心"以大数据分析为技术支撑，实现信息化诊断，通过整合资源服务创业就业，强化数据引领，助推创业就业；"中三角自然资源应用数据中心"利用无人机进行土地普查、森林防火、森林灭虫等获取数据，服务地方区域经济发展。

2. 校地合力助推产业发展，共建特色产业学院

为服务地方发展，带动大众创业，2015年以来，我校按照"一县一品一专业"的思路，培养高度对接县（市、区）产业的高素质技能型紧缺人才，通过政府定向引导进入当地支柱产业的相关企业就业，带动相关产业的创新创业，成为精准扶贫的带头人。建设"通城电子产业学院""通山电商产业学院""赤壁智能制造产业学院"，采用"1+2"或"1+1.5"等灵活的培养计划，同时开设"地方创业班""创新创业培养班""企业定向委培班"等，培养高度对接县（市、区）产业的高素质技术技能人才。

3. 校企联盟推进"双创"教育，共建创新创业学院

成立创新创业学院。早在2015年12月，咸宁职业技术学院与广东茂名商会、广东万讯网农业股份有限公司、广东工贸职业技术学院、广东工程职业技术学院等7家单位共同发起成立万讯创新创业学院高校联盟，并于

2016年3月在咸宁职业技术学院率先独立设置创新创业学院，开设了中小企业创业、经营、电子商务3个专业。2017年12月，来自广东、山西等20多个高校和企业的代表在我校成功召开"万讯创新创业学院高校联盟"第三次峰会，并形成了"咸宁共识"。

（三）创新乡村人才培养模式，实施"一村多名大学生计划"

1. 市政府重点项目推动，学校全力实施"一村多名大学生计划"

2016年，咸宁市委、市政府高度重视农村人才培养工作，将"一村多名大学生计划"（以下简称"一村多"计划）列入人才工程重点项目。市政府审议通过咸宁市"一村多名大学生计划"实施方案，成立由市委组织部牵头，市农业局、教育局、人社局、财政局、商务局、扶贫办等部门参与的领导协调小组，实行部门联动，强化责任落实，咸宁职业技术学院具体实施，确保项目顺利实施，计划用三到五年时间为全市培养2000名大学生。

2. 对接乡村精准扶智，定向输送现代农村"三种人才"

"一村多名大学生"人才培养，遵循"专业与农业产业对接、课程与行业职业标准对接、教学内容与现代农业发展需求对接"的原则，将创业教育融入专业教育，实行学做交替，旺工淡学、分段式脱产学习，注重培养学员的创业技能和企业管理能力。选拔40岁以内并具有高中学历的优秀青年农民接受脱产大专学历教育，为咸宁市现辖905个行政村每村培养2名以上大学生，精准打造农村实用人才，培养一批具有农业生产经营管理能力和带领群众致富能力的"农村基层组织接班人""脱贫致富带头人""电商创业合伙人"这"三种人才"，为农村基层组织建设、精准扶贫、农村电商发展提供人才支撑。

3. 建成"乡村振兴学院"，涌现一大批创业典型

成立了"乡村振兴学院"，持续推进"一村多"计划。引导了广大农村青年扎根农村创新创业，学校与嘉鱼县田野集团合作成立"乡村振兴学院"。把学院建在田野之中、把课堂开在田间地头，努力打造乡村振兴人才培训基地，为乡村振兴战略咸宁实施提供源源不断的人才支撑。

"一村多"计划实施以来，涌现出了一大批创业典型，人才培养成功经验得到省委组织部、省农业农村厅和省教育厅的高度肯定，并在全省推广，"一村多"学员创业事迹先后被《人民日报》、人民网等媒体多次报道。经过两

年多的实践探索，培养"一村多名大学生"521人。这些人中有36.08%的学员进入"两委"班子，其中有8人当选村党支部书记；34.55%的学员成为农村专业合作社和中小企业法人，共计180人。"三种人才"的培养目标逐步实现。

（四）政校行企协同育人，促进产教深度融合

1. 完善协同育人机制，实现"五位一体"协同育人

政府扶。与咸宁高新区共建智能机电研究院，与各县（市、区）人民政府共建优势产业学院，相继成立了"通山电商产业学院""通城电子产业学院""赤壁智能制造产业学院"，同时开设"地方创新创业培训班"，共53期，培训2934人。

学校推。健全创新创业激励机制，制定《大学生创新创业基金使用与管理办法（试行）》《大学生创新创业科技活动奖励办法》，设立300万元"创业助力基金"，资助创业项目89个，年发放创新创业奖励72万元。每年表彰一批创新创业先进单位、先进个人，发放创新创业奖励60万元。

老板帮。企业老板除兼任创业导师外，还提供资金支持，其中广东万讯网农业有限公司提供215万元的经费支持；校企合作共同开发在线开放课程资源，其中与广东万迅网合作开发了6门在线课程。

导师带。构建"三导师"（专业导师、创业导师、校外导师）指导团队，制定了《专兼创业导师选聘管理办法（试行）》，组建相对稳定的创新创业教育和创业指导队伍共115人；实施"双白工程"，连续三年共组织193名专业教师到企业顶岗实践，选派391名教师参加创新创业培训，提升专业教师的专业素养和创新创业指导能力。

学生学。制定《大学生创业实践活动考核办法和实施细则》，模拟创新创业实践活动，开展"月月有主题、周周有活动"的创新创业实践活动。成立大学生创业部等社团15个，组织创业沙龙、"淦水之声"创业讲座等活动147场；全校参加各类创新创业实践活动的学生达61.5%；共组织595个师生创业团队共2314人参加"互联网+""创青春"等国家级和省级创新创业大赛。

2. "专业+公司"，共建创新创业实践平台

通过"专业+公司"的培养模式，先后与中科院老专家技术中心、中科

院深圳先进技术研究院、天津大学、广东茂名商会、广东万讯网等优质企业合作共建创业实践基地，将创新创业能力培养融入人才培养方案、课程课堂、社会实践等各个环节，推进专业教育与创新创业教育教学有机融合，如建筑装饰工程＋家装e站、电子商务＋供销e家、园林技术＋绿化公司、软件技术＋工作室等，形成了特色鲜明的"专业＋"创新创业人才培养体系。

　　创新永无止境，创业正当时。咸宁职业技术学院推进创新创业工作虽然取得了一些成绩，积累了一些经验，但离高质量发展的要求还有很大差距。我们将进一步分析形势，找出差距，加大力度，精准施策，奋力谱写新时代创新创业型大学建设的新华章。[①]

三、创新创业教育发展成效

　　从本研究创新创业教育发展评价维度分析咸宁职业技术学院创新创业教育发展情况，在双创研究中，在《教育探索》期刊中发表论文1篇。在双创实践中，在全国"互联网＋"大学生创新创业大赛中，"蓝孔雀的一二三产业高效融合"获第五届铜奖、"鸡住别墅，满地生金——咸宁大山里走出来的'肯得鸡'"获第六届银奖、"草药喂养，致富好鸡——咸宁百草鸡的乡村振兴之路""振兴'梨'量——九宫山下砂梨姑娘的'闯'业故事"获第七届铜奖；在"挑战杯"大学创业计划竞赛中"住'别墅'的鸡——'135'放养模式打造乡村产业振兴'摇钱树'"获第十二届铜奖。在双创声誉中，学校入选了2019年全国创新创业典型经验高校50强、全国高职院校创新创业教育特色典型案例。咸宁职业技术学院在本研究全国高职院校创新创业教育发展评价中位列66，学校在创新创业教育领域积累了优秀的经验。

第四节　本章小结

　　本章选取了入选2019年度全国创新创业典型经验高校的义乌工商职业技术学院、江西外语外贸职业学院、咸宁职业技术学院创新创业教育为例，

---

① 咸宁职业技术学院2019年全国创新创业典型经验高校50强 。

详细介绍了三所学校创新创业教育背景、创新创业教育主要举措、创新创业教育发展评价情况。其中在创新创业教育发展评价中，从双创教学、双创研究、双创实践、双创成效、双创声誉五个维度阐述了三所学校的基本情况。

第六章　研究结论与未来展望

第一节　主要研究结论

近年来，我国创新创业教育迅速发展，全国高校创新创业教育改革不断深化。创新创业教育发展包含了创新创业教育理论、教育水平、教育机构、教育资源、师资队伍等教育进步和拓展的程度。本书开展全国高职院校创新创业教育发展评价研究，横纵向全面分析了我国高职院校创新创业教育发展情况，从横向层面看，各高职院校之间可以进行综合创新创业教育效果的评价，从而发现自身与其他高职院校之间的差异，有利于高职院校学习其他高校的成功经验，弥补自己的不足；从纵向层面看，各高职院校可以对自身在创新创业教育效果发展情况进行评价，评价结果可以为高职院校创新创业教育政策实施提供参考依据。

本书所构建的创新创业教育发展指数指标是根据我国高职院校创新创业教育实际，关注全面性、系统性、科学性、合理性，数据采集关注信息可取性和权威性。根据对数据的详细分析，得出以下结论：

（1）根据双创指数分析可见，目前我国高职院校创新创业教育整体结构欠佳，高分段院校明显偏少，低分段院校占比大，说明我国高职院校创新创业教育总体水平和层次良莠不齐。我国高职院校创新创业教育起步较晚，发展不充分且不平衡，与当下国家纵深推进"大众创业、万众创新"，深化高校创新创业教育改革还存在较大差距。

（2）各省市高职院校创新创业教育水平差异明显，部分省份如江苏省、浙江省校均发展水平、高分段学校数占比均较高，明显优于其他省份的高职院校，但省份内部差距大，同样存在不平衡状态。另一些省份如云南省、贵州省以及山西省各方面都处于劣势。

（3）"双高计划"院校创新创业教育水平优势明显，但随着"双高计划"等级下降，创新创业教育水平降低，高职院校创新创业教育水平与学校本身实力和发展相关。同时，这些"双高计划"院校的辐射带动效应不明显，如何缩小非"双高计划"院校和"双高计划"院校间的发展差距形成合理的梯度还有待解决。公办高职院校创新创业教育整体水平相对较高，且占据绝对优势，呈现"公强民弱"现象，民办高职院校创新创业教育发展之路值得深思。

（4）从五个指数维度表现看，高职院校创新创业教育不同环节呈现指数维度均衡发展、五个指数维度偏向发展、五个指数维度单向发展和五个指数维度半开型发展的现状。各高职院校创新创业教育如何补齐短板获得进一步的发展值得思考。

第二节　对策与建议

本书针对以上数据分析得出的结论，对我国高职院校创新创业教育的发展提出相应的建议：

（1）认真落实国家相关政策，深化高职院校创新创业教育改革。创新创业教育是高职院校人才培养体系的重要内容，有利于大学生更高质量就业创业，有利于大学生全面发展，有利于国家人才培养质量的提升。特别是国家系列相关政策文件的出台，说明国家对高校开展双创教育提出了明确的要求并给出了指导性意见。各高职院校应认真贯彻落实国家创新创业相关政策要求，明确创新创业教育目标，把创新创业教育贯穿于人才培养全过程，深化创新创业教育改革，切实增强学生的创新精神、创业意识和创新创业能力。

（2）分层分类科学制定区域政策，精准推进高职院校创新创业教育。我国高职院校创新创业教育整体结构欠佳，各地区水平各异，想要提质培优、协同发展，应做到精准施策。第一，各地区高职院校创新创业教育改革应结合实践探索做好顶层设计，以问题为导向，解决各地区高职院校创新创业教育的瓶颈问题，同时发挥区域优势，结合当地优势产业，以此实现突破；第二，为保证各地高职院校创新创业教育持续有效地推进，可组建各区域专家研究组，开展高职院校创新创业教育研究，推进地区高职院校创新创业教育调研、实施、评价等工作的常态化；第三，以大数据为支撑，助力地区高职院校创新创业教育精准施策，基于全国高职院校创新创业教育发展指数，构建高职院校创新创业教育数据平台，开展动态监测、科学治理。同时可考虑区域现实情况，增加地区特色的指标内容，探索构建各省市高职院校创新创业教育发展指数，提高客观性和科学性。

（3）构建多元主体协作机制，共同提高高职院校创新创业教育水平。校内推进多部门协同，学校创业学院或创业管理部门应联合教务处、科研处、人事处等在教学、科研、师资等方面进行统筹协调，形成创新创业教育一盘棋，补足短板，提高创新创业教育整体水平。校外推进政校行企等多元主体协同合作，例如，政校行企协同开发"专创融合"的课程和教材；校企合作共同组建"双师型"专兼结合的教学团队；政校行企合作协商创新创业人才培养方案，构建创新创业教育人才培养体系；等等。校内外多元主体要创新协同参与模式，深化协作内容，共享协作成果，营造良好的高职院校创新创业教育环境以及良好的大学生创新创业生态，形成良性循环。

（4）建立院校间互促共享机制，推进各高职院校创新创业教育同步发展。"双高计划"院校等重点建设高职院校创新创业教育应坚持质量为先，提高教育成效，增强开放共享程度，发挥"引领改革、支撑发展、以点带面"作用，积极推进高职院校创新创业教育的体系化和理论化建设；各省市层面，要关注对一般高职院校的支持和管理，在经费上给予适当倾斜，各高职院校更要积极主动争取非财政性资源，有效地进行优势资源整合；基于高职院校双创指数，可定制详细的、专有的创新创业教育发展指数报告，为各高职院校其推荐相近的、参考性强的创新创业教育模式等的对标校，一般高职院校可通过与对标校的学习、交流与合作，构建有效的共享机制，如领导层交流、教师层研讨、创业项目合作、教育研究共同开展、教学资源共建共享等。

（5）建立科学的教育评价体系，引领高职院校创新创业教育健康发展。提倡多元化评价主体共同参与，包括政府、学校、教师、学生、社会行业、第三方评价机构等，如浙江大学中国科教战略研究院发布的我国首个双创指数，就是对我国高职院校创新创业教育评价的有效探索；同时，高职院校创新创业教育评价内容要全面、细化、深入，评价方法讲究科学规范和多样化，不仅要关注评价结果，同样要关注历史和发展，强化过程性、整体性评价的同时也要有分区、分层、分类评价，引入先进信息技术的应用，提高评价结果的客观性和可信度。

第三节　研究的创新点

本书以高职院校创新创业教育发展为评价对象，构建了一套高职院校创新创业教育发展评价模型，实践开展评价研究并得出评价结果，其研究创新点主要包括：

（1）构建了一套高职院校创新创业教育发展评价指标体系，将定性与定量相结合，宏观与微观相结合，构建了5个一级指标、16个二级指标、46个三级指标的评价指标体系。研究有利于推进高职院校创新创业教育评价的发展，促进教育评价理念的更新，对全面检验高职院校创新创业教育的教学双向过程及提升人才培养绩效评价研究具有重要意义。

（2）基于评价指标体系实践开展高职院校创新创业教育发展评价过程，研究根据评价指标体系，搜集了大量的数据资料，所有涉及的相关数据主要采用国家级平台公布的创新创业教育相关信息，研究数据客观、翔实、权威，真实客观地反映了我国高职院校创新创业教育发展的实际情况。

（3）得出高职院校创新创业教育发展评价研究结果。通过高职院校创新创业教育发展评价指标的构建、实践开展评价研究，进而得出评价结果。本书横纵向全面分析了我国高职院校创新创业教育发展情况，评价结果可以为高职院校创新创业教育政策实施提供参考依据，有助于优化全国高职院校创新创业教育质量，促进高职院校创新创业教育发展。

第四节　未来研究展望

高职院校创新创业教育发展评价的研究探索有助于推进高职院校创新创业教育的改革发展。目前，我国高职院校创新创业教育评价体系的构建还处于探索期。从现有研究来看，评价体系的指标内容、模型与标准等均不尽相同，这也给高职院校创新创业教育发展的科学研究和实践交流带来了一定的阻碍。本书本着严谨的研究态度，探索了高职院校创新创业教育发展评价，但实证研究中可能还存在着一定的局限性和不足之处。在未来研究展望中，将重点从以下四个方面展开：

一、进一步完善创新创业教育发展评价模型

开展创新创业教育发展评价主要是激励促进教育改革与发展，提升人才培养质量，评价指标应科学合理、客观真实，能够如实地反映我国高职院校创新创业教育发展实际情况。本书在高职院校创新创业教育发展评价模型构建上应更加系统化、规范化，在指标权重确定上还需进一步完善，在评价主体上可以更加多元化。

二、进一步扩展创新创业教育发展评价内容

高职院校创新创业教育发展具有多层面与系统化的特点，需要全面体现高职院校创新创业教育发展的整体水平。本书使用统一评价指标，但不同区域、不同特色的高职院校创新创业教育发展水平各不相同且具有本校自身的特点与影响因素，后续将设计能够进一步反映高职院校创新创业教育质量最主要、最本质、易测量的指标内容，保证评价结果的客观性、科学性与公正性。

三、进一步优化创新创业教育发展评价过程

评价是一项有计划、有目的、有组织开展的价值判断活动，一般可分为评价的准备阶段、实施阶段以及评价结果的分析和处理阶段，这三个阶段联系密切、不可分割。未来将进一步完善高职院校创新创业教育发展评价方案，评价实施阶段要规范流程高质量实施，在后续结果分析和处理阶段健全分析方法，同时灵活应用信息技术，有效避免评价工作出现偏差，提升评价的有效性。

四、进一步科学应用创新创业教育发展评价结果

本书反映了我国高职院校创新创业教育发展情况，积累了一定的数据基础和研究成效，应进一步充分、科学、合理地应用研究结果。评价结果可为高职院校、政府部门、评价研究者等提供参考和借鉴。评价结果可进一步实践助力高职院校了解本校及兄弟院校创新创业教育发展情况，为创新创业教育改革发展提供重要依据，为政府职能部门政策制定创新创业教育政策提供依据，为研究者进一步完善教育评价研究提供参考。

附录　创业意愿影响情况问卷调查

一、个人特征

1. 我的性别（　　　）。

A. 男　　　　　　　　　　　　B. 女

2. 我所在高校的类型（　　　）。

A. 本科院校　　　　　　　　　B. 高职院校

3. 我所在的年级（　　　）。

A. 大一　　　B. 大二　　　C. 大三　　　D. 其他

4. 我所学的专业（　　　）。

（请填写专业全称）

5. 我的户籍所在地（　　　）。（如浙江省义乌市）

（请填写户籍地）

6. 我的户口类别（　　　）。

A. 城市户口　　　　　　　　　B. 农村户口

7. 有无创业实践经历（　　　）。

A. 有　　　　　　　　　　　　B. 无

二、创业培训

8. 我所在大学有提供创业培训，如创业课程、创业实践指导、SYB/KAB 等
（　　　）。

A. 非常同意　　B. 同意　　C. 不一定　　D. 不同意　　E. 非常不同意

9. 我经常参加学校提供的创业培训（　　　）。

A. 非常同意　　B. 同意　　C. 不一定　　D. 不同意　　E. 非常不同意

10. 学校创业培训增加了我对创业的兴趣（　　　）。
A. 非常同意　　B. 同意　　C. 不一定　　D. 不同意　　E. 非常不同意

11. 学校创业培训有助于我掌握创业知识（　　　）。
A. 非常同意　　B. 同意　　C. 不一定　　D. 不同意　　E. 非常不同意

12. 学校创业培训有助于我提升创业能力（　　　）。
A. 非常同意　　B. 同意　　C. 不一定　　D. 不同意　　E. 非常不同意

13. 学校创业培训改善了我对创业机会的理解（　　　）。
A. 非常同意　　B. 同意　　C. 不一定　　D. 不同意　　E. 非常不同意

14. 我认为学校应该开设更多的创业培训（　　　）。
A. 非常同意　　B. 同意　　C. 不一定　　D. 不同意　　E. 非常不同意

三、主观规范

15. 创业培训增强了我创办公司的意向（　　　）。
A. 非常同意　　B. 同意　　C. 不一定　　D. 不同意　　E. 非常不同意

16. 创业培训增强了我创办公司的信心（　　　）。
A. 非常同意　　B. 同意　　C. 不一定　　D. 不同意　　E. 非常不同意

17. 创业培训有助于我创办公司（　　　）。
A. 非常同意　　B. 同意　　C. 不一定　　D. 不同意　　E. 非常不同意

四、创业态度

18. 对我来说，创业是一件非常有意义的事（　　　）。
A. 非常同意　　B. 同意　　C. 不一定　　D. 不同意　　E. 非常不同意

19. 创业可以帮助我改善生活（　　　）。
A. 非常同意　　B. 同意　　C. 不一定　　D. 不同意　　E. 非常不同意

20. 创业是可以让我掌握自己的命运并挑战自己（　　　）。
A. 非常同意　　B. 同意　　C. 不一定　　D. 不同意　　E. 非常不同意

21. 成为创业者对我来说会很满足（　　　）。
A. 非常同意　　B. 同意　　C. 不一定　　D. 不同意　　E. 非常不同意

22. 我喜欢创业成功后给我带来的成就感（　　　）。

A. 非常同意　　B. 同意　　C. 不一定　　D. 不同意　　E. 非常不同意

五、感知行为控制

23. 创办公司并保持运营对我来说比较容易（　　　）。

A. 非常同意　　B. 同意　　C. 不一定　　D. 不同意　　E. 非常不同意

24. 我准备开办一家可行的公司（　　　）。

A. 非常同意　　B. 同意　　C. 不一定　　D. 不同意　　E. 非常不同意

25. 我可以控制新公司的创建过程（　　　）。

A. 非常同意　　B. 同意　　C. 不一定　　D. 不同意　　E. 非常不同意

26. 我知道创办公司必要的实用细节（　　　）。

A. 非常同意　　B. 同意　　C. 不一定　　D. 不同意　　E. 非常不同意

27. 我知道如何发展创业项目（　　　）。

A. 非常同意　　B. 同意　　C. 不一定　　D. 不同意　　E. 非常不同意

28. 如果我试图创办公司，我很有可能成功（　　　）。

A. 非常同意　　B. 同意　　C. 不一定　　D. 不同意　　E. 非常不同意

六、创业自我效能

29. 创立并经营一家公司对我而言没有难度（　　　）。

A. 非常同意　　B. 同意　　C. 不一定　　D. 不同意　　E. 非常不同意

30. 我了解创办一家公司的必要细节（　　　）。

A. 非常同意　　B. 同意　　C. 不一定　　D. 不同意　　E. 非常不同意

31. 我有信心成功创办企业（　　　）。

A. 非常同意　　B. 同意　　C. 不一定　　D. 不同意　　E. 非常不同意

32. 我认为自己创业成功的可能性很大（　　　）。

A. 非常同意　　B. 同意　　C. 不一定　　D. 不同意　　E. 非常不同意

七、创业意向

33. 我认为我将来会创业（　　　）。

A. 非常同意　　　B. 同意　　　C. 不一定　　　D. 不同意　　　E. 非常不同意

34. 我将全力以赴地创办自己的企业（　　　）。

A. 非常同意　　　B. 同意　　　C. 不一定　　　D. 不同意　　　E. 非常不同意

35. 创办企业是我真正的兴趣所在（　　　）。

A. 非常同意　　　B. 同意　　　C. 不一定　　　D. 不同意　　　E. 非常不同意

36. 我对创办企业有过系统深入的思考（　　　）。

A. 非常同意　　　B. 同意　　　C. 不一定　　　D. 不同意　　　E. 非常不同意

37. 我对创办公司已经做了充分的准备（　　　）。

A. 非常同意　　　B. 同意　　　C. 不一定　　　D. 不同意　　　E. 非常不同意

38. 我会在今后 5 年内创办自己的企业（　　　）。

A. 非常同意　　　B. 同意　　　C. 不一定　　　D. 不同意　　　E. 非常不同意

参考文献

［1］国务院办公厅.关于深化高等学校创新创业教育改革的实施意见［EB/
OL］.［2015-05-04］.http：//www.moe.gov.cn/jyb_xxgk/moe_1777/moe_
1778/201505/t20150514_188069.html.

［2］教育部办公厅.关于做好深化创新创业教育改革示范高校2019年度建设
工作的通知［S］.教高厅函〔2019〕22号.

［3］国务院办公厅.关于进一步支持大学生创新创业的指导意见［EB/OL］.
［2021-10-12］.http：//www.gov.cn/zhengce/content/2021-10-12/content_
5642037.htm.

［4］中华人民共和国教育部.《中华人民共和国职业教育法》［EB/OL］.
［2022-04-20］.http：//www.moe.gov.cn/jyb_sjzl/sjzl_zcfg/zcfg_jyfl/202204/
t20220421_620064.html.

［5］开启"大众创业、万众创新"新时代——2014年夏季达沃斯论坛传递的
中国发展新信息［J］.劳动保障世界，2014.

［6］麦可思研究院.2022年中国大学生就业报告［M］.北京：社会科学文献
出版社，2022.

［7］李金华.创新的内涵特点及其实现条件［J］.河南社会科学，2003（3）：
137-139.

［8］教育部.关于大力推进高等学校创新创业教育和大学生自主创业工作的意
见［EB/OL］.［2010-05-04］.http：//www.moe.gov.cn/srcsite/A08/s5672/
201005/t20100513_120174.html.

［9］王贤芳等.论高校创新创业教育体系之重构［J］.教改创新，2012（1）：
118-120.

［10］王长恒.高校创新创业教育生态培育体系构建研究［J］.继续教育研究，
2012（2）：125-128.

［11］鲍桂莲等.中国电力教育——对国内高校创新创业教育状况的分析与思
考［J］.中国电力教育编辑部，2011（35）.

［12］杨幽红.创新创业教育理论范式与实践研究［J］.中国高校科技，2011
（6）：75-76.

［13］教育部.中国教育概况——2020年全国教育事业发展情况［EB/OL］.
［2021-11-15］.http：//www.moe.gov.cn/jyb_sjzl/s5990/202111/t20211115_
579974.html.

［14］全国十二所重点师范大学联合编写组.教育学基础［M］.北京：教育科
学出版社，2013.

［15］中共中央，国务院.深化新时代教育评价改革总体方案［EB/OL］.［2020-
10-13］.http：//www.moe.gov.cn/jyb_xxgk/moe_1777/moe_1778/202010/
t20201013_494381.html.

［16］程书肖.教育评价方法技术［M］.北京：北京师范大学出版社，2004.

［17］许树柏.实用决策方法：层次分析法原理［M］.天津：天津大学出版社，
1988.

［18］郭金玉，张忠彬，孙庆云.层次分析法的研究与应用［J］.中国安全科
学学报，2008，18（5）：148-153.

［19］Ajzen I.The Theory of Planned Behavior［J］.Organizational Behavior &
Human Decision Processes，1991（2）：17-211.

［20］Ajzen I，Brown T C，Rosenthal L H.Information Biasin Contingent Valuation：
Effects of Personal Relevance，Quality of Information，and Motivational
Orientation［J］.Journal of Environmental Economics and Management，
1996，30（1）：43-57.

［21］Boyd N G，Vozikis Q S.The Influence of Self Efficacy on the Development
of Entrepreneurial Intentions and Actions［J］.Entrepreneurship Theory and
Practice，1994，18（4）：63-77.

［22］束方银.基于计划行为理论的创业教育效果评价——以南京大学为例
［D］.南京大学硕士学位论文，2013.

［23］胡永青.基于计划行为理论的大学生创业倾向影响因素研究［J］.教育
发展研究，2014：77-84.

［24］王本贤.基于计划行为理论的创业意向与创业教育［J］.学术论坛，
2013（3）：219-221.

［25］刘加凤.基于计划行为理论的创业教育对大学生创业意愿影响分析［J］.
高教探索，2017（5）：117-122.

［26］胥佳慧等."以学生为中心"的高校创新创业教育质量评价指标体系研究［J］.教育与教学，2018（9）：230–232.

［27］Linan F. Intention–based Models of Entrepreneurship Education［J］.Piccolla Impresa / Small Business，2004（3）：11–35.

［28］Linan F，Chen Y W. Development and Cross–cultural Application of a Specific Instrument to Measure Entrepreneurial Intentions［J］. Entrepreneurship Theory and Practice，2009，33（3）：593–617.

［29］葛莉，刘则渊.基于CIPP的高校创业教育能力评价指标体系研究［J］.东北大学学报，2014，16（4）：37–382.

［30］张淑梅，刘珍.基于CIPP的高职院校创新创业教育评价体系构建［J］.中国职业技术教育，2017（26）：53–55.

［31］杨海华.基于CIPP的职业学校创业教育评价研究［J］.职教论坛，2019（9）：37–41.

［32］刁衍斌，于玺.基于CIPP的新工科体验式创业教育评价体系［J］.中国高等教育，2020（10）：37–39.

［33］泰勒.课程与教学的基本原理［M］.罗康，张阅译.北京：中国轻工业出版社，2014.

［34］邹国文.应用型本科院校大学生创业教育课程设计研究——以广州工商学院为例［D］.广西师范大学硕士学位论文，2015.

［35］童顺平.台湾高校创新创业教育学程课程开发研究［D］.厦门大学博士学位论文，2019.

［36］杨冬.我国研究型大学创新创业教育课程建设研究——以2所研究型大学为例［D］.厦门大学硕士学位论文，2020.

［37］郭必欲.对构建大学生创业评价体系的思考［J］.黑龙江高教研究，2003（4）：135–137.

［38］李国平，于广青，徐薇.大学生创新创业教育质量的评判方法研究［J］.商场现代化，2004（13）：120–124.

［39］万建香.高校创业教育对中部崛起绩效评价体系研究——基于江西实证研究［J］.江西财经大学学报，2007（3）：117–121.

［40］黄志纯，刘必千.关于构建高职生创新创业教育评价体系的思考［J］.教育与职业，2007，10（30）：78–79.

［41］吕贵兴.高校创业教育评价指标体系构建研究［J］.潍坊学院学报，

2010（1）：137-139.

［42］陶丹，陈德慧.中国高校创业教育质量评价指标体系研究［J］.科技管理研究，2010（5）：84-86.

［43］谢志远，刘巍伟.高校创业教育绩效评价体系的定量研究［J］.创新与创业教育，2010（6）：3-8.

［44］梅伟惠.创业人才培养新视域：全校性创业教育理论与实践［J］.教育研究，2012（6）：144-149.

［45］段华洽，笪丽芳.高校创业教育成果的评价体系构建研究［J］.创新与创业教育，2012，3（2）：3-6.

［46］李兵.关于高职院校"四位一体"创新创业教育评价体系研究［J］.中国职业技术教育，2015（28）：78-80.

［47］王秋梅，张晓莲.高职院校创新创业教育质量评价模型构建与实证分析［J］.职业技术教育，2016，37（20）：53-57.

［48］吴婷，曾一帆，曾立基.基于AHP的应用型高校大学生创新创业能力评价研究［J］.江西青年职业学院学报，2015（6）.

［49］高苛，华菊翠.基于改进AHP法的高校创新创业教育评价［J］.现代教育管理，2015（4）.

［50］冯艳飞，童晓玲.基于模糊层次分析法的高校创新创业教育评价研究［J］.华北电力大学学报（社会科学版），2013（2）.

［51］彭萍.地方高校创新创业教育评价——基于国家级大学生创新创业训练计划项目的数据［J］.教书育人（高教论坛），2016（3）.

［52］徐小洲.创新创业教育评价的VPR结构模型［J］.教育研究，2019（7）：83-90.

［53］王占仁，刘志，刘海滨，李亚员等.创新创业教育评价的现状、问题与趋势［J］.创业就业教育，2016（8）：89-103.

［54］黄兆信，黄扬杰.创新创业教育质量评价探新——来自全国1231所高等学校的实证研究［J］.教育研究，2019（7）：91-101.

［55］卓泽林，任钰欣，李梦花等.创新创业教育绩效评价体系建构——基于全国596所高校的实证研究［J］.中国电化教育，2020（8）：48-54.

［56］朱冬梅.美国高校创业教育的特点及启示［J］.高等函授学报（哲学社会科学版），2008（11）：13-14.

［57］Finkle T A, Kuratko D F. An Examination of Entrepreneurship Centers in the United States：A National Survey［J］.Journal of Small Business Management，2006，44（2）：184-206.

［58］Loomba，Johannessen T B.Malcolm Baldrige National Quality Award［J］. Benchmarking for Quality Management & Technology，1997，4（1）：59-77.

［59］Vesper K H，Gartner W B. Measuring Progress Inentrepreneurship Education ［J］. Journal of Businessv Enturing，1997，12（5）：403-421.

［60］Robinson P，Haynes M. Entrepreneurship Educationin America's Major Universities［J］.Entrepreneurship Theory and Practice，1991，15（3）：41-52.

［61］Block Z，Stumpfs A. Entrepreneurship Education Research：Experience and Challenge［M］. New York：New York University，Leonard N. Stern School of Business，1990.

［62］Fayolle A，Gailly B T，Lassas-Clere N.Assessing the Impact of Entrepreneurship Education Programmes：A New Methodology［J］. Journal of European Industrial Training，2006，30（9）：701-720.

［63］Caldwell K，Harris S P，Renko M. The Potential of Social Entrepreneurship：Conceptual Tools for Applying Citizenship Theory to Policy and Practice［J］. Intellect Dev Disabil，2012，50（6）：505-518.

［64］Stevenson A L. Entrepreneurship Policy for the Future：Best Practice Components［R］.2001.

［65］陈林辉.新时代高校创新创业教育质量评价的优化路径［J］.学校党建与思想教育，2022（685）：75-78.

［66］教育部，国家统计局，财政部.关于2020年全国教育经费执行情况统计公告［S］.教财〔2021〕6号.

［67］中华人民共和国国家统计局.东西中部和东北地区划分方法［R］.2011.

［68］刘献君.民办高校发展的战略选择［J］.高等工程教育研究，2019（6）.

［69］阙明坤，王佳丽.我国民办高等教育政策的历史演变与逻辑理路——基于政策文本的质性分析［J］.中国高教研究，2020（2）.

［70］Shane S，Venkataraman S. The Promise of Entrepreneurship a Safield of Research［J］. A Cademy of Management Review，2000，25（1）：217-226.

［71］国务院办公厅.关于进一步支持大学生创新创业的指导意见［S］.国办

发〔2021〕35号.

［72］Drucker P. F. Innovation and Entrepreneurship： Practice and Principles［J］. Public Productivity Review，1985，4（1）：85–86.

［73］Martin B C，Menally J J，Kay M J. Examining the Formation of Human Capital in Entrepreneurship：Ameta–analysis of Entrepreneurship Education Outcomes［J］.Journal of Business Venturing，2013，28（2）：211–224.

［74］许昆鹏.创业榜样示范对创业意愿的作用机制研究［J］.技术经济与管理研究，2019（7）：29–32.

［75］Maresch D，Harms R，Kailer N，et al. The Impact of Entrepreneurship Education on the Entrepreneurial Intention of Students in Science and Engineering Versus Business Studies University Programs［J］. Technological for Ecasting & Social Change，2015，104（2）：172–179.

［76］张秀娥，徐雪娇，林晶.创业教育对创业意愿的作用机制研究［J］.科学研究，2018，36（9）：1650–1658.

［77］刘辰.创业榜样对大学生创业意向影响研究——以计划行为变量为中介［D］.山东财经大学硕士学位论文，2014.

［78］吴启运，张红.创业环境对大学生创业倾向影响的调查研究［J］.黑龙江高教研究，2009（11）：129–131.

［79］李君，陈万明，安宁.创业失败经历、失败学习与再创业意愿［J］.大连理工大学学报（社会科学版），2018，39（2）：89–96.

［80］Barbosa S D，Gerhardt M W，Kickul J R. The Role of Cognitive Style and Risk Preference on Entrepreneurial Self–efficacy and Entrepreneurial Intentions［J］. Journal of Leadership & Organizational Studies，2007，13（4）：86–104.

［81］张秀娥，张坤.创造力与创业意愿的关系：一个有调节的中介效应模型［J］.外国经济与管理，2018，40（3）：68–77.

［82］施永川，黄莹，王佳桐.高校大学生创造力对创业意愿的影响研究［J］.科技管理研究，2020（11）：91–98.

［83］魏国江.大学生创业资本及其对创业意愿的影响——基于心理资本的中介效应模型分析［J］.教育研究，2020（1）：111–121.

［84］唐炎钊，张印轩.大学生创造性人格对创业意愿的影响研究——基于创业自我效能感的中介效应［J］.高教探索，2018（4）：89–98.

［85］Ajzen I. The Theory of Planned Behavior［J］. Organizational Behavior & Human Decision Processes，1991（2）: 177–211.

［86］Pruett M，Shinnar R，Toney B，et al. Explaining Entrepreneurial Intentions of University Students: A Cross Cultural Study［J］. International Journal of Entrepreneurial Behavior & Research，2009，15（6）: 571–594.

［87］Krueger J R，Norris F，Reilly，Michael D，Carsrud，Alan L. Competing Models of Entrepreneurial Intentions［J］. Journal of Business Venturing，2000（5）: 411–432.

［88］Boyd N G，Vozikis Q S. The Influence of Self–efficacy on the Development of Entrepreneurial Intentions and Actions［J］.Entrepreneurship Theory and Practice，1994，18（4）: 63–77.

［89］A F De Noble，D. Hung，S B Ehrlich. Entepreneuial Elfeficacy: The Development of Ameasureandits Relationship to Entepreneurial Action［J］. Frontiens of Entrepreneurhip Researh，1999（3）.

［90］何文韬，郭晓丹.创业培训、主观情绪与创业意向—行为转化［J］.经济与管理，2016，37（6）: 137–143.

［91］朱淑珍.在校学生创业培训意向影响因素研究［J］.统计观察，2014（11）: 110–112.

［92］邓宝山.关于我国创业教育和创业培训体系建设的思考与建议［J］.中国劳动，2014: 7–9.

［93］Chen C C，Greene P G，Crick A.Does Entrepreneurial Self–efficacy Distinguish Entrepreneurs from Managers?［J］.Journal of Business Venturing，1998，13（4）: 295–316.

［94］Bandura A. Self–efficacy: Toward a Unifying Theory of Behavioral Change［J］. Psychological Review，1977，84（2）: 191–215.

［95］Hollen Beck G P，Hall D T.Self–confidence and Leader Performance［J］. Organization Alynamics，2004，33（3）: 254–269.

［96］Davidsson P，Honic B. Therole of Social and Human Capital among Nascent Entepreneurs［J］.Journal of Business Venturing，2003，18（3）: 301–331.

［97］Inan F. Skill and Value Perceptions: How Do They Affect Entrepreneurial Intentions?［J］.Interational Entrepreneurship and Management Journal，2008，4（3）: 257–272.

［98］Graevenitz G V，Harhof F D，Weber R. The Effects of Entrepreneurship Education［J］. Journal of Economic Behavior & Organization，2010，76（1）：90-112.

［99］刘万利，胡培，许昆鹏.创业机会真能促进创业意愿产生吗？——基于创业自我效能与感知风险的混合效应研究［J］.创业管理，2011，14（5）：83-90.

［100］Krueger N F，Carsrud A L. Entrepreneurial Intentions：Applying the Theory of Planned Behaviour［J］.Entrepreneurship and Regional Development，1993，5（4）：315-330.

［101］Shook J R.Entrepreneurship and Values in a Democratic and Pragmatice Conomics：Commentary on a Transactional View of Entrepreneurship［J］. Journal of Economic Methodology，2003，10（2）：181-190.

［102］Hansemark O C. The Effects of an Entrepreneurship Program on Need for Achievement and Locus of Control of Reinforcement［J］.International Journal of Entrepreneurial Behaviour and Research，1998，4（1）：28-50.

［103］Maresch D，Harms R，Kailer N，et al. The Impact of Entrepreneurship Education on the Entrepreneurial Intention of Students in Science and Engineering Versus Business Studies University Programs［J］.Technological Forecasting & Social Change，2015，104（2）：172-179.

［104］Karimi S，Biemans H J A，Lans T，et al. The Impact of Entrepreneurship Education：A Study of Iranian Students'Entrepreneurial Intentions and Opportunity Identification［J］. Journal of Small Business Management，2016，54（1）：187-209.

致　谢

义乌工商职业技术学院创新创业教育特色鲜明，创业学院作为学校创新创业教育的主阵地，为我提供了良好的创新创业教育研究平台。在这里，我沉浸式地开展创新创业教育研究工作，实践性地开展创新创业教育育人工作，在创新创业教育领域收获颇丰。在此，我由衷地感谢学校、同事以及支持我的家人。

首先，感谢中国科教战略研究院副院长、科教发展战略研究中心副主任张炜教授和浙江纺织服装职业技术学院教师、创指数（浙江）教育科技有限公司创始人戚家超先生。两位专家利用自身的学术特长，指导我深入开展学术研究，为我打开了学术研究大门。专著的完成受益于两位专家对我研究方向、研究框架等的指导以及相关数据材料的提供，这份感恩之情铭记在心。

其次，感谢徐美燕、蒋鹏、徐峰、陈旭华等领导对我的支持和鼓励，不仅对我学术研究给予指导，而且在日常工作中也关心我、帮助我，耐心和细心地指导我，从研究框架、结构的布局到文字表达的提升，都得到了很多帮助。他们不仅是我的领导，更是我的学术前辈，每次交流都能从他们那里获得极大收获。

最后，感谢余雅晶、丁文剑、余苗等义乌工商职业技术学院的同事们。他们在学习、工作上给予我支持和帮助，让我能够顺利地完成研究。